채쌤의
스프링 부트
프로젝트

채쌤의
스프링 부트 프로젝트

초판 1쇄 발행 2022년 11월 3일

지은이 채규태
편　집 최규리

펴낸이 한창훈

펴낸곳 쌤즈　등록 2013년 11월 6일(제 385-2013-000053호)
주소 경기도 부천시 길주로 284 913호
전화 032_322_6754, 팩스 031_8039_4526

홈페이지 www.RubyPaper.co.kr
ISBN 979-11-86710-45-6

- 이 책은 저작권법에 따라 보호받는 저작물이므로 무단 전재와 무단 복제를 금하며,
  이 책 내용의 전부 또는 일부를 이용하려면 저작권자와 루비페이퍼의 서면 동의를 받아야 합니다.

- 책값은 뒤표지에 있습니다.

- 잘못된 책은 구입처에서 교환해 드리며, 관련 법령에 따라서 환불해 드립니다.
  단 제품 훼손 시 환불이 불가능 합니다.

- 쌤즈는 루비페이퍼의 강의 전문 출판 브랜드입니다.

채쌤의 스프링 부트 프로젝트

채규태 지음

쌤즈

서·문

스프링은 POJO(Plain Old Java Object)를 기반으로 경량의 개발 환경을 제공하는 대표적인 오픈 소스 프레임워크다. 필자가 처음 스프링 프레임워크를 접했을 때만해도 스프링은 단순히 애플리케이션 운용에 필요한 객체를 생성하고 객체들 간의 의존성을 관리하는 컨테이너로 사용됐다. 하지만 지금의 스프링은 OAuth 인증과 클라우드 배포까지 포괄하는 거대한 플랫폼으로 자리잡았다.

스프링에서 지원하는 기능이 많아지며 개발자들은 점점 더 복잡해지는 라이브러리 구조와 XML 설정에 지쳐가고 있었으며, 이 과정에서 스프링 부트가 등장했다. 스프링 부트는 스프링 프레임워크를 좀 더 쉽고 빠르게 사용할 수 있도록 도와주는 도구에 불과하다. 따라서 스프링 프레임워크에 대한 설명을 시작으로 스프링 부트의 등장 배경과 특징을 살펴본다.

이 책에서 학습하는 전체 소스 코드는 스프링 부트를 이용하여 게시판 애플리케이션을 완성하는 것을 목표로 한다. 게시판 애플리케이션은 누구나 쉽게 이해할 수 있는 비즈니스 로직으로 구성된다. 또한, 실제 대부분의 웹 애플리케이션에서 필요한 기능을 모두 갖추고 있기에 개발을 실습할 때 가장 좋은 예제라 생각한다. 책의 설명을 참고하며 소스 코드를 타이핑하다 보면 어느새 하나의 애플리케이션을 완성하게 되고, 그 과정에서 스프링의 핵심 문법도 자연스럽게 이해할 수 있을 것이다.

또한, 이 책은 OAuth 기반의 인증 처리가 상당한 비중을 차지한다. 카카오 인증을 통해 OAuth의 개념 및 용어와 프로세스를 정리하고 스프링 부트 API를 이용하여 구글 인증을 적용해본다. 그리고 마지막에는 완성한 웹 애플리케이션을 아마존 클라우드 서비스인 아마존 웹 서비스(Amazon Web Services, AWS)에 정식으로 배포해본다.

쉽지는 않겠지만 꼼꼼하게 실습을 따라 하여 결과물을 완성하고 새로운 기능도 추가해보면서 스프링 부트에 대한 응용력을 키울 수 있기를 바란다.

01장 실습 환경 설정

- 1.1 스프링 프레임워크와 스프링 부트 ... 1
  - 1.1.1 스프링 프레임워크 ... 1
  - 1.1.2 스프링 부트 ... 2
- 1.2 개발 환경 설정 ... 4
  - 1.2.1 JDK 설치 ... 5
  - 1.2.2 이클립스 설치 ... 10
  - 1.2.3 H2 데이터베이스 설치 ... 16
- 1.3 프로젝트 생성 및 라이브러리 설정 ... 20
  - 1.3.1 프로젝트 생성 ... 20
  - 1.3.2 스프링 부트 스타터 ... 25

02장 REST API 개발

- 2.1 웹 애플리케이션 기본 설정 ... 31
  - 2.1.1 프로퍼티 설정 ... 31
  - 2.1.2 정적 콘텐츠 관리 ... 35
  - 2.1.3 동적 콘텐츠 관리 ... 39
- 2.2 REST 컨트롤러 작성 및 테스트 ... 42
  - 2.2.1 REST 컨트롤러 작성 ... 42
  - 2.2.2 포스트맨 설치 및 사용 ... 44
  - 2.2.3 도메인 객체 적용 ... 48

03장 JPA 연동

3.1 마이바티스 적용	57
3.1.1 라이브러리 추가	58
3.1.2 테이블 생성	58
3.1.3 데이터소스 설정	58
3.1.4 도메인 클래스 작성	59
3.1.5 매퍼 작성	60
3.1.6 DAO 작성	61
3.1.7 테스트케이스 작성	63
3.2 JPA 라이브러리 사용	64
3.2.1 라이브러리 추가	65
3.2.2 데이터소스 설정	65
3.2.3 회원 종류 설정	67
3.2.4 도메인 클래스 작성	67
3.2.5 테이블 유지 설정	70
3.2.6 리포지터리 작성	70
3.3 REST 컨트롤러 작성	72
3.3.1 회원 등록	73
3.3.2 상세 조회	75
3.3.3 회원 수정	81
3.3.4 회원 삭제	84
3.3.5 목록 검색	86

04장

인덱스 페이지와 로그인 처리

4.1 인덱스 페이지   91
    4.1.1 JSP 파일 작성   91
    4.1.2 컨트롤러 작성   94
    4.1.3 WebJar 적용   95
    4.1.4 화면 구성   98
    4.1.5 레이아웃 구성   100

4.2 회원가입 페이지   102
    4.2.1 화면 구성   103
    4.2.2 컨트롤러 수정   104
    4.2.3 기능 구현   105
    4.2.4 서비스 클래스 작성   110
    4.2.5 응답 전용 DTO 작성   111
    4.2.6 컨트롤러 수정   112
    4.2.7 아이디 중복 확인   114
    4.2.8 예외 처리   119

4.3 인증 처리   121
    4.3.1 로그인 화면 구성 및 기능 구현   121
    4.3.2 회원 정보 사용 및 로그아웃   126
    4.3.3 인터셉터 적용   129

05장 포스트 관리

5.1 포스트 등록	133
5.1.1 화면 구성	133
5.1.2 비즈니스 컴포넌트 구성	139
5.2 포스트 목록	146
5.2.1 비즈니스 컴포넌트 수정	146
5.2.2 화면 구성	147
5.2.3 페이징 처리	149
5.3 포스트 상세 조회, 수정, 삭제	155
5.3.1 포스트 상세 조회	155
5.3.2 포스트 수정	160
5.3.3 포스트 삭제	165

06장 댓글 관리 및 추가 기능 설정

6.1 댓글 관리	171
6.1.1 댓글 등록	171
6.1.2 댓글 목록	180
6.1.3 댓글 삭제	182
6.2 유효성 검사와 다국어 설정	188
6.2.1 라이브러리 추가	188
6.2.2 ModelMapper 빈 등록	191
6.2.3 회원가입 유효성 검사	192
6.2.4 포스트 등록 유효성 검사	197
6.2.5 AOP를 이용한 유효성 검사	201
6.2.6 다국어 설정	205

07장

스프링 시큐리티 적용

7.1 스프링 시큐리티 기초 — 213
- 7.1.1 소스코드 정리 — 213
- 7.1.2 스프링 시큐리티 적용 — 214
- 7.1.3 인증 상태 유지 — 217
- 7.1.4 시큐리티 커스터마이징 — 219
- 7.1.5 사용자 정의 로그인 — 224

7.2 JPA 연동 — 229
- 7.2.1 스프링 시큐리티 아키텍처 — 230
- 7.2.2 UserDetails 구현 — 231
- 7.2.3 서비스 클래스 구현 — 234
- 7.2.4 서비스 객체 적용 — 235

7.3 비밀번호 암호화 — 236
- 7.3.1 회원가입 처리 — 236
- 7.3.2 로그인 인증 처리 — 240

7.4 회원 정보 수정과 회원 탈퇴 — 241
- 7.4.1 회원 정보 수정 — 242
- 7.4.2 세션 갱신 — 246
- 7.4.3 연관매핑 수정 — 249

목차

08장
OAuth의 개념과 카카오 인증 설정

- 8.1 OAuth 인증   253
  - 8.1.1 OAuth 개념   253
  - 8.1.2 액세스 토큰   256
- 8.2 카카오 인증 설정   260
  - 8.2.1 인증 클라이언트 등록   260
  - 8.2.2 Redirect URI 등록   263
  - 8.2.3 동의 항목 설정   264
- 8.3 CODE 정보 수신   266
  - 8.3.1 로그인 화면 수정   266
  - 8.3.2 로그인 기능 구성   269

09장
카카오 인증 및 회원가입 처리

- 9.1 액세스 토큰 받기   275
  - 9.1.1 액세스 토큰 요청   276
  - 9.1.2 액세스 토큰 추출   280
- 9.2 사용자 정보 가져오기   282
  - 9.2.1 리소스 오너 정보 요청   282
  - 9.2.2 회원가입 처리   288
  - 9.2.3 비밀번호 수정 방지   291

10장 구글 인증 및 회원가입 처리

10.1 구글 인증 설정	299
10.1.1 새 프로젝트 생성	299
10.1.2 OAuth 동의 화면 설정	300
10.1.3 사용자 인증 정보 설정	303
10.2 OAuth2 Client 기반의 구글 로그인	306
10.2.1 라이브러리 추가	306
10.2.2 구글 로그인 설정	307
10.2.3 로그인 화면 수정	308
10.2.4 로그인 기능 구성	309
10.2.5 회원가입 처리	311
10.2.6 비밀번호 수정 방지	319

11장 AWS 이용하기

11.1 AWS 시작하기	321
11.1.1 클라우드 컴퓨팅	321
11.1.2 엘라스틱 빈즈토크	323
11.1.3 AWS 계정 생성	324
11.2 AWS에 애플리케이션 배포하기	329
11.2.1 스프링 프로젝트 생성	329
11.2.2 웹 애플리케이션 구현	334
11.2.3 애플리케이션 업로드	339

11.3 AWS에 블로그 시스템 배포하기	346
11.3.1 JBlogWeb 프로젝트 수정	346
11.3.2 웹 애플리케이션 등록	349
11.3.3 OAuth 설정 수정	353
11.4 AWS RDS 이용하기	361
11.4.1 RDS 설정	361
11.4.2 MySQL 연동	367
11.5 클라우드 서비스 삭제	369

01장 실습 환경 설정

1.1 스프링 프레임워크와 스프링 부트

스프링(Spring)과 부트(Boot)의 합성어인 스프링 부트(Spring Boot)는 스프링 프레임워크의 서브 프로젝트다. 그리고 이름에서 유추할 수 있듯 스프링 부트는 스프링 프레임워크를 좀 더 쉽게 사용할 수 있도록 도와주는 도구다. 이번 장에서는 스프링 부트의 등장 배경과 특징을 살펴보고 스프링 부트 기반의 개발 환경을 구축한다.

1.1.1 스프링 프레임워크

스프링 부트를 이해하려면 먼저 아키텍처와 프레임워크의 관계를 이해해야 한다. 또한, 스프링 부트는 스프링 프레임워크에서 파생되었기 때문에 스프링 프레임워크의 특징도 알아야 한다.

아키텍처와 프레임워크

프레임워크의 사전적 의미는 '뼈대' 혹은 '구조'로서, 소프트웨어 관점에서 봤을 때 프레임워크는 애플리케이션의 아키텍처에 해당하는 골격 코드다. 애플리케이션을 개발할 때 아키텍처에 해당하는 코드를 프레임워크로부터 빌려 쓰면 개발자는 아키텍처와 결합할 비즈니스 로직에만 집중할 수 있다. 프레임워크는 애플리케이션의 아키텍처를 제공하기 때문에 반제품이라 부르기도 한다.

스프링 프레임워크의 등장

스프링은 로드 존슨(Rod Johnson)이 집필한 『EJB 없는 J2EE 개발』에서 처음 소개되었으며, 엔터프라이즈 자바빈즈(Enterprise Java Beans, EJB)라는 무겁고 복잡한 플랫폼에서 벗어나 POJO(Plain Old Java Object) 기반의 단순하고 가벼운 환경을 제공한다.

애플리케이션 개발에서 스프링이 중요한 이유는 스프링이 다른 프레임워크와 경쟁이 아닌 통합을 지향하기 때문이다. 그러므로 스프링으로 비즈니스 컴포넌트를 개발할 때 화면은 Spring MVC 외에도 리액트(React)를 사용하여 구성할 수 있고, 데이터베이스 연동은 Spring JDBC를 사용할 수도 있지만 마이바티스(MyBatis)나 JPA(Java Persistence API)를 사용하는 것이 일반적이다.

스프링 프레임워크가 처음 등장했을 때는 애플리케이션 운용에 필요한 객체를 생성하고, 객체들 사이에 의존성(dependency) 주입만 담당하는 단순한 컨테이너 역할만 제공했다. 하지만 지금의 스프링은 엔터프라이즈 시스템 개발에 필요한 모든 기능을 지원하는 거대한 플랫폼으로 발전했다.

1.1.2 스프링 부트

부트라는 용어는 '컴퓨터를 부팅한다'는 말처럼 시스템을 사용 가능한 상태로 만들어주는 것을 의미한다. 따라서 스프링 부트는 스프링 프레임워크를 사용 가능한 상태로 만들어주는 도구 정도로 이해할 수 있다. 그래서 스프링 부트를 표현하는 아이콘도 다음과 같이 컴퓨터의 전원 버튼 모양이다.

스프링 부트의 등장 배경

스프링은 처음부터 웹 애플리케이션 개발을 목적으로 만든 프레임워크는 아니다. 하지만 스프링으로 개발하는 대부분의 시스템은 MVC 모듈을 이용한 웹 애플리케이션이다. 그런데 문제는 Spring MVC를 이용하여 웹 애플리케이션을 개발하기 위해서는 개발자가 처리해야할 일이 너무 많고 복잡하다는 것이다.

다음은 Spring MVC로 만든 게시판 애플리케이션의 디렉터리 구조다. 얼핏 봐도 수많은 라이브러리와 복잡한 XML 설정 파일을 확인할 수 있다.

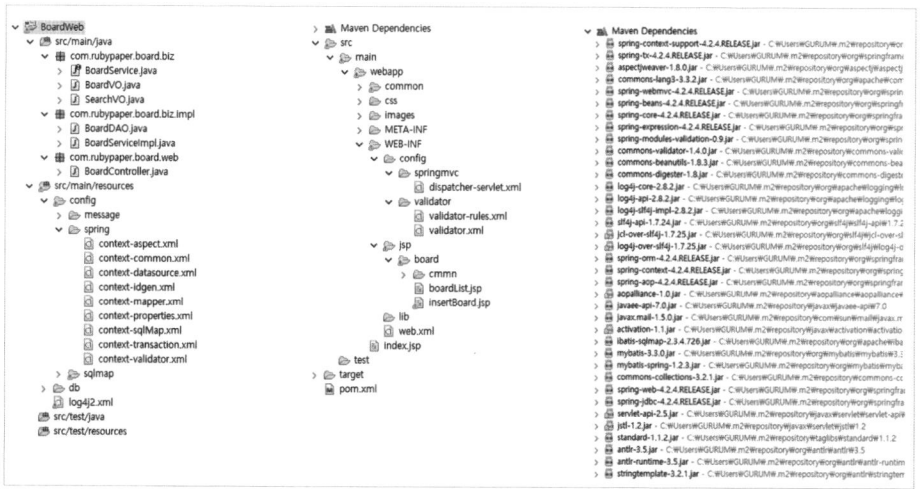

아무리 간단한 웹 애플리케이션을 개발하더라도 스프링을 이용하여 웹 애플리케이션을 개발할 때는 상당히 많은 라이브러리와 복잡한 XML 설정이 필요하다.

반면, 스프링과 비교되는 루비 온 레일즈(Ruby on Rails)나 노드(Node)의 익스프레스(Express)는 처음부터 웹 애플리케이션 개발을 목적으로 만들어졌기 때문에 웹 애플리케이션에 필요한 라이브러리가 기본적으로 포함되어 있으며, XML 설정 역시 매우 심플하거나 생략된다. 당연히 시장에서도 이런 경량의 프레임워크를 선호할 수밖에 없었으며, 스프링은 시장의 변화에 대응하기 위해 스프링 부트라는 프로젝트를 진행하게 된 것이다.

스프링 부트의 특징

앞으로 실습을 진행하면서 자연스럽게 알게 되겠지만 스프링 부트의 장점을 간단하게 정리하면 다음과 같다.

- 라이브러리 관리 자동화

  스프링 부트는 메이븐(Maven)이나 그레이들(Gradle) 기반의 스타터(Starter)를 통해 프로젝트에 필요한 라이브러리 의존성을 간단하게 처리한다.

- 자동설정 클래스

  스프링 부트는 다양한 자동설정(AutoConfiguration) 클래스를 제공함으로써 복잡한 XML 설정을 사용하지 않고도 애플리케이션에서 필요한 객체들을 생성하고 관리할 수 있게 한다.

- 테스트 환경과 내장 톰캣

  스프링 부트 프로젝트는 제이유닛(JUnit)을 비롯한 테스트 관련 라이브러리와 자동설정 클래스들을 포함한다. 따라서 다양한 계층의 테스트 케이스를 쉽게 작성할 수 있고, 내장 톰캣(Tomcat)으로 서버와 관련된 복잡한 설정도 자동으로 처리한다.

- 독립적으로 실행 가능한 JAR

  스프링 부트는 독립적으로 실행 가능한 애플리케이션을 빠르게 개발하는 것을 목표로 하기 때문에, 웹 애플리케이션을 웹 아카이브(Web Archive, WAR)가 아닌 자바 아카이브(Java Archive, JAR) 파일로 패키징하여 배포할 수 있다.

결국, 스프링 부트는 스프링 기반의 환경을 자동으로 제공함으로써 개발자들로 하여금 개발에만 집중할 수 있도록 한다.

1.2 개발 환경 설정

이번 학습에서는 스프링 부트 프로젝트를 진행하기 위한 소프트웨어들을 설치하고 기본 환경을 설정할 것이다. 다음 소프트웨어를 순서대로 설치한다.

- Open JDK인 줄루(Zulu)
- 스프링 도구 모음(Spring Tool Suite, STS)을 포함한 이클립스(Eclipse)
- H2 데이터베이스

모든 설치 과정을 그림과 함께 설명하고 있으니 천천히 따라 하기 바란다.

1.2.1 JDK 설치

자바 개발 환경의 가장 기본은 자바 개발 키트(Java Development Kit, JDK)다. 일반적으로 JDK는 오라클 홈페이지(https://oracle.com)에서 다운로드하지만, 우리는 아줄 시스템즈(Azul Systems, Inc)에서 제공하는 줄루라는 오픈 JDK를 사용할 것이다.

JDK 다운로드

줄루를 다운로드하기 위해 아줄 시스템즈 홈페이지(https://azul.com)에 접속한다.

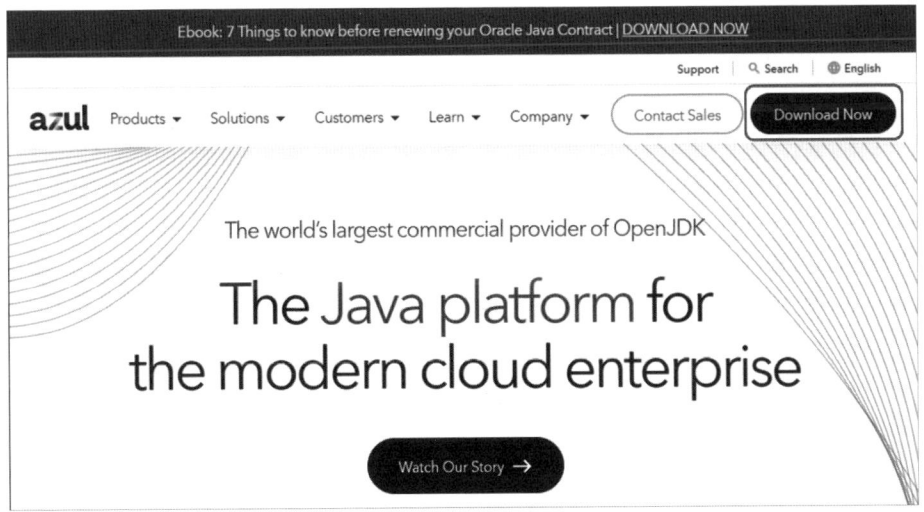

홈페이지 오른쪽 위에 있는 〈Download now〉 버튼을 클릭하여 다운로드 화면으로 이동한다. 그리고 스크롤하여 다음과 같은 화면에서 'Java Version', 'Operating System', 'Architecure', 'Java Package'를 적절히 필터링하면 알맞은 JDK가 검색된다.

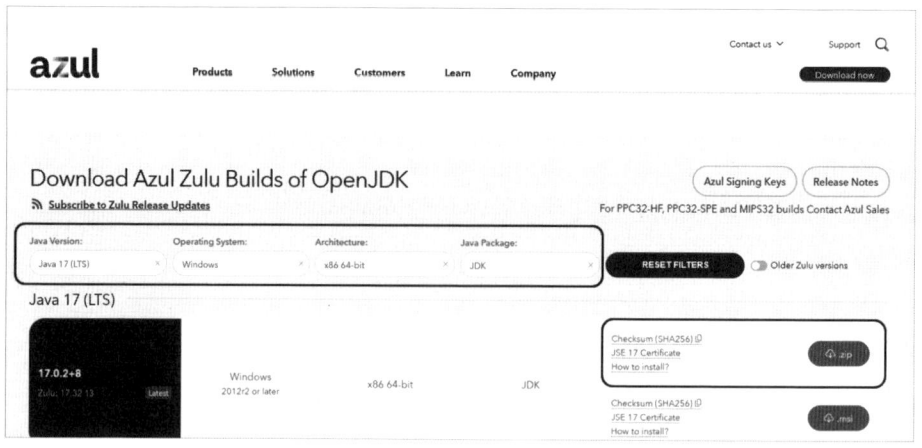

필자는 다음과 같이 필터링했다.

- **Java Version**: Java17 (LTS)
- **Operating System**: Windows
- **Architecture**: x86 64-bit
- **Java Package**: JDK

이제 오른쪽 〈.zip〉 버튼을 클릭하여 줄루를 다운로드한다. 그리고 다운로드한 zip 파일을 적절한 폴더에 압축 해제하면 되는데, 필자는 C:\DEV 위치에 zulu17이라는 이름의 새 폴더를 만들어 압축을 해제했다.

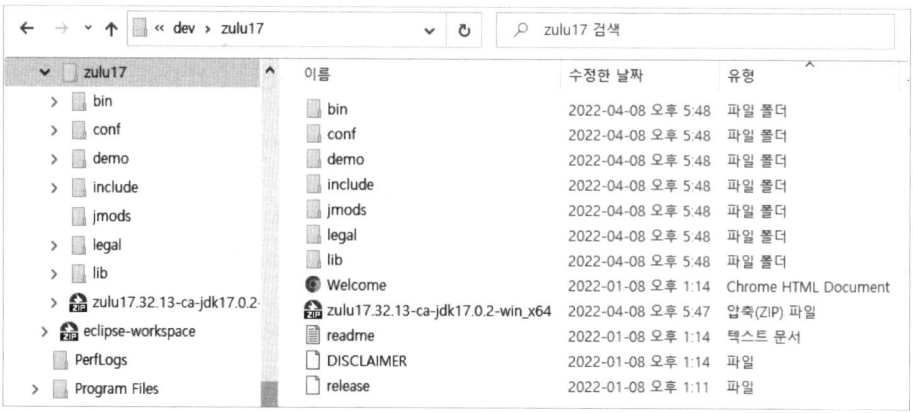

환경 변수 등록

줄루 설치가 완료되면 시스템 변수에 JAVA_HOME 변수를 등록하고, JDK의 bin 폴더 위치를 Path 변수에 추가하여 JDK 경로를 지정해야 한다.

먼저, 윈도우 탐색기에서 내 PC를 마우스 오른쪽으로 클릭한다. 그리고 맨 아래에 있는 [속성] 메뉴를 선택한다.

시스템 설정 창 왼쪽 아래에 [정보] 메뉴를 선택하고, 오른쪽에 '고급 시스템 설정'을 클릭하여 시스템 속성 창을 띄운다.

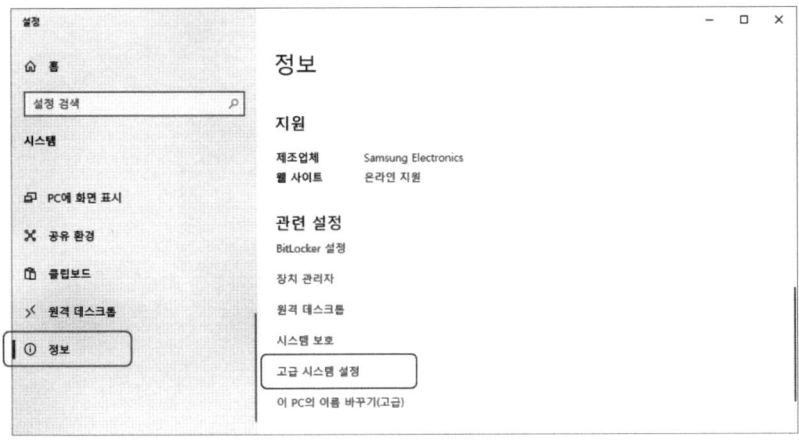

시스템 속성 창 아래에 있는 〈환경 변수(N)…〉 버튼을 클릭한다.

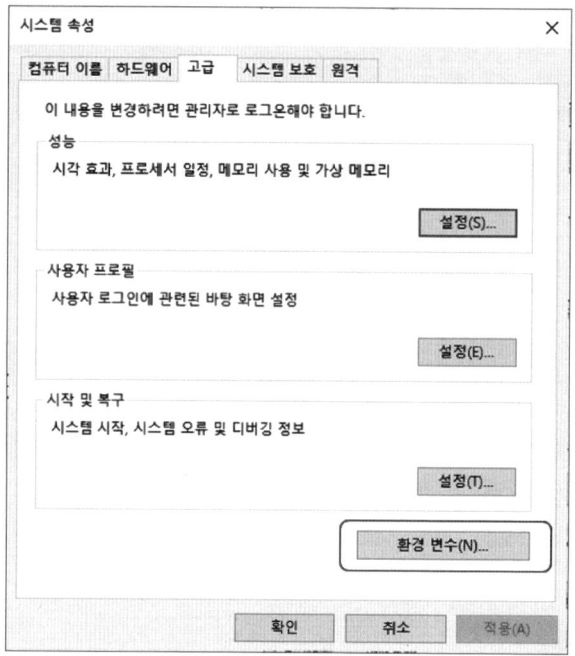

'시스템 변수(S)'에 〈새로 만들기(W)…〉 버튼을 클릭하고 '변수 이름(N)'에 JAVA_HOME을, '변수 값(V)'에 JDK가 설치된 폴더까지의 경로(C:\DEV\zulu17)를 지정한 다음 〈확인〉 버튼을 클릭한다.

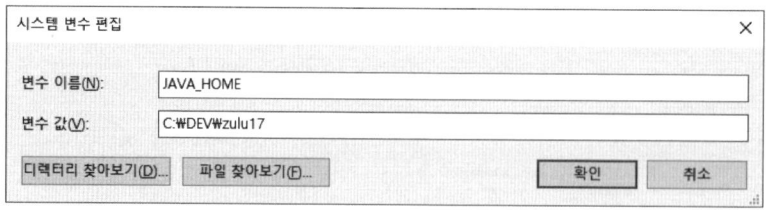

이제, Path 변수를 선택하고 아래쪽에 〈편집(I)…〉버튼을 클릭해 내용을 수정한다.

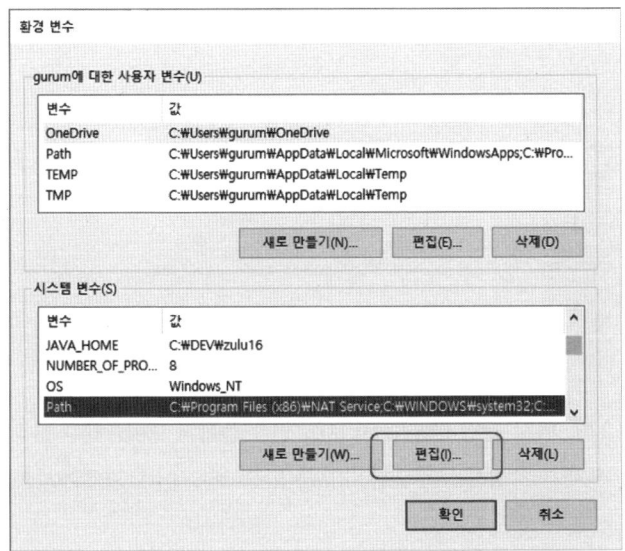

환경 변수 편집 창 오른쪽에 〈새로 만들기(N)〉 버튼을 클릭해서 %JAVA_HOME%\bin 경로를 추가하고 〈확인〉 버튼을 클릭하여 Path 변수의 수정을 마무리한다.

Path 변수에 JAVA_HOME의 bin 폴더 위치가 정상적으로 등록됐는지 확인하기 위해 명령 프롬프트(cmd) 창에서 java -version 명령어를 실행해본다. 설치된 JDK의 버전 정보가 출력되는 것을 확인할 수 있다.

```
C:\Windows\system32\cmd.exe                                    —    □    ×
Microsoft Windows [Version 10.0.19044.1645]
(c) Microsoft Corporation. All rights reserved.

C:\Users\ganda>java -version
openjdk version "17.0.2" 2022-01-18 LTS
OpenJDK Runtime Environment Zulu17.32+13-CA (build 17.0.2+8-LTS)
OpenJDK 64-Bit Server VM Zulu17.32+13-CA (build 17.0.2+8-LTS, mixed mode, sharing)

C:\Users\ganda>_
```

만약 JDK 버전이 확인되지 않으면, 다시 한번 JAVA_HOME 변수 등록과 Path 변수 설정을 점검해보기 바란다. 참고로, 문제가 발생하는 경우는 대부분 Path 변수 설정 과정에서 %나 ₩를 빠뜨렸을 때다.

1.2.2 이클립스 설치

요즘은 통합 개발 환경(Integrated Development Environment, IDE)으로 인텔리제이(IntelliJ)도 많이 사용한다. 하지만 모든 기능을 이용하기 위해서는 유료 버전을 구입해야 하기 때문에, 우리는 무료로 제공되는 이클립스를 사용할 것이다.

이클립스 다운로드

이클립스를 다운로드하기 위해서는 이클립스 홈페이지(https://eclipse.org)에 접속해야 한다. 하지만 홈페이지에서 제공하는 이클립스에서는 STS 플러그인을 설치할 때 문제가 발생하는 경우가 있다. 그러므로 처음부터 STS 플러그인이 결합된 이클립스를 설치하기로 한다.

STS 플러그인이 결합된 이클립스는 이클립스 홈페이지가 아닌 스프링 홈페이지(https://spring.io)에서 다운로드한다. 스프링 홈페이지로 이동한 후, 상단에 있는 [Projects] → [Spring Tools 4] 메뉴를 선택하여 스프링 도구 화면으로 이동한다.

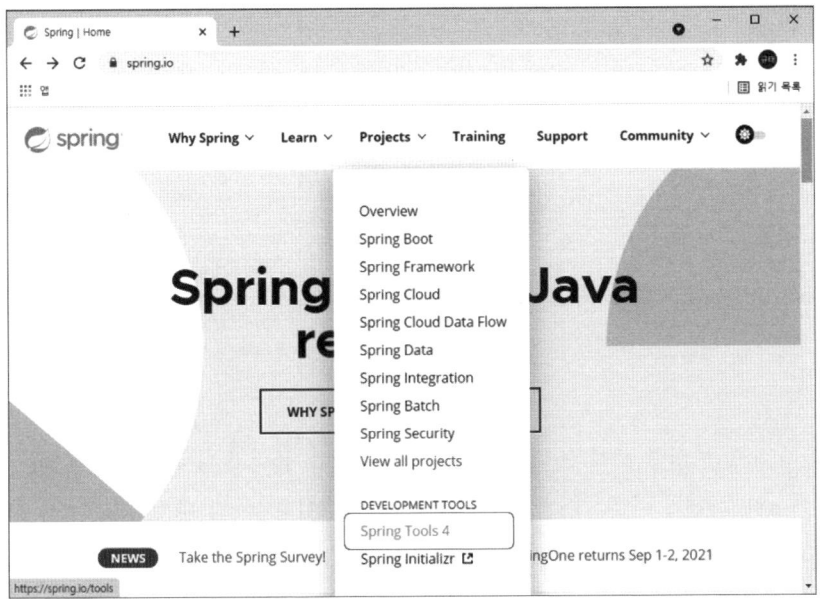

이제 자신의 운영체제에 맞는 STS를 다운로드한다. 필자는 〈4.16.0-WINDOS X86_64〉 버튼을 눌러 spring-tool-suite-4-4.16.0.RELEASE-e4.25.0-win32.win32.x86_64.self-extracting.jar 파일을 다운로드했다.

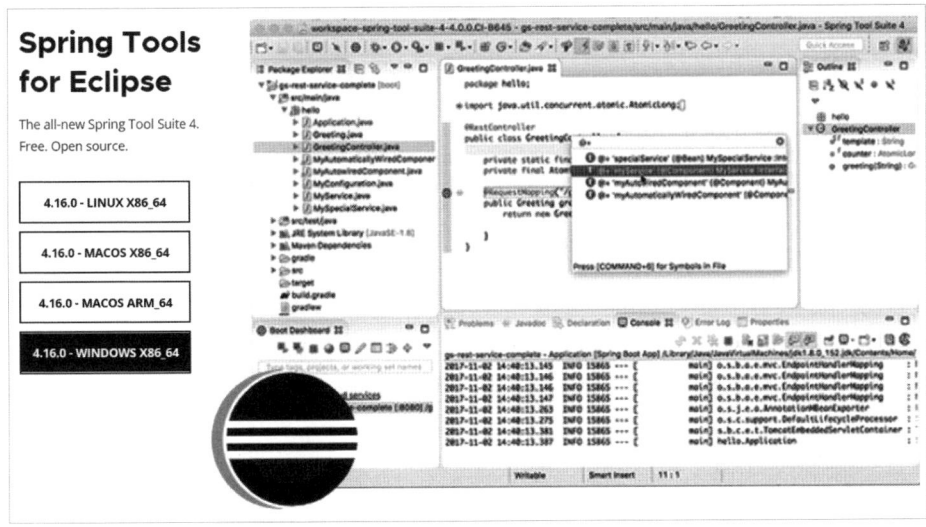

01장 _ 장 | 11

이클립스 설치

다운로드한 파일을 압축 해제하면 이클립스가 설치된다. 이때, 사용하는 압축 프로그램에 따라 정상적으로 압축 해제가 되지 않는 경우가 있다. 그럴 때는 압축 프로그램을 변경해보기 바란다.

정상적으로 압축 해제된 폴더는 다음과 같이 contents.zip 파일을 포함한다.

contents.zip 파일을 압축 해제하면 sts-4.16.0.RELEASE 폴더가 나타나는데, 이 sts-4.16.0.RELEASE 폴더가 바로 STS를 포함한 이클립스다. 이제 sts-4.16.0.RELEASE 폴더를 C:\DEV 위치로 옮긴다.

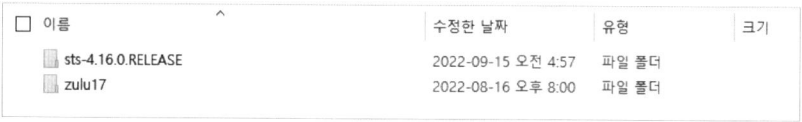

이클립스가 설치되면 C:\DEV\sts-4.16.0.RELEASE\SpringToolSuite4.exe 파일을 실행하여 이클립스를 구동한다. 그러면 잠시 이클립스 로고가 보였다가 곧바로 이클립스 구동 화면으로 이동한다.

이클립스를 구동할 때는 이클립스에서 생성한 파일들을 저장할 워크스페이스 폴더를 지정해야 한다. 다음 그림과 같이 C:\DEV\eclipse-workspace 폴더를 워크스페이스로 지정하고 〈Launch〉 버튼을 클릭한다.

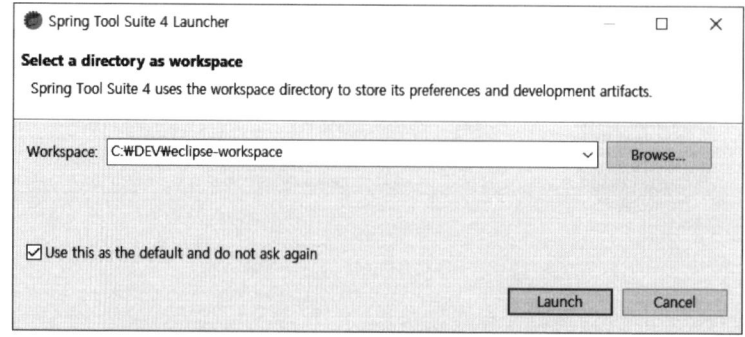

이클립스가 정상적으로 구동되면 다음과 같은 화면이 제공된다.

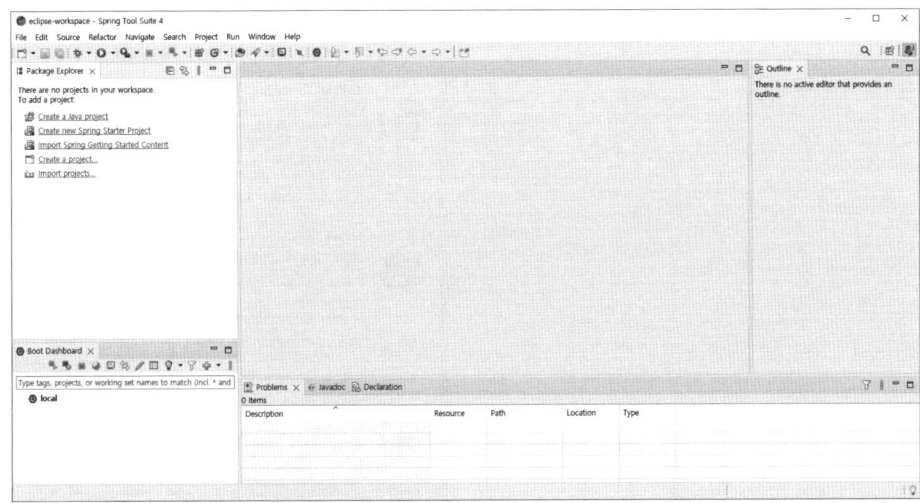

Web Developer Tools 플러그인 설치

방금 설치한 이클립스는 Servlet이나 JSP 관련 도구를 제공하지 않는다. 따라서 Web Developer Tools 플러그인을 추가로 설치해야 한다.

먼저 이클립스 상단에 있는 [Help] → [Eclipse Marketplace…] 메뉴를 클릭한다.

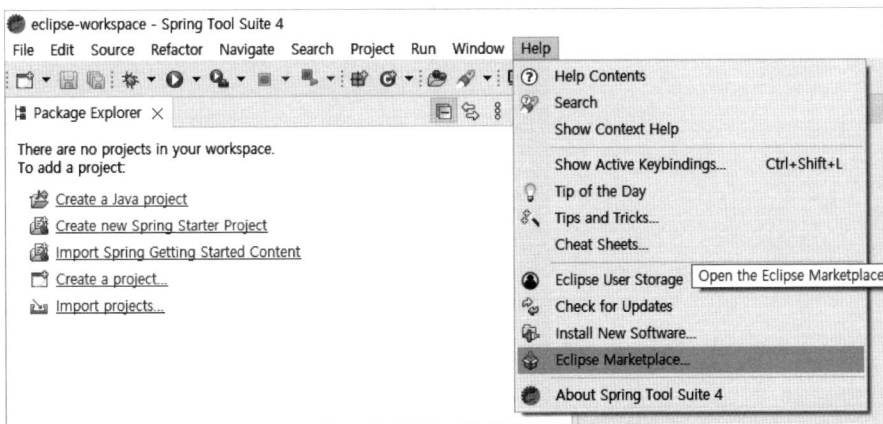

그리고 jsp 키워드를 검색한 후 [Eclipse Enterprise Java and Web Developer Tools 3.27]에 있는 〈install〉 버튼을 클릭한다.

추가 설치 목록이 보이면 더 이상 선택하지 않고 〈Confirm〉 버튼을 클릭한다.

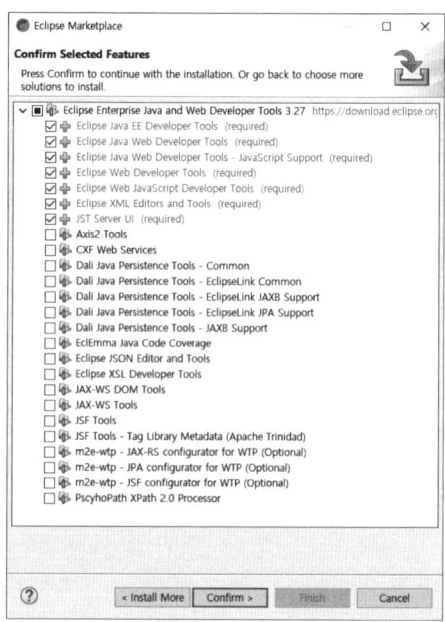

라이선스 관련 설명에 동의하고 〈Finish〉 버튼을 클릭해 설치 작업을 진행한다.

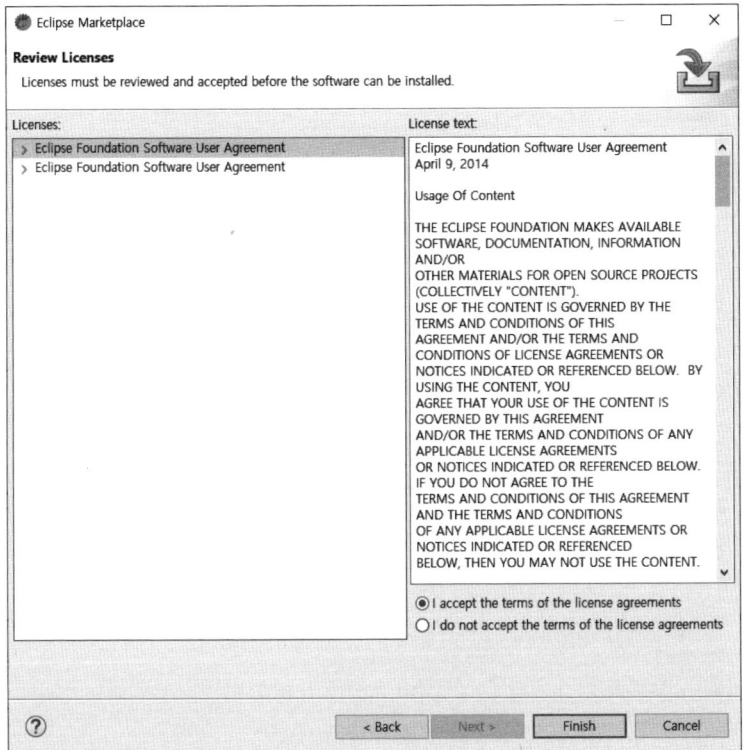

Eclipse Web Developer Tools 설치가 종료되면 〈Restart Now〉 버튼을 클릭해 이클립스를 재구동한다.

인코딩 설정

Eclipse Web Developer Tools 플러그인을 설치한 후에는 이클립스의 인코딩 설정을 변경해야 한다. [Window] → [Preferences] 메뉴를 선택하고 enc 키워드를 검색한 후 'Workspace', 'CSS Files', 'HTML Files', 'JSP Files'의 인코딩 설정을 변경한다.

먼저 'Genenal'에 있는 'Workspace'의 인코딩을 UTF-8로 변경한다. 그리고 'Web'에 있는 'CSS Files', 'HTML Files', 'JSP Files'의 인코딩을 순차적으로 변경한다.

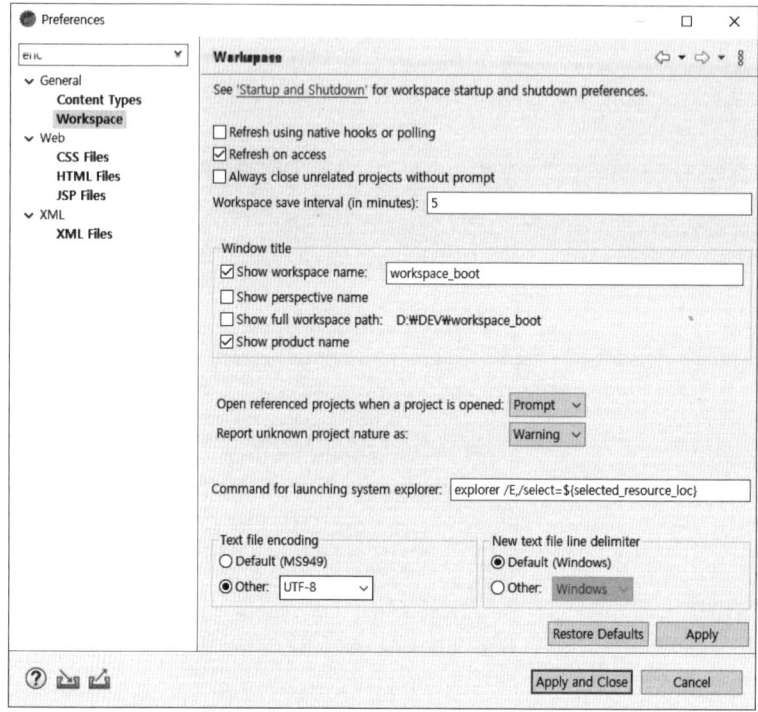

모든 설정이 마무리되면 오른쪽 아래에 있는 〈Apply and Close〉 버튼을 클릭하여 설정을 마무리한다.

1.2.3 H2 데이터베이스 설치

자바 애플리케이션을 구축할 때 일반적으로는 MySQL이라는 데이터베이스를 사용한다. 하지만 우리는 MySQL이 아닌 H2 데이터베이스를 사용할 것이다. H2는 자바로 만든 관계형 데이터베이스로서 설치 과정도 단순하고 용량도 1.7M 정도로 가볍기 때문에 테스트 데이터베이스로 적합하다.

H2 데이터베이스 다운로드

먼저 H2 데이터베이스 홈페이지(http://h2database.com)에 접속한다. 그리고 모든 플랫폼을 지원하는 'All Platforms (zip 9.5 MB)'를 클릭하여 h2-2022-04-29.zip 파일을 다운로드한다.

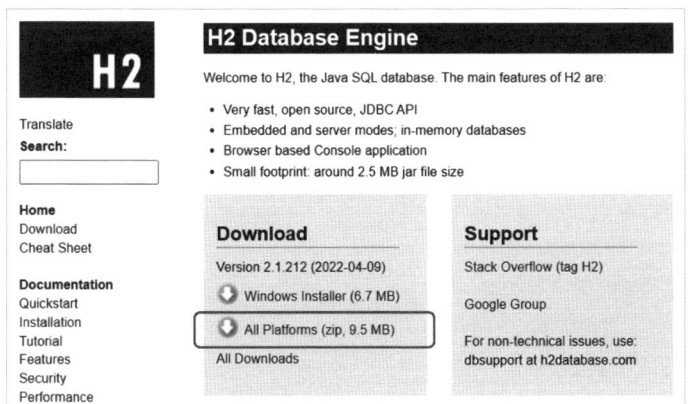

홈페이지에서 다운로드한 압축 파일을 C:\DEV 폴더에 압축 해제하여 데이터베이스 설치를 마무리한다.

H2 데이터베이스 구동 및 테스트

H2 데이터베이스 설치 폴더인 D:\DEV\h2에서 bin 폴더로 이동하면 h2w.bat 파일이 있다. 이 h2w.bat 파일을 더블 클릭하면 H2 서버가 구동된다.

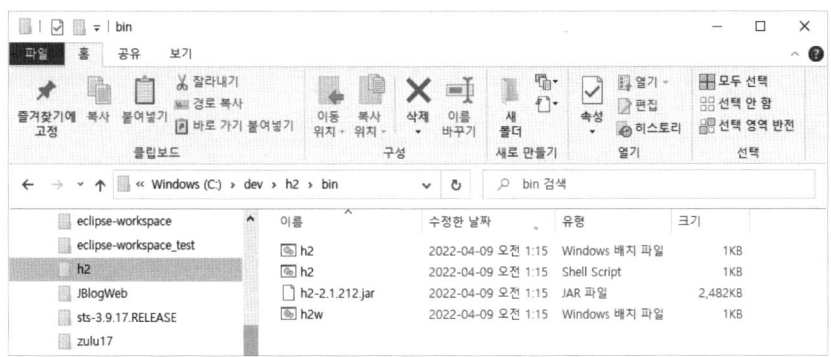

H2 서버가 구동되는 순간 자동으로 웹 브라우저가 실행되면서 H2 콘솔로 이동하는데, 이때 〈연결〉 버튼을 클릭하여 데이터베이스와 연결한다.

H2 데이터베이스와 연결에 성공하면 SQL 구문을 작성하고 실행할 수 있는 UI 콘솔이 제공된다. 이때, 반드시 최초 한 번은 현재의 JDBC URL(jdbc:h2:~/test)로 데이터베이스 연결에 성공해야 한다

이제 데이터베이스와의 연결을 끊기 위해 왼쪽 상단에 있는 〈연결 끊기〉 버튼을 클릭한다.

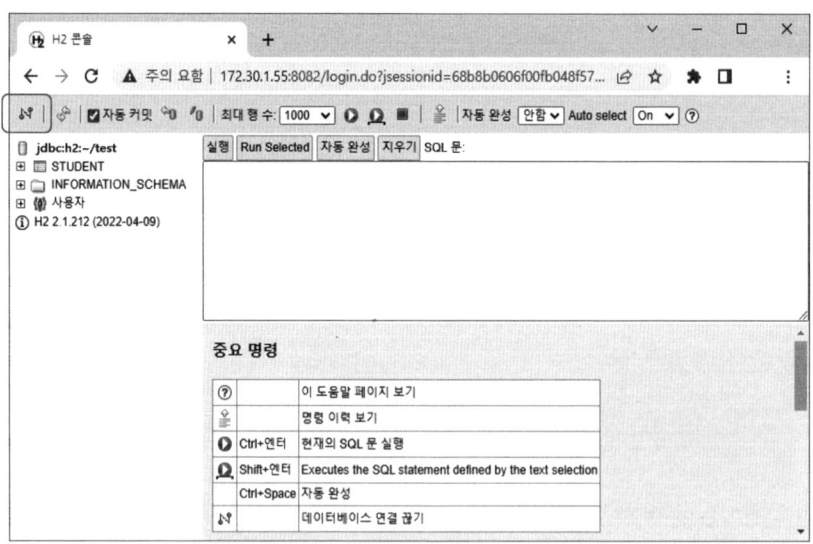

데이터베이스와 연결을 해제한 후에 다시 커넥션을 연결할 때는 다음과 같이 'JDBC URL'을 jdbc:h2:tcp://localhost/~/jblog로 수정하여 실행한다.

이제, H2 콘솔에 있는 SQL 입력 창에 다음과 같은 SQL을 작성한다.

```
CREATE TABLE USERS (
ID NUMBER(5) PRIMARY KEY,
USERNAME VARCHAR2(30),
PASSWORD VARCHAR2(100),
EMAIL VARCHAR2(30)
);
INSERT INTO USERS(ID, USERNAME, PASSWORD, EMAIL) VALUES(1, 'guest', 'guest123',
'guest@gamil.com');
```

작성된 SQL 구문을 실행하기 위해서는 상단에 있는 〈실행〉 버튼을 클릭하거나, 특정 SQL 구문을 드래그하고 〈Run Selected〉 버튼을 클릭하면 된다.

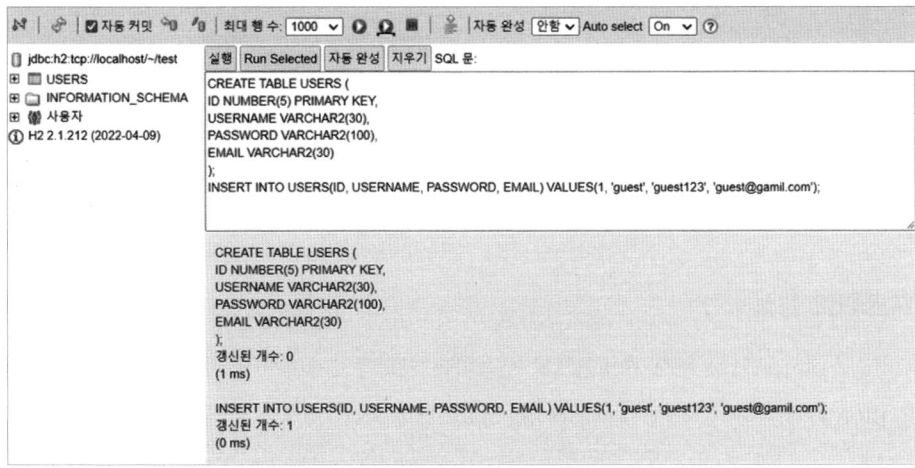

01장 _ 장 | 19

테이블 생성과 회원 등록 SQL이 정상으로 처리됐으면 생성된 USERS 테이블을 검색하는 쿼리를 실행해보자.

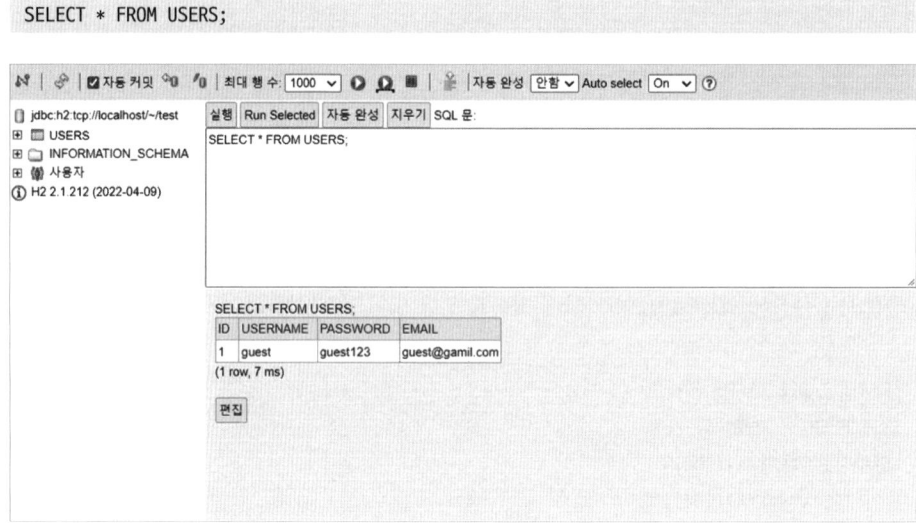

1.3 프로젝트 생성 및 라이브러리 설정

대부분의 웹 애플리케이션은 서드파티(third party) 라이브러리를 이용하여 사용자의 요청을 처리하기 때문에 라이브러리 설정이 매우 중요한데, 스프링 부트는 스타터로 라이브러리 관리를 자동화한다.

1.3.1 프로젝트 생성

스프링 부트로 프로젝트를 생성하면 메이븐이나 그레이들이 동작하여 정형화된 소스 폴더와 설정 파일들이 생성되며, 동시에 프로젝트에 필요한 라이브러리들도 자동으로 다운로드된다.

프로젝트 설정

이클립스에서 스프링 부트 프로젝트를 생성하는 방법은 2가지가 있는데, 먼저 'Package Explorer'에 있는 'Create new Spring Starter Project' 링크를 클릭하는 방법이 있다.

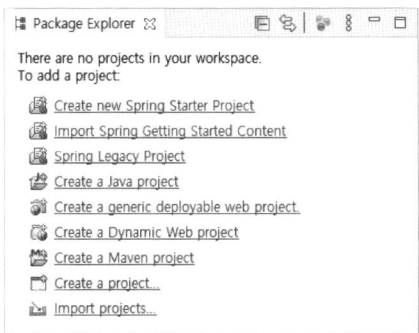

그런데 'Create new Spring Starter Project' 링크는 이클립스에 프로젝트가 하나도 없을 때만 제공되기 때문에 일반적으로는 두 번째 방법을 사용한다. 다음과 같이 [File] → [New] → [Spring Starter Project] 메뉴를 순차적으로 선택한다.

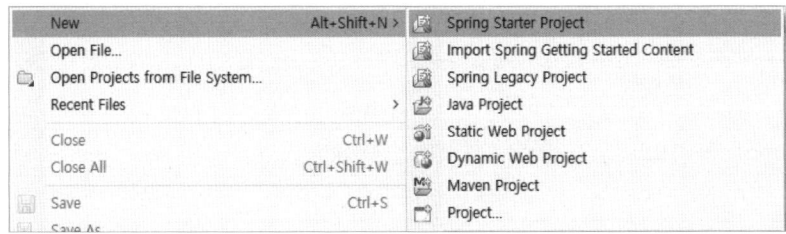

프로젝트 생성 화면에서 다음과 같은 정보를 설정한다.

입력 항목	의미	설정값
Name	프로젝트 이름	JBlogWeb
Type	라이브러리 관리 도구	Maven
Packaging	패키징 파일의 형식	Jar
Group	프로젝트를 만들고 관리할 단체나 회사 정보 (도메인 이름)	com.ssamz
Package	기본으로 생성할 루트 패키지	com.ssamz.jblog

다음은 설정이 마무리된 화면이다.

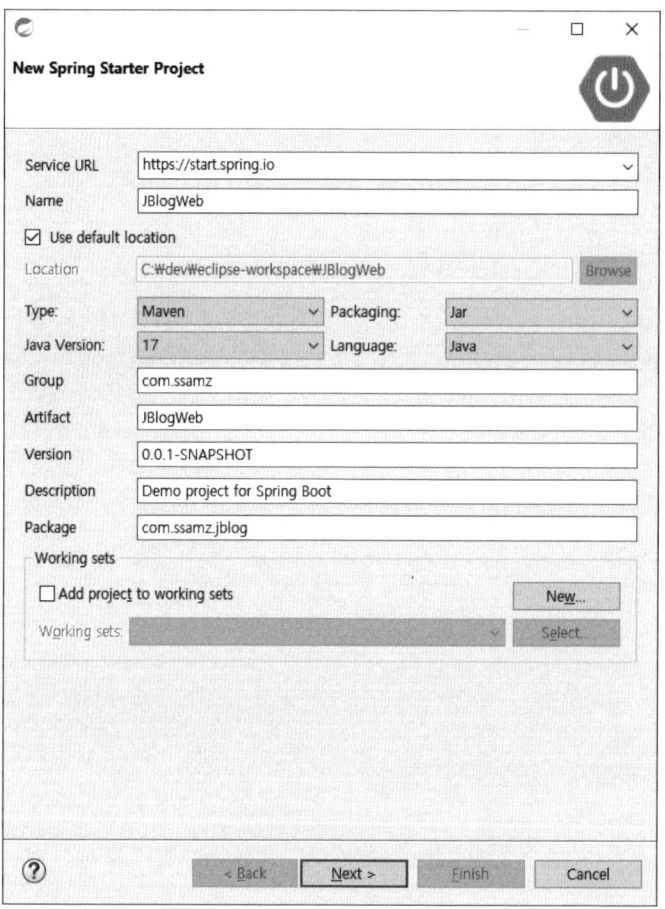

프로젝트 생성 화면에서 가장 중요한 항목은 'Type'과 'Packaging'이다. 스프링 부트는 라이브러리와 빌드 자동화 도구로 메이븐과 그레이들을 제공하는데, 주로 자바 빌드 표준인 메이븐을 사용한다.

스프링 부트는 웹 애플리케이션도 War가 아닌 Jar로 패키징하여 실행할 수 있도록 지원하므로 'Packaging' 항목은 Jar로 설정한다. 물론 프로젝트가 생성된 이후에도 얼마든지 'Packaging' 항목 설정을 War로 변경할 수 있다.

라이브러리 의존성 추가

프로젝트와 관련된 기본 정보를 설정했으면 〈Next〉 버튼을 클릭하여 라이브러리 의존성을 설정하는데, 가장 먼저 스프링 부트의 버전을 선택한다. 중요한 것은 선택한 스프링 부트 버전에 따라서 관련된 라이브러리의 버전도 자동으로 결정된다는 것이다. 참고로 이클립스가 제공하는 스프링 부트의 버전은 변경될 수 있다.

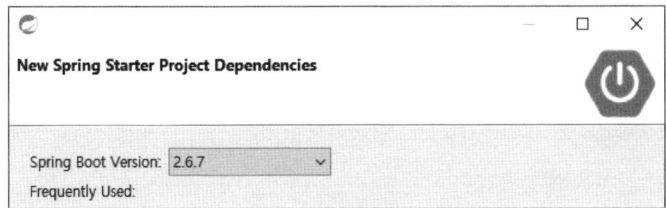

이제 프로젝트에 필요한 라이브러리를 추가하면 된다.

01. Developer Tools

가장 먼저 'Developer Tools' 항목에서 [Spring Boot DevTools]와 [Lombok]을 선택한다.

Spring Boot DevTools은 프로젝트에 있는 소스가 수정되거나 새로운 파일이 등록 또는 삭제될 때 애플리케이션을 다시 로딩(Reloading)한다.

Lombok은 테이블과 매핑되는 엔티티 클래스나 값 객체(Value Object, VO) 클래스에 Getter, Setter, Constructor, toString, hashCode, equals 메소드를 자동으로 추가한다.

02. SQL

데이터베이스 관련 라이브러리는 'SQL' 항목에서 추가한다. 우리는 객체 관계 매핑(Object Relational Mapping, ORM) 표준인 JPA와 마이바티스 프레임워크를 이용하여 데이터베이스 연동을 처리할 것이기 때문에 [Spring Data JPA]와 [MyBatis Framework]를 선택한다. 그리고 당연히 H2 데이터베이스 연동을 위한 H2 드라이버도 추가한다.

03. Web

우리가 구현하려는 프로젝트는 웹 애플리케이션이므로 웹과 관련된 라이브러리가 필요하다. 따라서 'Web' 항목에서 [Spring Web]을 선택한다. Spring Web은 Spring MVC를 이용하는데 필요한 온갖 라이브러리를 제공한다.

현재 화면에서 〈Finish〉 버튼을 클릭해 설정을 마무리해도 되지만, 〈Next〉 버튼을 클릭하면 다음과 같이 'Site Info' 화면이 제공된다.

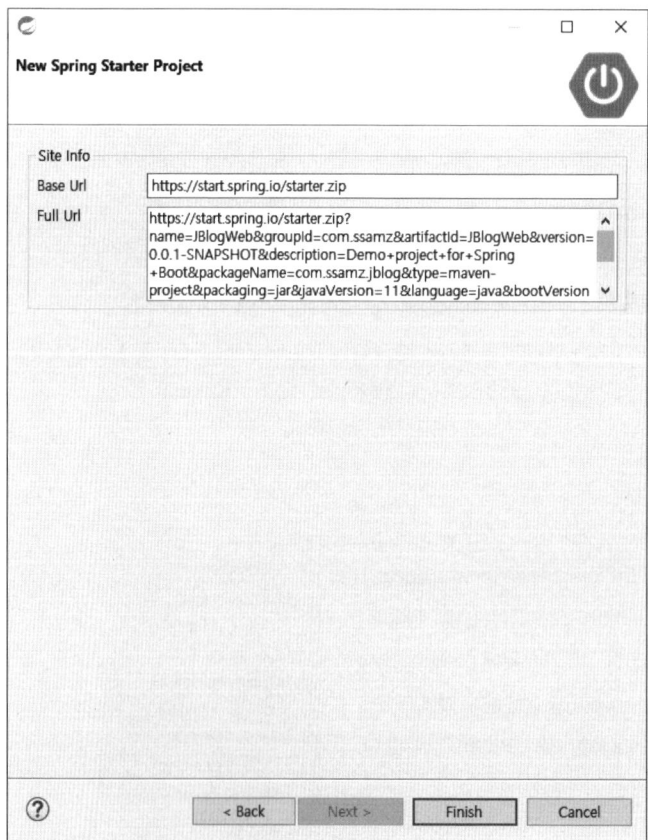

여기에서 'Full Url'을 복사하여 브라우저에서 프로젝트 생성을 요청하면 압축 파일(.zip) 형태로 프로젝트를 생성할 수도 있다. 압축 파일 형태의 프로젝트는 이클립스에서 임포트(import)하여 사용한다.

프로젝트에 필요한 라이브러리가 모두 다운로드되기까지는 어느 정도의 시간이 필요하다.

1.3.2 스프링 부트 스타터

스프링 부트는 연관된 라이브러리를 묶음 단위로 관리할 수 있도록 스타터를 지원하여 라이브러리 관리의 편이성을 극대화한다.

라이브러리 vs 스타터

프로젝트를 생성할 때 추가한 라이브러리 중에서 어떤 것은 단순히 라이브러리라고 하고 어떤 것은 스타터라고 부른다. 스프링 부트의 개발 환경을 이해하려면 가장 먼저 라이브러리와 스타터의 차이를 이해해야 한다.

먼저, 라이브러리는 말 그대로 독립적으로 존재하는 라이브러리 자체를 의미한다. JBlog Web 프로젝트 가장 아래에 있는 pom.xml 파일을 연 후 하단에 있는 [Dependency Hierarchy] 탭을 선택하면 현재 프로젝트에 포함된 라이브러리 목록을 확인할 수 있다.

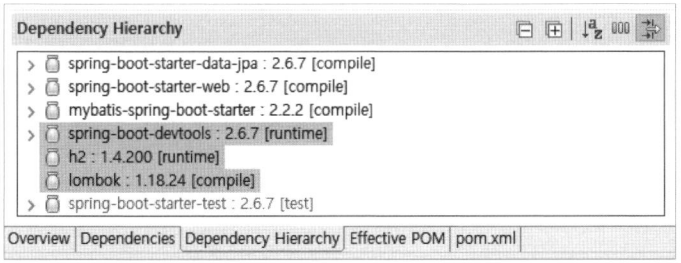

이 중에서 spring-boot-devtools, h2, lombok이 모두 라이브러리다. 나머지 파일명에는 'starter'라는 단어가 포함되어 있는데, 이를 스타터라고 한다.

스타터는 특정 목적을 위한 라이브러리의 묶음이라고 생각하면 이해하기 쉬울 것이다. 예를 들어, spring-boot-starter-data-jpa는 JPA를 이용하여 데이터베이스를 연동할 수 있도록 하는 7개의 라이브러리를 포함한다. 따라서 스프링 프로젝트에 spring-boot-starter-data-jpa라는 스타터만 추가하면 JPA와 관련된 수많은 라이브러리가 통째로 다운로드되는 것이다.

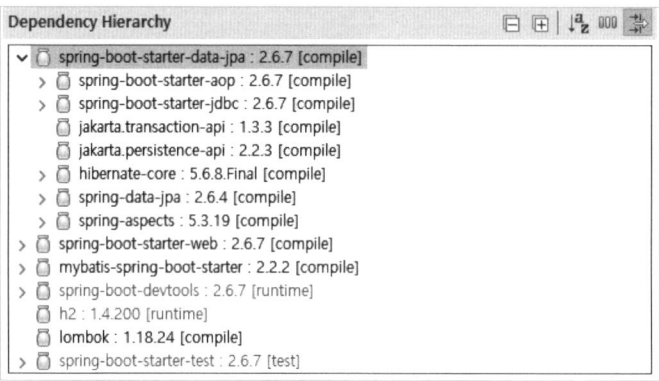

스타터는 일반적으로 관련된 라이브러리들을 포함하는데, 또 다른 스타터를 포함하기도 한다.

메이븐 설정 파일

스프링 부트로 프로젝트를 생성하면 해당 프로젝트에는 메이븐 설정 파일인 pom.xml 파일이 자동으로 생성된다. pom.xml 파일에는 앞에서 추가했던 라이브러리와 스타터들이 자동으로 등록되어 있다.

```
                                                              JBlogWeb/pom.xml

    ~ 생략 ~

    <dependencies>
    <dependency>
        <groupId>org.springframework.boot</groupId>
        <artifactId>spring-boot-starter-data-jpa</artifactId>
    </dependency>
    <dependency>
        <groupId>org.springframework.boot</groupId>
```

```xml
            <artifactId>spring-boot-starter-web</artifactId>
        </dependency>
        <dependency>
            <groupId>org.mybatis.spring.boot</groupId>
            <artifactId>mybatis-spring-boot-starter</artifactId>
            <version>2.2.2</version>
        </dependency>

        <dependency>
            <groupId>org.springframework.boot</groupId>
            <artifactId>spring-boot-devtools</artifactId>
            <scope>runtime</scope>
            <optional>true</optional>
        </dependency>
        <dependency>
            <groupId>com.h2database</groupId>
            <artifactId>h2</artifactId>
            <scope>runtime</scope>
        </dependency>
        <dependency>
            <groupId>org.projectlombok</groupId>
            <artifactId>lombok</artifactId>
            <optional>true</optional>
        </dependency>
        <dependency>
            <groupId>org.springframework.boot</groupId>
            <artifactId>spring-boot-starter-test</artifactId>
            <scope>test</scope>
        </dependency>
    </dependencies>

~ 생략 ~
```

물론, pom.xml 파일을 수정하여 직접 새로운 의존성을 추가할 수도 있다.

라이브러리 추가 설정

자바서버 페이지(JavaServer Pages, JSP)는 여전히 자바의 표준 웹 개발 기술이며, 아직도 상당히 많은 시스템에서 JSP 기반의 웹 애플리케이션을 운용하고 있다. 하지만 스프링 부트는 기본적으로 JSP 기반의 웹 애플리케이션 개발 환경을 지원하지 않는다. 그러므로 spring-boot-starter-web이라는 스타터 또한 JSP 관련 라이브러리들을 포함하지 않는다. 따라서 JBlogWeb 프로젝트에서 JSP를 이용하기 위해서는 직접 라이브러리 의존성을 추가해야 한다.

메이븐 리포지터리 검색 사이트(https://mvnrepository.com)에 방문하여 jstl과 tomcat-embed-jasper에 대한 라이브러리 의존성을 추가한다.

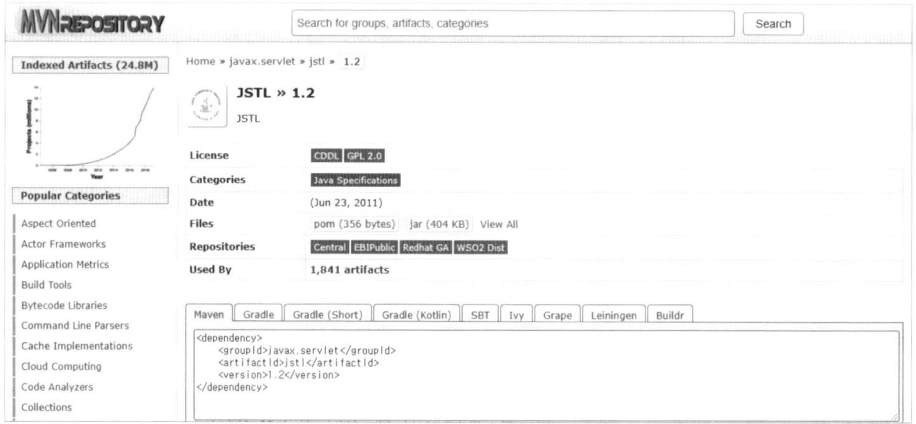

메이븐 리포지터리 검색이 어려운 경우에는 다음과 같이 pom.xml 파일을 직접 수정해도 된다.

```
JBlogWeb/pom.xml

~ 생략 ~

<dependency>
    <groupId>org.springframework.boot</groupId>
    <artifactId>spring-boot-starter-test</artifactId>
    <scope>test</scope>
```

```xml
        </dependency>

        <!-- JSTL 라이브러리 -->
        <dependency>
            <groupId>javax.servlet</groupId>
            <artifactId>jstl</artifactId>
        </dependency>

        <!-- JSP를 Servlet으로 변환하는 라이브러리 -->
        <dependency>
            <groupId>org.apache.tomcat.embed</groupId>
            <artifactId>tomcat-embed-jasper</artifactId>
        </dependency>

    </dependencies>

~ 생략 ~
```

jstl은 JSP 파일에서 JSP 표준 태그 라이브러리(JSP Standard Tag Library, JSTL)를 사용하기 위해 필요하며, tomcat-embed-jasper는 JSP 파일을 서블릿(Servlet) 클래스로 변환할 때 사용한다.

마무리하며

이번 학습을 통해 스프링 부트의 등장 배경과 특징을 살펴봤다. 스프링 부트는 스프링 프레임워크를 좀 더 쉽게 사용할 수 있도록 도와주는 도구에 불과하며, 다른 웹 기반 프레임워크와의 경쟁을 위해 탄생하게 되었다.

스프링 부트는 연관된 여러 라이브러리의 묶음인 스타터로 라이브러리에 대한 의존성을 쉽게 관리한다. 스타터를 통해 프로젝트에 필요한 라이브러리들을 쉽게 추가하고 관리할 수 있다.

다음 학습에서는 이번 학습에서 생성한 스프링 부트 프로젝트를 기반으로 REST API를 개발하고 테스트해볼 것이다.

02장

REST API 개발

2.1 웹 애플리케이션 기본 설정

이제, 1장에서 생성한 JBlogWeb 프로젝트에 웹 애플리케이션과 관련된 기본 설정을 추가하고 간단한 기능을 구현해보자. 이번 실습을 통해 스프링 부트 기반 웹 애플리케이션의 구조와 특징을 이해할 수 있을 것이다.

2.1.1 프로퍼티 설정

스프링 부트 프로젝트에서 프로퍼티를 관리하는 방법은 2가지다. 첫 번째는 프로퍼티 파일(.properties)을 이용하는 것이고, 두 번째는 YAML 파일(.yml)을 이용하는 것이다.

자동설정 클래스와 프로퍼티

웹 애플리케이션을 운용하기 위해서는 다양한 객체가 필요한데, 이는 개발자가 직접 작성한 객체와 프레임워크에서 제공하는 객체로 나뉜다. 스프링 부트에서는 객체를 자동으로 생성하고 관리하기 위해서 자동설정 클래스를 제공한다.

JBlogWeb 프로젝트에 spring-boot-autoconfigure-2.6.3.jar 파일이 포함되어 있고, 이 파일에는 수많은 자동설정 클래스가 등록되어 있다. 이러한 자동설정 클래스는 스프링 애플리케이션이 로딩되는 순간 자동으로 처리되어 여러 객체들을 생성한다.

이 중에서 웹 애플리케이션과 관련된 자동설정 클래스가 바로 WebMvcAutoConfiguration 이다.

```
> org.springframework.boot.autoconfigure.web.format
> org.springframework.boot.autoconfigure.web.reactive
> org.springframework.boot.autoconfigure.web.reactive.error
> org.springframework.boot.autoconfigure.web.reactive.function.client
✓ org.springframework.boot.autoconfigure.web.servlet
    > ConditionalOnMissingFilterBean.class
    > DefaultJerseyApplicationPath.class
    > DispatcherServletAutoConfiguration.class
    > DispatcherServletPath.class
    > DispatcherServletRegistrationBean.class
    > HttpEncodingAutoConfiguration.class
    > JerseyApplicationPath.class
    > JspTemplateAvailabilityProvider.class
    > MultipartAutoConfiguration.class
    > MultipartProperties.class
    > ServletWebServerFactoryAutoConfiguration.class
    > ServletWebServerFactoryConfiguration.class
    > ServletWebServerFactoryCustomizer.class
    > TomcatServletWebServerFactoryCustomizer.class
    > UndertowServletWebServerFactoryCustomizer.class
    > WebMvcAutoConfiguration.class
    > WebMvcProperties.class
    > WebMvcRegistrations.class
    > WelcomePageHandlerMapping.class
> org.springframework.boot.autoconfigure.web.servlet.error
```

WebMvcAutoConfiguration 클래스를 열어보면 다양한 메소드를 확인할 수 있는데, 그중 InternalResourceViewResolver 객체를 생성하는 defaultViewResolver( )라는 메소드도 포함되어 있다.

```
285
286     @Bean
287     @ConditionalOnMissingBean
288     public InternalResourceViewResolver defaultViewResolver() {
289         InternalResourceViewResolver resolver = new InternalResourceViewResolver();
290         resolver.setPrefix(this.mvcProperties.getView().getPrefix());
291         resolver.setSuffix(this.mvcProperties.getView().getSuffix());
292         return resolver;
293     }
294
```

defaultViewResolver( ) 메소드는 InternalResourceViewResovler 객체를 생성한 직후, mvcProperties를 이용하여 접두사(prefix)와 접미사(suffix)에 대한 의존성을 주입한다.

프로퍼티 파일 설정

스프링 부트는 자동설정 클래스를 이용하여 애플리케이션 운용에 필요한 객체들을 생성하며, 생성된 객체의 속성은 외부 프로퍼티를 통해 커스터마이징할 수 있다.

application.properties 파일을 열어서 다음과 같이 설정을 추가한다. 참고로 프로퍼티 설정은 〈Ctrl〉 + 〈Space〉 키를 이용하여 자동완성할 수 있다.

```
src/main/resources/application.properties

# 서버 설정
server.port=8080
server.servlet.context-path=/
server.servlet.encoding.charset=UTF-8

# 뷰리졸버 설정
spring.mvc.view.prefix=/WEB-INF/jblog/
spring.mvc.view.suffix=.jsp
```

프로퍼티 설정은 크게 2가지 부분으로 나뉘는데, 첫 번째는 내장 서버에 대한 설정이고, 두 번째는 자동설정 클래스에 의해서 생성된 ViewResolver 객체에 대한 설정이다.

우선, 내장 서버에 대한 설정 중 server.port는 내장된 톰캣의 포트 번호를 지정할 때 사용하며 디폴트 값은 8080이다. server.servlet.context-path는 /로 지정했는데, 이로 인해 서버 요청을 할 때 프로젝트 이름을 생략하고 수 있다.

두 번째는 뷰리졸버와 관련된 설정으로, WebMvcAutoConfiguration이라는 자동설정 클래스가 생성하는 InternalResourceViewResovler 객체의 접두사(prefix)와 접미사(suffix) 속성을 변경한다.

프로퍼티 파일을 저장할 때 한글 주석 때문에 다음과 같은 창이 뜬다면 〈Save as UTF-8〉 버튼을 클릭한다.

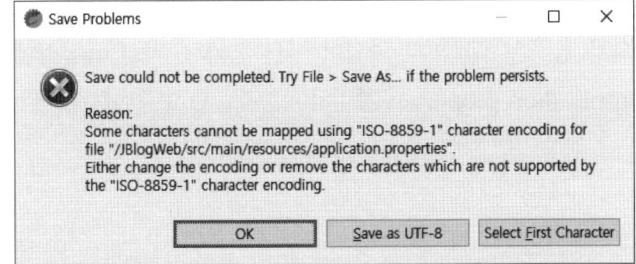

Properties Editor 설치

만약 application.properties 파일에 한글을 타이핑할 때 유니코드로 자동 변환된다면 이클립스의 [Help] → [Eclipse Marketplace…] 메뉴나 [Install New Software…] 메뉴를 이용하여 Simple Properties Editor를 설치한다.

다음은 [Eclipse Marketplace…] 메뉴에서 properties 키워드를 검색한 결과다.

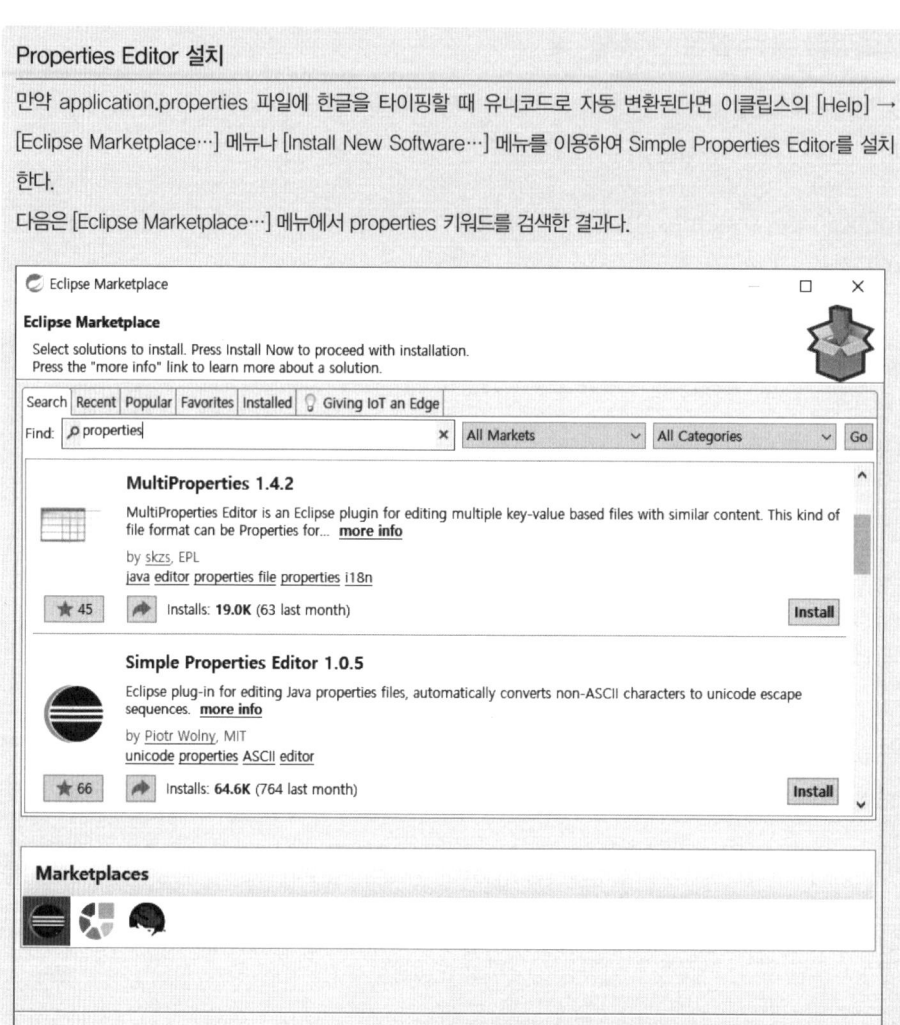

YAML 파일 설정

외부 설정은 프로퍼티 파일이 아닌 YAML 파일로 작성할 수 있다. 기존에 작성했던 application.properties 파일의 확장자를 yml로 변경하고 다음과 같이 수정한다.

```
# 서버 설정
server:
  port: 8080
  servlet:
    context-path: /
    encoding:
      charset: UTF-8

# 뷰리졸버 설정
spring:
  mvc:
    view:
      prefix: /WEB-INF/jblog/
      suffix: .jsp
```
src/main/resources/application.yml

YAML 파일을 사용하면 기존 프로퍼티 설정과 비교하여 중복 설정이 적고 가독성이 좋다. 그렇기 때문에 요즘 개발되는 대부분의 애플리케이션에서 YAML 형식의 설정 파일을 사용한다. YAML 파일 역시 자동완성 기능을 제공하는데, 직접 타이핑할 때는 들여쓰기에 주의해야 한다. YAML 파일의 들여쓰기는 공백(Space) 2개를 사용한다.

2.1.2 정적 콘텐츠 관리

스프링 부트는 정적 웹 콘텐츠에 해당하는 HTML이나 이미지 파일 등을 src/main/resources/static 폴더에서 관리한다.

직접 호출

다음처럼 static 폴더에 image 폴더를 생성하고 이미지 파일을 하나 등록해보자.

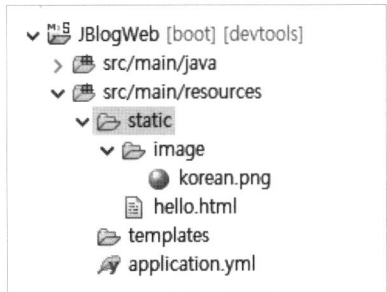

그리고 다음과 같이 hello.html 파일도 작성한다.

src/main/resources/static/hello.html
```html
<!DOCTYPE html>
<html>
<head>
<meta charset="UTF-8">
<title>Insert title here</title>
</head>
<body>
<h1>안녕 HTML!</h1>
</body>
</html>
```

이제, 테스트를 위해 메인 애플리케이션을 실행해야 하는데, 메인 애플리케이션은 프로젝트를 생성할 때 지정한 기본 패키지인 com.ssamz.jblog에 있다.

src/main/java/com/ssamz/jblog/JBlogWebApplication.java
```java
package com.ssamz.jblog;

import org.springframework.boot.SpringApplication;
import org.springframework.boot.autoconfigure.SpringBootApplication;

@SpringBootApplication
public class JBlogWebApplication {

    public static void main(String[] args) {
        SpringApplication.run(JBlogWebApplication.class, args);
    }
}
```

이클립스에서 애플리케이션을 실행하는 가장 빠른 방법은 〈F11〉 키를 누르는 것이다. 그러면 다음과 같은 창이 실행되는데, 여기에서 'Spring Boot App'를 선택하고 〈OK〉 버튼을 클릭한다.

메인 애플리케이션을 실행하면 기본적으로 웹 애플리케이션으로 구동되기 때문에 내장 톰캣이 8080 포트로 연결되는 것을 확인할 수 있다.

```
o.s.b.a.h2.H2ConsoleAutoConfiguration    : H2 console available at '/h2-console'. Database available at 'jdbc:
o.hibernate.jpa.internal.util.LogHelper  : HHH000204: Processing PersistenceUnitInfo [name: default]
org.hibernate.Version                    : HHH000412: Hibernate ORM core version 5.6.4.Final
o.hibernate.annotations.common.Version   : HCANN000001: Hibernate Commons Annotations {5.1.2.Final}
org.hibernate.dialect.Dialect            : HHH000400: Using dialect: org.hibernate.dialect.H2Dialect
o.h.e.t.j.p.i.JtaPlatformInitiator       : HHH000490: Using JtaPlatform implementation: [org.hibernate.engine.
j.LocalContainerEntityManagerFactoryBean : Initialized JPA EntityManagerFactory for persistence unit 'default'
JpaBaseConfiguration$JpaWebConfiguration : spring.jpa.open-in-view is enabled by default. Therefore, database
o.s.b.d.a.OptionalLiveReloadServer       : LiveReload server is running on port 35729
o.s.b.w.embedded.tomcat.TomcatWebServer  : Tomcat started on port(s): 8080 (http) with context path ''
com.ssamz.jblog.JBlogWebApplication      : Started JBlogWebApplication in 4.531 seconds (JVM running for 6.16)
```

브라우저에서 각 파일을 요청해보면 응답으로 hello.html과 korean.png 파일이 출력될 것이다.

http://localhost:8080/hello.html

http://localhost:8080/image/korean.png

물론, 메인 애플리케이션을 웹 애플리케이션이 아닌 일반 자바 애플리케이션으로 실행할 수도 있다. 하지만 현재 우리의 목표는 웹 애플리케이션을 작성하는 것이므로 굳이 자바 애플리케이션으로 실행하지는 않을 것이다.

컨트롤러를 통한 간접 호출

src/main/resources/static 폴더에 생성한 정적 콘텐츠는 브라우저에서 URL을 통해 직접 호출할 수도 있지만, 컨트롤러를 이용하여 간접적으로 호출할 수도 있다.

테스트를 위해 com.ssamz.jblog.controller 패키지에 HelloController 클래스를 작성한다.

```java
// src/main/java/com/ssamz/jblog/controller/HelloController.java
package com.ssamz.jblog.controller;

import org.springframework.stereotype.Controller;
import org.springframework.web.bind.annotation.GetMapping;

@Controller
public class HelloController {
    @GetMapping("/html")
    public String html() {
        System.out.println("HTML 파일이 요청됨");
        return "redirect:hello.html";
    }

    @GetMapping("/image")
    public String image() {
        System.out.println("이미지 파일이 요청됨");
        return "redirect:image/korean.png";
    }
}
```

우선, HelloController 클래스에 @Controller를 설정하여 해당 객체가 컴포넌트로 스캔되도록 한다. 그리고 html() 메소드와 image() 메소드에는 @GetMapping을 설정하여 브라우저로부터의 GET 방식 요청을 처리하도록 한다.

이제 브라우저에서 다시 다음과 같이 요청하면 방금 작성한 컨트롤러를 통해 정적 콘텐츠가 서비스된다.

http://localhost:8080/html

http://localhost:8080/image

콘솔에는 각 요청에 대해 다음과 같은 메시지가 출력된다.

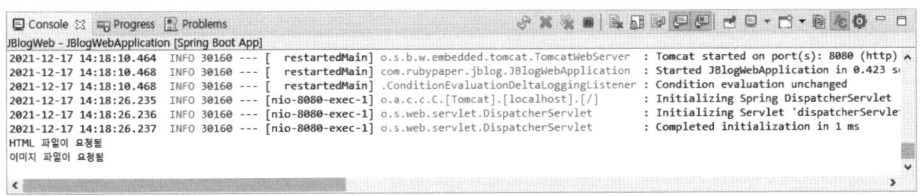

2.1.3 동적 콘텐츠 관리

원래 스프링 부트에서 동적 콘텐츠의 위치는 src/main/resources/templates 폴더다. 하지만 우리가 사용할 JSP는 스프링 부트에서 지원하는 템플릿이 아니므로 JSP를 위한 별도의 폴더 구조를 만들어야 한다.

JSP 폴더 생성 및 JSP 파일 작성

앞서 application.yml 파일을 통해 스프링 부트가 생성한 ViewResolver 객체의 속성을 변경했고, 이때 JBlogWeb 프로젝트에서 사용할 JSP 파일들의 위치를 /WEB-INF/jblog/로 지정했다. 따라서 다음 그림과 같이 src/main 폴더에 webapp 폴더를 생성하고, 하위에 WEB-INF 폴더와 jblog 폴더를 순차적으로 생성한다.

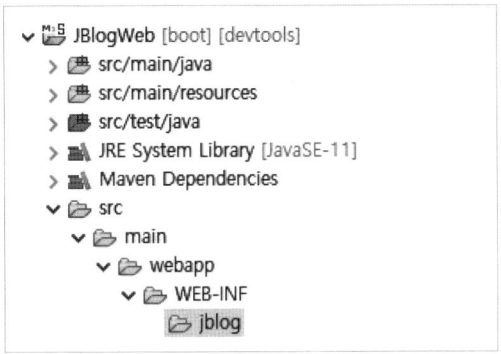

02장 _ REST API 개발 | 39

이제, jblog 폴더에 다음과 같이 hello.jsp 파일을 작성한다.

src/main/webapp/WEB-INF/jblog/hello.jsp
```
<%@ page language="java" contentType="text/html; charset=UTF-8" pageEncoding="UTF-8"%>
<!DOCTYPE html>
<html>
<head>
<meta charset="UTF-8">
<title>Insert title here</title>
</head>
<body>
<h1>안녕 ${username}!!!</h1>
</body>
</html>
```

컨트롤러 작성

앞에서 작성한 HelloController 클래스에 hello.jsp 파일로 화면을 이동시키는 jsp() 메소드를 추가한다.

src/main/java/com/ssamz/jblog/controller/HelloController.java
```
package com.ssamz.jblog.controller;

import org.springframework.stereotype.Controller;
import org.springframework.ui.Model;
import org.springframework.web.bind.annotation.GetMapping;

@Controller
public class HelloController {

    ~ 생략 ~

    @GetMapping("/jsp")
    public String jsp(Model model) {
        System.out.println("JSP 파일이 요청됨");
```

```
            model.addAttribute("username", "쌤즈");
            return "hello";
        }
}
```

수정된 HelloController 클래스를 저장하면 애플리케이션이 리로딩된다. 이제, 브라우저에서 다음과 같이 요청해보자.

  http://localhost:8080/jsp

hello.jsp 파일의 실행 결과를 확인할 수 있다.

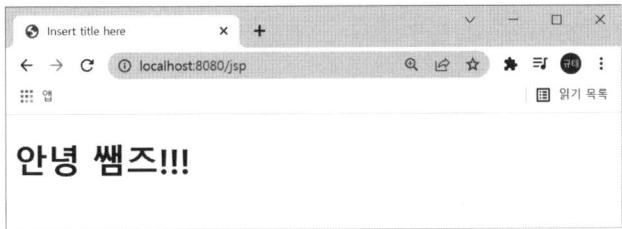

참고로 hello.jsp 파일이 정상적으로 실행되기 위해서는 tomcat-embed-jasper.jar 파일이 필요한데, 1장에서 jstl.jar와 tomcat-embed-jasper.jar 파일에 대한 의존성을 추가하지 않았다면 pom.xml 파일에 다음 설정을 추가하기 바란다.

```xml
                                                              JBlogWeb/pom.xml
    ~ 생략 ~

    <!-- JSTL 라이브러리 -->
    <dependency>
        <groupId>javax.servlet</groupId>
        <artifactId>jstl</artifactId>
    </dependency>

    <!-- JSP를 Servlet으로 변환하는 라이브러리 -->
    <dependency>
```

```
            <groupId>org.apache.tomcat.embed</groupId>
            <artifactId>tomcat-embed-jasper</artifactId>
        </dependency>

</dependencies>

~ 생략 ~
```

새로운 라이브러리를 추가한 후에는 반드시 애플리케이션을 다시 실행해야 한다.

2.2 REST 컨트롤러 작성 및 테스트

기본적으로 웹 애플리케이션의 사용자 요청은 등록, 수정, 삭제, 그리고 조회 기능으로 이루어진다. 이번 실습에서는 웹 애플리케이션의 사용자 요청을 처리하는 REST 컨트롤러를 작성해보고 테스트할 것이다.

2.2.1 REST 컨트롤러 작성

com.ssamz.jblog.controller 패키지에 다음과 같이 RESTController 클래스를 작성한다.

```
                    src/main/java/com/ssamz/jblog/controller/RESTController.java
package com.ssamz.jblog.controller;

import org.springframework.web.bind.annotation.DeleteMapping;
import org.springframework.web.bind.annotation.GetMapping;
import org.springframework.web.bind.annotation.PostMapping;
import org.springframework.web.bind.annotation.PutMapping;
import org.springframework.web.bind.annotation.RestController;

@RestController
public class RESTController {

    // GET: SELECT
    @GetMapping("/jblog")
```

```java
        public String httpGet() {
            return "GET 요청 처리";
        }

        // POST: INSERT
        @PostMapping("/jblog")
        public String httpPost() {
            return "POST 요청 처리";
        }

        // PUT: UPDATE
        @PutMapping("/jblog")
        public String httpPut() {
            return "PUT 요청 처리";
        }

        // DELETE: DELETE
        @DeleteMapping("/jblog")
        public String httpDelete() {
            return "DELETE 요청 처리";
        }
}
```

REST 컨트롤러를 만들기 위해서는 컨트롤러 클래스에 일반 @Controller 어노테이션이 아닌 @RestController 어노테이션을 사용한다. @RestController 어노테이션으로 설정된 컨트롤러는 메소드가 반환한 데이터를 자동으로 자바스크립트 객체 노테이션(JavaScript Object Notation, JSON) 타입으로 변환시킨다.

RESTController 클래스에 작성한 메소드에는 4가지 어노테이션이 설정되어 있으며 각 의미는 다음과 같다.

요청 방식	어노테이션	의미
POST	@PostMapping	등록
PUT	@PutMapping	수정
DELETE	@DeleteMapping	삭제
GET	@GetMapping	조회

JBlogWeb 애플리케이션이 종료되었다면 다시 실행하고, 브라우저에서 다음과 같은 URL을 요청한다.

http://localhost:8080/jblog

RESTController의 httpGet( ) 메소드가 실행된 것을 확인할 수 있다.

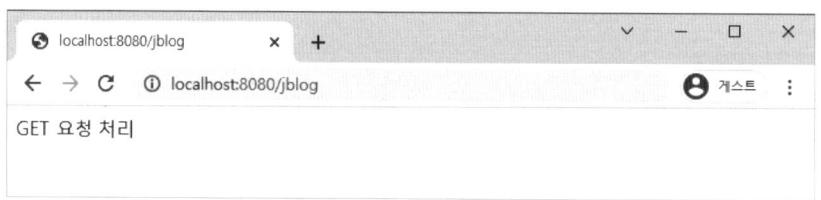

문제는 현재 상태에서 브라우저로 테스트할 수 있는 요청 방식은 GET 뿐이라는 것이다. POST 방식은 HTML을 이용하여 별도의 입력 양식을 만들어야 하고, PUT 방식과 DELETE 방식은 HTML 태그로 테스트할 수 없다.

결국, 다양한 방식의 요청을 테스트하기 위해 별도의 HTTP 요청 프로그램이 필요한데 우리는 포스트맨(Postman)을 사용할 것이다.

2.2.2 포스트맨 설치 및 사용

포스트맨은 GET 방식뿐만 아니라 POST, PUT, DELETE 방식도 테스트할 수 있는 HTTP 요청 프로그램이다.

포스트맨 설치

브라우저에서 포스트맨 다운로드 페이지(https://postman.com/downloads)에 접속한다. 그리고 왼쪽 아래에 있는 〈Windows 64-bit〉 버튼을 클릭하여 설치 프로그램(Postman-win64-9.23.3-Setup.exe)을 다운로드한다.

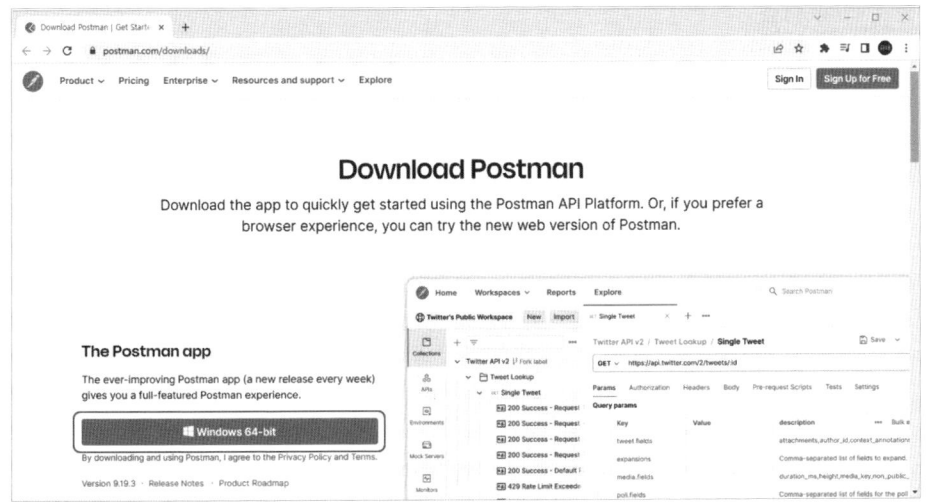

다운로드한 실행 파일을 클릭하여 포스트맨을 설치하면 아래와 같은 아이콘이 생성된다.

이제, 특정 서버에 다양한 방식의 요청을 전송할 수 있는 화면이 제공될 것이다.

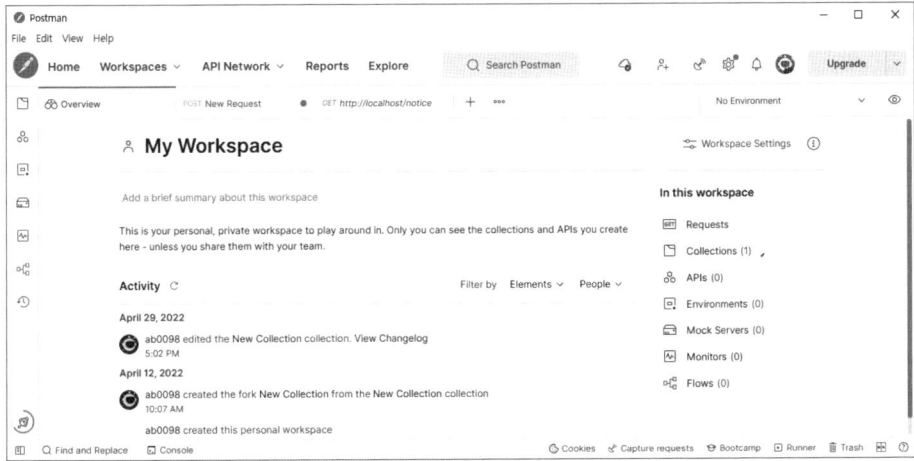

포스트맨 사용

이제, 포스트맨을 이용하여 4가지 방식의 요청을 모두 테스트할 수 있다.

01. GET 요청 테스트

포스트맨을 이용하여 서버에 새로운 요청을 전달하기 위해, 다음과 같이 [+] 탭을 클릭하여 요청과 관련된 정보를 설정한다.

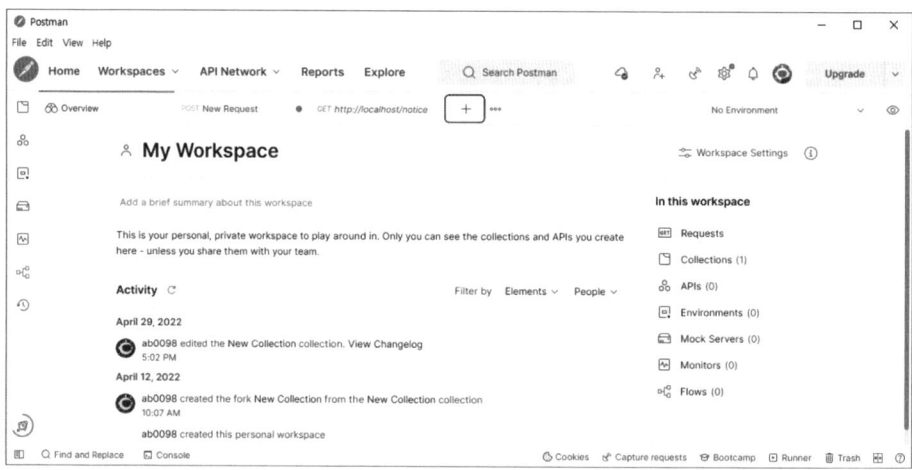

GET 방식 요청을 전송하기 위해 요청 방식을 'GET'으로 선택한다. URL은 http://localhost:8080/jblog로 지정하고, 오른쪽에 〈SEND〉 버튼을 클릭하면 HTTP 요청이 서버에 전달된다.

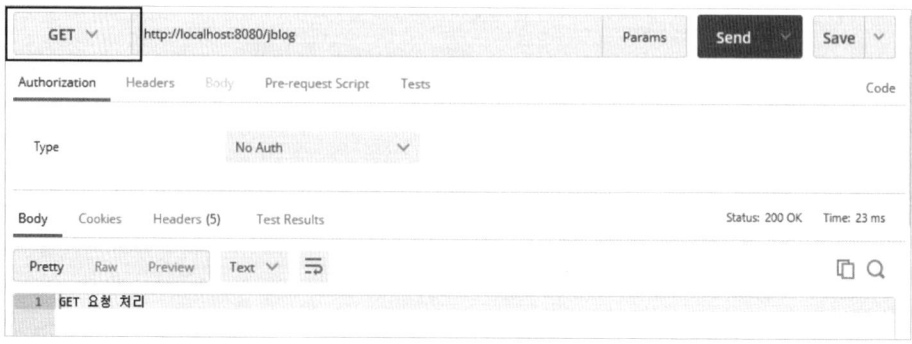

화면 하단의 요청 결과를 보면, RESTController 클래스의 httpGet( ) 메소드가 반환한 'GET 요청 처리'라는 문자열이 Body에 설정되어 출력된 것을 확인할 수 있다.

02. POST 요청 테스트

POST 요청 테스트는 앞에서 실행한 GET 요청 테스트에서 요청 방식만 'POST'로 변경하여 진행한다.

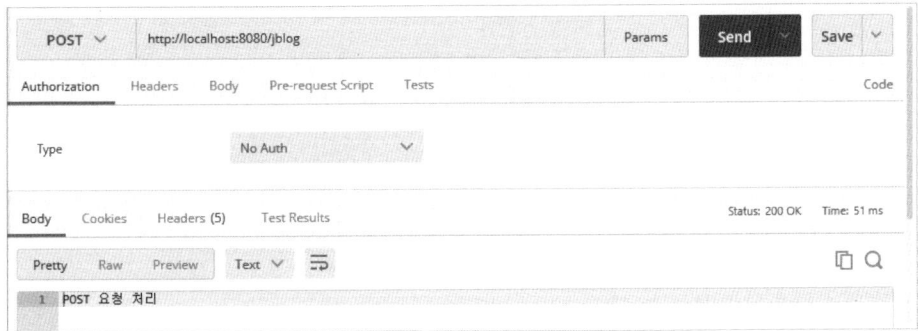

03. PUT 요청 테스트

PUT 요청 테스트는 앞에서 실행한 GET 요청 테스트에서 요청 방식만 'PUT'으로 변경하여 진행한다.

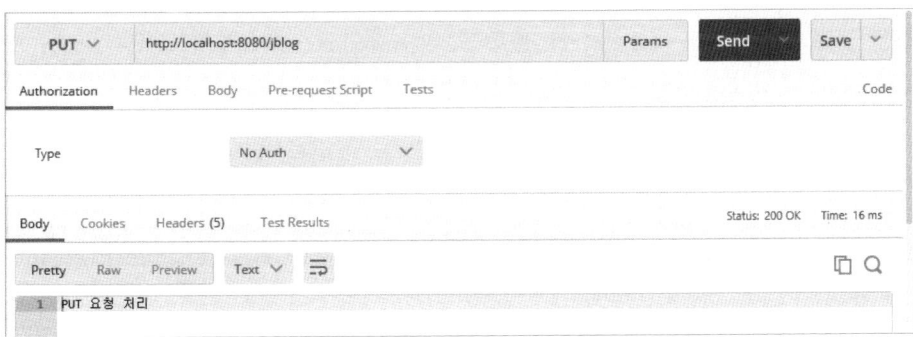

04. DELETE 요청 테스트

DELETE 요청 테스트는 앞에서 실행한 GET 요청 테스트에서 요청 방식만 'DELETE'로 변경하여 진행한다.

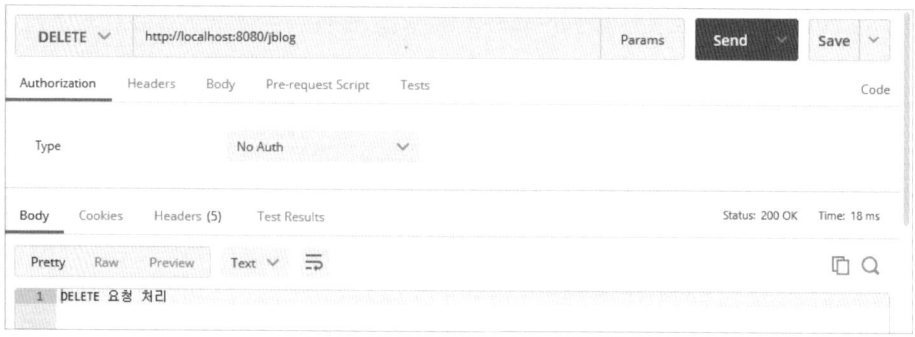

2.2.3 도메인 객체 적용

REST 컨트롤러의 메소드는 값 객체(Value Object)나 도메인 클래스를 매개변수와 반환값으로 사용할 수 있다.

도메인 클래스 작성

먼저, REST 컨트롤러의 매개변수와 반환값으로 사용할 도메인 클래스를 작성한다. 도메인 클래스를 작성할 때는 롬복이 제공하는 어노테이션을 이용하여 Getter, Setter, Constructor, toString 메소드가 자동으로 생성되도록 한다.

domain 폴더를 생성한 후 다음과 같이 User 클래스를 작성한다.

```
                          src/main/java/com/ssamz/jblog/domain/User.java
package com.ssamz.jblog.domain;

import lombok.AllArgsConstructor;
import lombok.Builder;
import lombok.Data;
```

```
import lombok.NoArgsConstructor;

@Data
@NoArgsConstructor
@AllArgsConstructor
@Builder
public class User {
    private int id;                   // 회원 일련번호
    private String username;          // 아이디
    private String password;          // 비밀번호
    private String email;             // 이메일
}
```

User 클래스에 적용된 롬복 어노테이션은 다음과 같다.

어노테이션	기능
@Data	@Getter, @Setter, @ToString, @EqualsAndHashCode, @AllArgsConstructor 포함
@NoArgsContstructor	기본 생성자 생성
@AllArgsConstructor	모든 멤버변수 초기화하는 생성자 생성
@Builder	빌더 패턴이 적용된 builder() 메소드 생성

롬복 라이브러리를 사용하기 위해 프로젝트를 생성할 때 라이브러리 의존성을 추가했다. 이제 현재 사용 중인 이클립스가 롬복 라이브러리를 인지하고 처리할 수 있도록 이클립스에 롬복을 설치해야 한다.

롬복 설치

이클립스에서 롬복을 설치하기 위해서는 현재 사용 중인 이클립스를 반드시 종료해야 한다. 그리고 롬복 홈페이지(https://projectlombok.org)에 접속하여 [Download] 메뉴를 클릭한다.

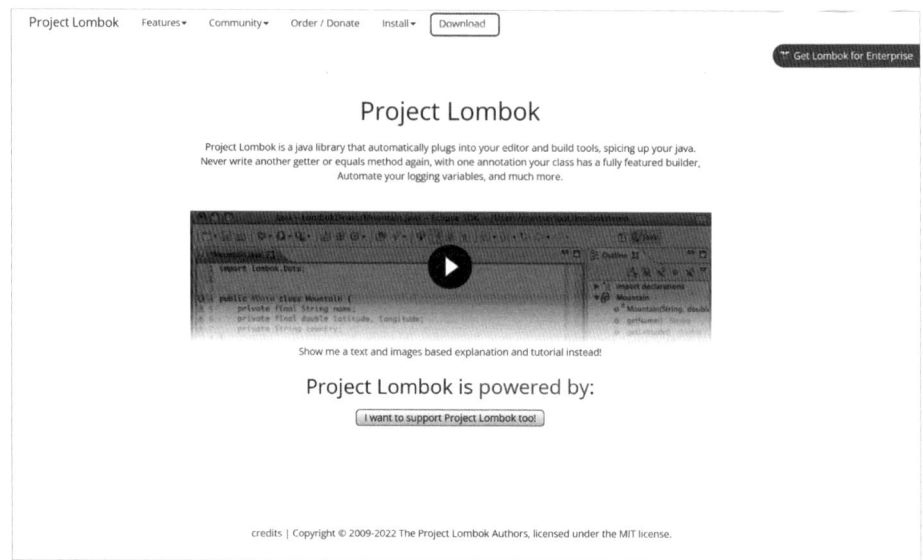

이제 화면 가운데에 있는 다운로드 링크를 클릭하여 롬복 라이브러리를 다운로드한다.

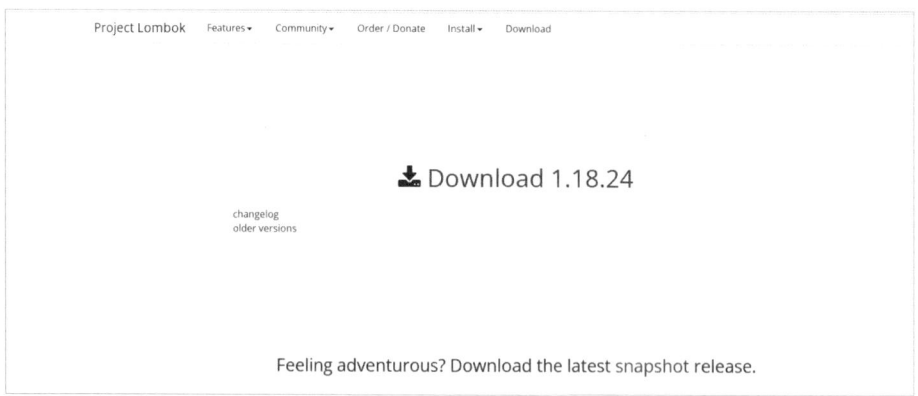

lombok.jar 파일의 다운로드가 완료되면, 명령 프롬프트 창에서 lombok.jar 파일이 다운로드된 폴더로 이동하여 java -jar lombok.jar 명령어를 실행한다.

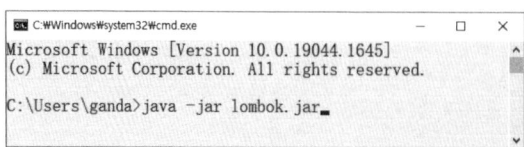

만약, JAVA_HOME을 Path에 추가하지 않았거나 설정에 문제가 있다면 위와 같은 자바 명령어를 실행할 수 없다. 따라서 위 명령어 실행에 문제가 있다면 Path 설정을 다시 한 번 확인하기 바란다.

롬복 설치가 실행되면 IDE를 찾을 수 없다는 메시지가 뜨는데, 〈확인〉 버튼을 클릭하고 〈Specify Location…〉 버튼을 클릭해 STS 실행 파일(SpringToolSuite4.exe)의 위치를 등록한다.

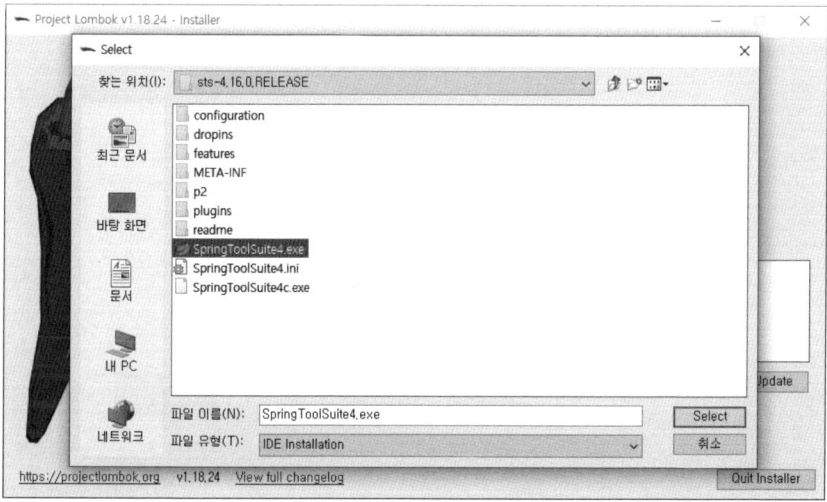

마지막으로 〈Install/Update〉 버튼을 클릭해 롬복을 설치하고, 〈Quit Installer〉를 클릭하여 설치를 종료한다.

조회 기능 테스트

앞에서 작성한 User 객체를 반환값으로 사용할 수 있도록 RESTController 클래스의 httpGet() 메소드를 다음과 같이 수정한다.

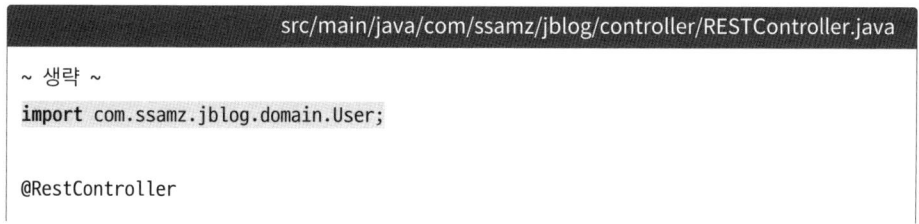

```
public class RESTController {
    // GET: SELECT
    @GetMapping("/jblog")
    public User httpGet() {
        User findUser = User.builder()
                .id(1)
                .username("gurum")
                .password("222")
                .email("gurum@gmail.com")
                .build();
        return findUser;
    }

    ~ 생략 ~
}
```

그리고 포스트맨에서 httpGet( ) 메소드를 다시 요청해본다.

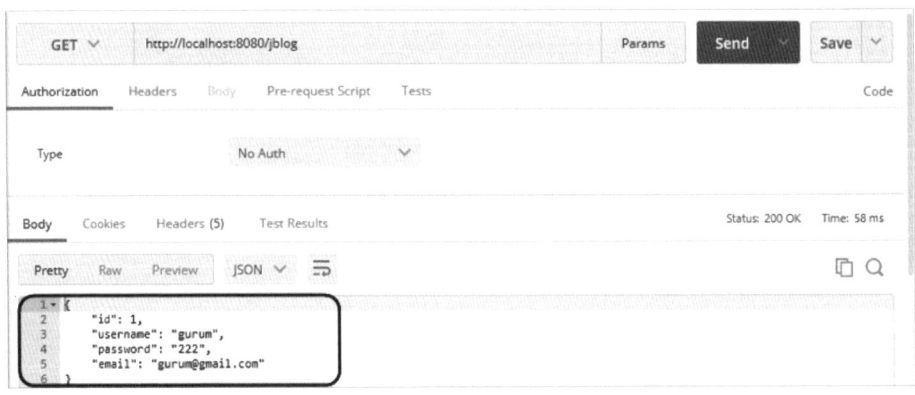

실행 결과를 통해 @RestController을 설정한 메소드에서 반환한 자바 객체가 자동으로 JSON 형태로 변환되는 것을 확인할 수 있다.

등록 기능 테스트

등록 기능을 하는 httpPost( ) 메소드를 수정하여 User 객체를 매개변수의 인자로 받아들이도록 하자.

```
src/main/java/com/ssamz/jblog/controller/RESTController.java
~ 생략 ~

@RestController
public class RESTController {

    ~ 생략 ~

    // POST: INSERT
    @PostMapping("/jblog")
    public String httpPost(User user) {
        return "POST 요청 처리 입력값 : " + user.toString();
    }

    ~ 생략 ~
}
```

이제, 포스트맨으로 httpPost( ) 메소드를 다시 요청한다. HTTP 요청 프로토콜에 전달할 인자의 정보를 설정하려면, 우선 'Body'를 선택하고 다목적 인터넷 전자우편(Multipurpose Internet Mail Extensions, MIME) 타입을 [x-www-form-urlencoded]로 설정해야 한다. 참고로 MIME 타입을 x-www-form-urlencoded 형식으로 설정하는 것은 HTML에서 〈form method="POST"〉 형태를 요청하는 것과 동일하다. 이제, 아래쪽에 있는 'Key'와 'Value'를 지정하여 전달하고자 하는 정보들을 설정한다.

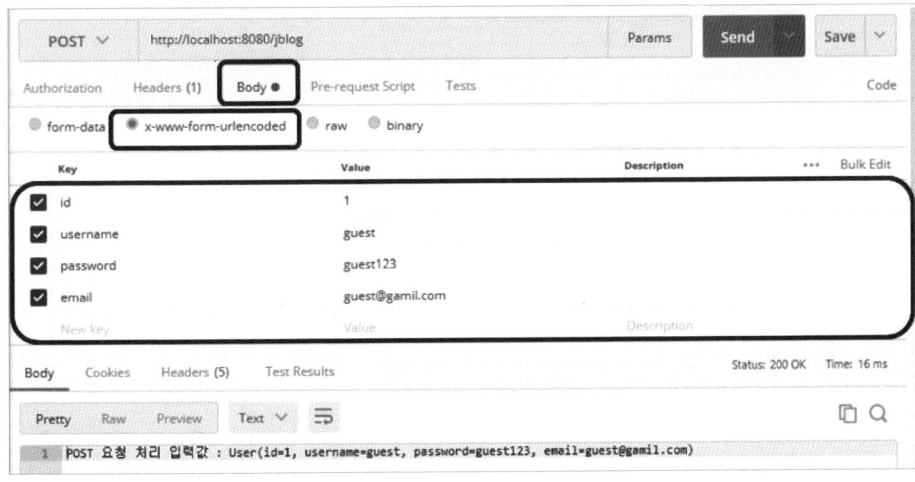

02장 _ REST API 개발 | 53

JSON 형태로 값 전달

사용자가 전달한 정보를 JSON 형태로 변환하기 위해서는 @RequestBody 어노테이션을 사용해야 한다. 따라서 RESTController 클래스의 httpPost() 메소드를 다음과 같이 수정한다.

```
                        src/main/java/com/ssamz/jblog/controller/RESTController.java
~ 생략 ~
import org.springframework.web.bind.annotation.RequestBody;

@RestController
public class RESTController {

    ~ 생략 ~

    // POST: INSERT
    @PostMapping("/jblog")
    public String httpPost(@RequestBody User user) {
        return "POST 요청 처리 입력값 : " + user.toString();
    }

    ~ 생략 ~
```

이제, 포스트맨에서 MIME 타입을 [raw]로 변경하고, 데이터 형식을 Text가 아닌 JSON(application/json)으로 변경한다. 포스트맨의 실행 결과는 다음과 같다.

수정 및 삭제 기능 테스트

수정과 삭제 기능을 테스트하기 위해 RESTController 클래스의 httpPut( ) 메소드와 httpDelete( ) 메소드를 다음과 같이 수정한다.

```java
// src/main/java/com/ssamz/jblog/controller/RESTController.java
~ 생략 ~
import org.springframework.web.bind.annotation.RequestParam;

@RestController
public class RESTController {

    ~ 생략 ~

    // PUT: UPDATE
    @PutMapping("/jblog")
    public String httpPut(@RequestBody User user) {
        return "PUT 요청 처리 입력값 : " + user.toString();
    }

    // DELETE: DELETE
    @DeleteMapping("/jblog")
    public String httpDelete(@RequestParam int id) {
        return "DELETE 요청 처리 입력값 : " + id;
    }

    ~ 생략 ~
```

수정 기능은 등록 기능과 비슷하게 구현할 수 있다. 그러나 삭제 기능은 삭제할 회원의 아이디만 전달받으면 되기 때문에 @RequestBody 어노테이션이 아닌 @RequestParam 어노테이션을 사용한다.

다음은 포스트맨을 이용한 삭제 기능의 테스트 결과다.

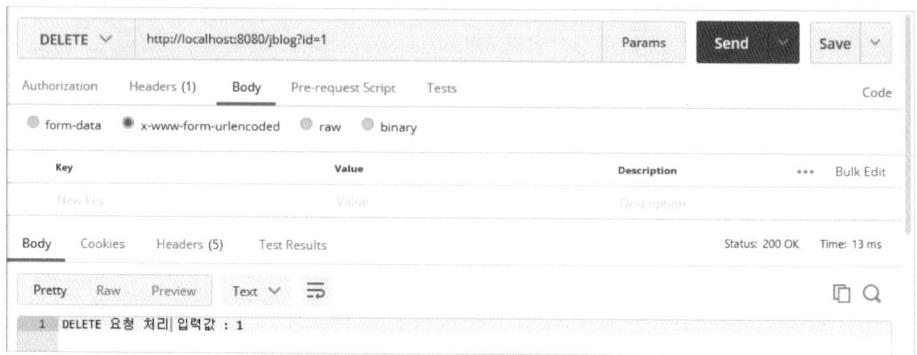

요청 URL에서 '?id=1' 형태로 파라미터 정보를 직접 전달해야 한다는 것에 주의하자.

마무리하며

이번 학습에서는 웹 애플리케이션을 구성하는 정적 콘텐츠와 동적 콘텐츠를 테스트했다. 스프링 부트는 기본적으로 JSP를 이용한 화면 개발을 지원하지 않기 때문에, JSP 파일을 위한 별도의 폴더 구조를 생성해야 한다.

대부분의 웹 애플리케이션은 사용자에게 등록/수정/삭제/조회 기능을 제공한다. 스프링 부트는 이런 기능을 간단하게 구현할 수 있도록 @RestController라는 어노테이션을 제공하여 REST 컨트롤러를 사용할 수 있도록 한다. REST 컨트롤러의 기능을 테스트하기 위해 포스트맨과 같이 다양한 HTTP 요청을 전송하는 프로그램을 이용한다.

다음 학습에서는 현재 작성된 프로젝트에 JPA를 적용할 것이다. JPA는 하이버네이트(Hibernate) 같은 ORM 표준으로서 개발자가 직접 SQL을 작성하지 않고도 데이터베이스 연동을 처리할 수 있도록 도와준다.

03장

JPA 연동

3.1 마이바티스 적용

사용자 데이터를 DBMS에 저장하고 관리하는 것은 모든 애플리케이션의 가장 중요한 기능이다. 그러나 데이터 관리에 너무 많은 시간과 노력이 든다면 개발자들이 쉽게 지칠 수밖에 없다. 이런 문제를 해결하기 위해 마이바티스나 하이버네이트 같은 프레임워크가 등장했다.

JPA에 대한 수요가 점점 늘어나고는 있지만, 여전히 상당수의 애플리케이션은 마이바티스를 기반으로 데이터베이스 연동을 처리하고 있다. 우리는 좀 더 쉽게 적용할 수 있는 마이바티스를 먼저 사용해보고 최종적으로 ORM 표준인 JPA를 적용할 것이다.

마이바티스를 적용하기 위한 절차는 다음과 같다.

- 마이바티스 라이브러리 추가
- 테이블 생성
- 데이터소스 설정
- 도메인 클래스 작성
- 매퍼(Mapper) 작성
- 데이터 접근 객체(Data Access Object, DAO) 작성
- DAO에 대한 테스트케이스 작성

3.1.1 라이브러리 추가

마이바티스와 스프링 연동에 필요한 라이브러리들은 이미 프로젝트 생성 단계에서 스타터를 통해 추가한 상태다.

```
                    JBogWeb/pom.xml ( 설명을 위한 코드이므로 타이핑하지 않는다.)
~ 생략 ~

<dependency>
    <groupId>org.mybatis.spring.boot</groupId>
    <artifactId>mybatis-spring-boot-starter</artifactId>
    <version>2.2.0</version>
</dependency>

~ 생략 ~
```

3.1.2 테이블 생성

테이블은 H2 데이터베이스 설치 과정에서 생성한 USERS 테이블을 재사용할 것이므로 구조만 확인하자.

```
             src/main/resources/create_data.sql ( 설명을 위한 코드이므로 타이핑하지 않는다.)
CREATE TABLE USERS (
        ID          NUMBER(5)         PRIMARY KEY,
        USERNAME    VARCHAR2(30),
        PASSWORD    VARCHAR2(100),
        EMAIL       VARCHAR2(30)
);
```

3.1.3 데이터소스 설정

애플리케이션을 특정 데이터베이스와 연결하려면 데이터소스가 필요하다. 이를 위해 application.yml 파일에 데이터소스 설정을 추가한다.

```yaml
# src/main/resources/application.yml
~ 생략 ~

# 뷰리졸버 설정
spring:
  mvc:
    view:
      prefix: /WEB-INF/jblog/
      suffix: .jsp

# 데이터소스 설정
  datasource:
    driver-class-name: org.h2.Driver
    url: jdbc:h2:tcp://localhost/~/test
    username: sa
    password:
```

데이터소스 설정에서 주의할 점은 datasource를 spring 하위에 작성해야 한다는 것이다. spring은 이미 뷰리졸버 설정을 할 때 선언했으므로 지금은 들여쓰기(공백 2개)만 주의하면 된다. 물론 자동완성 기능을 이용한다면 들여쓰기 역시 신경 쓸 필요가 없다.

3.1.4 도메인 클래스 작성

USERS 테이블에 대한 도메인 클래스는 앞에서 작성한 User 클래스를 재사용한다.

```java
// src/main/java/com/ssamz/jblog/domain/User.java ( 설명을 위한 코드이므로 타이핑하지 않는다.)
package com.ssamz.jblog.domain;

import lombok.AllArgsConstructor;
import lombok.Builder;
import lombok.Data;
import lombok.NoArgsConstructor;

@Data
@NoArgsConstructor
```

```
@AllArgsConstructor
@Builder
public class User {
    private int id;                    // 회원 일련번호
    private String username;           // 아이디
    private String password;           // 비밀번호
    private String email;              // 이메일
}
```

3.1.5 매퍼 작성

마이바티스에서 SQL 구문을 등록할 매퍼는 XML 또는 인터페이스로 작성한다. 우리는 간단하게 인터페이스로 작성할 것이다.

com.ssamz.jblog.mapper 패키지에 다음과 같이 UserMapper 인터페이스를 작성한다.

src/main/java/com/ssamz/jblog/mapper/UserMapper.java
```
package com.ssamz.jblog.mapper;

import java.util.List;
import org.apache.ibatis.annotations.Delete;
import org.apache.ibatis.annotations.Insert;
import org.apache.ibatis.annotations.Mapper;
import org.apache.ibatis.annotations.Select;
import org.apache.ibatis.annotations.Update;
import com.ssamz.jblog.domain.User;

@Mapper
public interface UserMapper {
    @Insert("INSERT INTO USERS(ID, USERNAME, PASSWORD, EMAIL)
    VALUES((SELECT NVL(MAX(ID), 0) + 1 FROM USERS), #{username}, #{password}, #{email})")
    public void insertUser(User user);

    @Update("UPDATE USERS PASSWORD = #{password}, EMAIL = #{email} WHERE ID = #{id}")
    public void updateUser(User user);
```

```
        @Delete("DELETE USERS WHERE ID = #{id}")
        public void deleteUser(User user);

        @Select("SELECT * FROM USERS WHERE USERNAME = #{username}")
        public void getUser(User user);

        @Select("SELECT * FROM USERS ORDER BY USERNAME DESC")
        public List<User> getUserList();
}
```

@Mapper가 설정된 UserMapper 인터페이스에 5개의 추상 메소드를 선언했다. 그리고 각 추상 메소드에 @Insert, @Update, @Delete, @Select를 이용하여 INSERT, UPDATE, DELETE, SELECT에 대한 SQL 구문을 등록했다.

중요한 것은 지금 작성한 파일이 클래스가 아닌 인터페이스라는 것이다. 개발자가 이렇게 @Mapper가 설정된 인터페이스를 작성만 하면, 마이바티스에서 자동으로 매퍼 인터페이스가 구현된 클래스를 제공한다.

3.1.6 DAO 작성

비즈니스 컴포넌트의 실질적인 데이터베이스 연동은 DAO 클래스에서 담당한다. 앞에서 작성한 UserMapper를 이용하여 회원 정보를 관리하는 DAO를 생성해보자.

com.ssamz.jblog.persistence 패키지에 다음과 같이 UserDAO 클래스를 작성한다.

src/main/java/com/ssamz/jblog/persistence/UserDAO.java

```
package com.ssamz.jblog.persistence;

import java.util.List;
import org.mybatis.spring.SqlSessionTemplate;
import org.springframework.beans.factory.annotation.Autowired;
import org.springframework.stereotype.Repository;
import com.ssamz.jblog.domain.User;

@Repository
```

```
public class UserDAO {
    @Autowired
    private SqlSessionTemplate mybatis;

    public void insertUser(User user) {
        mybatis.insert("insertUser", user);
    }

    public void updateUser(User user) {
        mybatis.update("updateUser", user);
    }

    public void deleteUser(User user) {
        mybatis.delete("deleteUser", user);
    }

    public User getUser(User user) {
        return mybatis.selectOne("getUser", user);
    }

    public List<User> getUserList() {
        return mybatis.selectList("getUserList");
    }
}
```

스프링과 마이바티스를 연동하기 위해서는 SqlSessionFactoryBean 객체와 SqlSessionTemplate 객체가 필요하다. 따라서 SqlSessionFactoryBean 객체와 SqlSessionTemplate 객체를 생성하는 환경 설정 클래스를 작성해야 하는데, 스프링 부트는 이 두 객체에 대한 자동설정 클래스를 기본적으로 포함한다. 따라서 JBlogWeb 프로젝트가 실행되는 순간 해당 자동설정 클래스가 동작하여 SqlSessionFactoryBean 객체와 SqlSessionTemplate 객체를 자동으로 생성한다.

DAO 클래스에서 마이바티스를 이용하기 위해서는 @Autowired 어노테이션으로 SqlSessionTemplate 객체를 주입해야 한다. SqlSessionTemplate 객체에 대한 의존성이 처리되면 SqlSessionTemplate 객체가 제공하는 insert(), update(), delete() 메소드를 이용하여 등록, 수정, 삭제 기능을 처리할 수 있다. 또한 selectOne() 메소드와

selectList( ) 메소드를 사용하여 상세 조회와 목록 조회도 구현할 수 있다. 이때 실행할 SQL
은 UserMapper에 등록한 메소드명으로 식별한다.

3.1.7 테스트케이스 작성

src/test/java 소스 폴더에 UserDAO 클래스의 기능을 테스트하는 테스트케이스를 작성해
보자.

```
src/test/java/com/ssamz/jblog/UserDAOTest.java
```

```java
package com.ssamz.jblog;

import static org.junit.jupiter.api.Assertions.assertEquals;
import org.junit.jupiter.api.Test;
import org.springframework.beans.factory.annotation.Autowired;
import org.springframework.boot.test.context.SpringBootTest;
import com.ssamz.jblog.domain.User;
import com.ssamz.jblog.persistence.UserDAO;

@SpringBootTest
class UserDAOTest {

    @Autowired
    private UserDAO userDAO;

    @Test
    void getUserListTest() {
        User user = new User();
        user.setUsername("test");
        user.setPassword("test123");
        user.setEmail("test@gmail.com");

        int before = userDAO.getUserList().size();
        userDAO.insertUser(user);
        int after = userDAO.getUserList().size();

        assertEquals(before + 1, after);
    }
}
```

테스트케이스에서는 UserDAO 클래스의 insertUser() 메소드와 getUserList() 메소드를 이용하여 회원 등록 전/후의 데이터 수를 비교한다.

테스트케이스 실행 후 출력된 JUnit 결과는 다음과 같다.

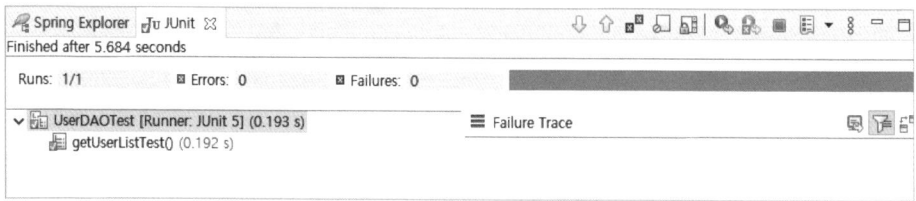

물론 수정 및 삭제 기능도 같은 방식으로 테스트할 수 있다.

3.2 JPA 라이브러리 사용

ORM이 마이바티스 같은 데이터 매퍼와 궁극적으로 다른 점은 애플리케이션에서 사용하는 SQL까지 제공한다는 것이다. 따라서 ORM을 사용하면 직접 SQL을 관리하는데 사용했던 시간과 노력을 획기적으로 줄일 수 있다.

ORM 프레임워크의 시초는 EJB의 엔티티 빈(Entity Bean)이다. 하지만 엔티티 빈은 구현하기 복잡하고 성능이 좋지 않아 개발자들에게 외면당했다. 결국 엔티티 빈의 불편함 때문에 하이버네이트와 같은 ORM 프레임워크가 등장했으며, 자바는 여러 ORM 기술의 표준으로 JPA를 발표했다.

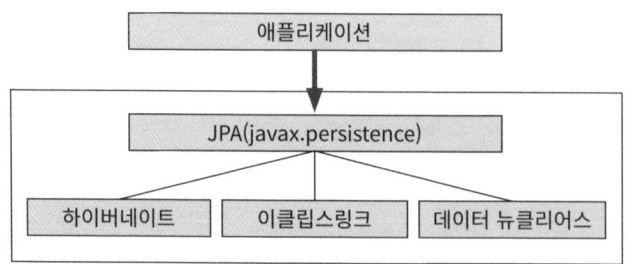

JPA는 JDBC 같은 API에 불과하다. 따라서 데이터베이스 연동을 처리할 때 JPA를 사용하면 운영 과정에서 구현체를 쉽게 교체할 수 있다.

3.2.1 라이브러리 추가

이미 spring-boot-starter-data-jpa 스타터를 통해 JPA 연동에 필요한 라이브러리를 모두 포함했다.

```
                          JBogWeb/pom.xml ( 설명을 위한 코드이므로 타이핑하지 않는다.)
~ 생략 ~

<dependency>
        <groupId>org.springframework.boot</groupId>
        <artifactId>spring-boot-starter-data-jpa</artifactId>
</dependency>

~ 생략 ~
```

3.2.2 데이터소스 설정

이제, application.yml 파일에 JPA 연동과 관련한 설정을 추가한다.

```
                                                 src/main/resources/application.yml
~ 생략 ~

# 데이터소스 설정
  datasource:
    driver-class-name: org.h2.Driver
    url: jdbc:h2:tcp://localhost/~/test
    username: sa
    password:

# JPA 설정
  jpa:
```

```
      open-in-view: true
      database-platform: org.hibernate.dialect.H2Dialect
      show-sql: true
      hibernate:
        naming:
          physical-strategy: org.hibernate.boot.model.naming.PhysicalNamingStrategyStandardImpl
        ddl-auto: create
        use-new-id-generator-mappings: false
        properties:
          hibernate.format_sql: true
```

JPA에서는 하나의 엔티티를 검색할 때 연관관계에 있는 엔티티까지 조회할 수 있으며, 이를 패치라고 한다. JPA에서는 패치 전략으로 EAGER와 LAZY, 이렇게 2가지를 지원한다. EAGER는 처음부터 JOIN 쿼리를 통해 연관객체를 검색하며, LAZY는 연관관계에 있는 엔티티가 실제로 사용되는 순간 별도의 SELECT를 수행한다.

YAML 파일에서 open-in-view를 false로 설정하면, 데이터베이스 연결은 @Service 객체에서 트랜잭션과 같이 관리되기 때문에 웹 애플리케이션에서 LAZY 패치 전략을 사용할 수 없다. open-in-view 설정은 기본이 true인데, 이를 통해 데이터베이스 연결을 @Controller 객체까지 유지시킬 수 있다.

다음으로, database-platform 설정은 JPA가 생성할 SQL을 어떤 DBMS에 최적화할 것인지 결정한다. 위 YAML 파일에서는 H2Dialect 클래스를 등록했으므로 H2 데이터베이스에 최적화된 SQL이 만들어질 것이다.

그리고 physical-strategy 설정은 엔티티의 변수 이름과 테이블의 컬럼 이름을 동일하게 유지시킨다. 예를 들어, createDate 변수와 매핑되는 컬럼 이름을 CREATE_DATE로 처리하려면 SpringPhysicalNamingStrategy 클래스로 설정해야 한다.

```
physical-strategy: org.springframework.boot.orm.jpa.hibernate.SpringPhysicalNamingStrategy
```

마지막으로, ddl.auto는 테이블에 대한 설정이다. JPA에서 엔티티 클래스는 테이블과 매핑된다. 따라서 엔티티 클래스와 매핑될 테이블이 존재하지 않으면 엔티티 클래스를 참조하여 테이블을 자동으로 생성한다. ddl.auto 설정을 create로 하면 애플리케이션이 실행될 때마다 테이블을 삭제(DROP)하고 다시 생성(CREATE)한다. 따라서 기존의 테이블을 재사용하고 싶다면 ddl.auto 설정을 update로 변경해야 한다.

3.2.3 회원 종류 설정

JBlogWeb 프로젝트에서는 회원(USERS), 포스트(POST), 댓글(REPLY) 테이블이 필요하다. 따라서 각각의 테이블과 매핑할 User, Post, Reply 엔티티 클래스를 작성해야 한다. Post 클래스와 Reply 클래스는 해당 기능을 구현할 때 작성하기로 하고, User 클래스는 앞에서 작성한 클래스를 재사용하기로 한다.

먼저, 회원이 가질 수 있는 권한을 제한하기 위해 열거형을 이용하여 RoleType을 추가한다.

```
                         src/main/java/com/ssamz/jblog/domain/RoleType.java
package com.ssamz.jblog.domain;

public enum RoleType {
    USER, ADMIN;
}
```

이렇게 열거형을 사용하면 기존 권한의 변경이나 새로운 권한의 추가를 쉽게 할 수 있다.

3.2.4 도메인 클래스 작성

이제 USERS 테이블과 매핑할 User 클래스를 다음과 같이 수정한다.

```
                         src/main/java/com/ssamz/jblog/domain/User.java
~ 생략 ~
import java.sql.Timestamp;
import javax.persistence.Column;
```

```java
import javax.persistence.Entity;
import javax.persistence.EnumType;
import javax.persistence.Enumerated;
import javax.persistence.GeneratedValue;
import javax.persistence.GenerationType;
import javax.persistence.Id;
import org.hibernate.annotations.CreationTimestamp;

@Data
@NoArgsConstructor
@AllArgsConstructor
@Builder
@Entity
@Table(name = "USERS")
public class User {
    // 기본키에 대응하는 식별자 변수
    @Id
    // 1부터 시작하여 자동으로 1씩 증가하도록 증가 전략 설정
    @GeneratedValue(strategy = GenerationType.IDENTITY)
    private int id; // 회원 일련번호

    @Column(nullable = false, length = 50, unique = true)
    private String username; // 로그인 아이디

    @Column(length = 100)
    private String password; // 비밀번호

    @Column(nullable = false, length = 100)
    private String email;

    @Enumerated(EnumType.STRING)
    private RoleType role;

    @CreationTimestamp // 현재 시간이 기본값으로 등록되도록 설정
    private Timestamp createDate;
}
```

User 클래스에 추가된 여러 어노테이션 중에서 가장 중요한 것은 @Entity, @Table, @Id, @GeneratedValue다. 우선, @Entity는 특정 클래스를 엔티티로 설정할 때 사용한다. JPA는 엔티티 클래스로부터 생성된 객체를 기반으로 데이터베이스 연동을 처리한다.

@Table은 엔티티 클래스와 테이블을 매핑할 때 사용하며, @Table을 생략하면 엔티티 클래스와 동일한 이름의 테이블이 자동으로 매핑된다. 회원 테이블 이름이 USER가 아닌 USERS이므로 이를 @Table을 통해 매핑했다.

@Id는 식별자 변수를 지정할 때 사용하며, 테이블의 기본키(Primary Key, PK)에 대응하는 변수를 의미한다. 식별자 변수가 지정되지 않은 엔티티 클래스를 사용하면 JPA는 에러를 발생시킨다.

@GeneratedValue는 식별자 변수에 자동으로 증가된 값을 할당한다. YAML 파일(application.yml)에 설정한 Dialect 클래스에 따라 식별자 값 전략이 자동으로 결정된다. 예를 들어, OracleDialect는 시퀀스(sequence) 전략이 적용되고 H2Dialect는 아이덴티티(identity) 전략이 적용된다.

작성된 파일들을 모두 저장하고 JBlogWebApplication을 다시 실행하면 콘솔에 다음과 같은 SQL이 출력된다.

```
Hibernate:
    drop table if exists USERS CASCADE
Hibernate:
    create table USERS (
        id integer generated by default as identity,
        createDate timestamp,
        email varchar(100) not null,
        password varchar(100),
        role varchar(255),
        username varchar(50) not null,
        primary key (id)
    )
Hibernate:
    alter table USERS
        add constraint UK_jreodf78a7pl5qidfh43axdfb unique (username)
```

실행 결과를 통해 JPA가 생성한 테이블이 User 클래스에 설정한 @Column의 영향을 받은 것을 확인할 수 있다.

3.2.5 테이블 유지 설정

현재 상태에서는 애플리케이션을 실행할 때마다 매번 USERS 테이블이 삭제되고 다시 생성된다. 한 번 생성된 USERS 테이블은 유지되어야 하므로 application.yml 파일의 ddl-auto 설정을 create에서 update로 변경한다.

```yaml
# src/main/resources/application.yml
~ 생략 ~

# JPA 설정
  jpa:
    open-in-view: true
    database-platform: org.hibernate.dialect.H2Dialect
    show-sql: true
    hibernate:
      naming:
        physical-strategy: org.hibernate.boot.naming.PhysicalNamingStrategyStandardImpl
      ddl-auto: update
      use-new-id-generator-mappings: false
    properties:
      hibernate.format_sql: true
```

ddl-auto 설정을 update로 변경해도 엔티티와 매핑되는 테이블이 없다면, 먼저 테이블을 생성한다.

3.2.6 리포지터리 작성

리포지터리는 DAO 클래스와 동일한 개념으로, 마이바티스처럼 개발자가 인터페이스만 정의하면 JPA가 자동으로 구현 클래스를 만들어준다.

스프링 부트가 제공하는 리포지터리의 상속 구조는 다음과 같으며, 이 중 하나를 상속하여 새로운 리포지터리 인터페이스를 정의하면 된다. 최상위의 Repository는 기능이 거의 없으므로 일반적으로 CrudRepository나 JpaRepository를 상속한다.

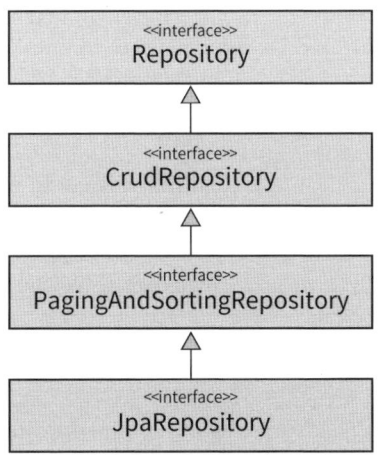

UserRepository 인터페이스를 다음과 같이 작성한다.

```
src/main/java/com/ssamz/jblog/persistence/UserRepository.java
package com.ssamz.jblog.persistence;

import org.springframework.data.jpa.repository.JpaRepository;
import org.springframework.stereotype.Repository;
import com.ssamz.jblog.domain.User;

@Repository
public interface UserRepository extends JpaRepository<User, Integer> {

}
```

JpaRepository를 작성하면서 2가지의 제네릭 타입을 적용했는데, 첫 번째는 엔티티 클래스 타입이고 두 번째는 엔티티 클래스에 설정한 식별자의 타입이다. 참고로 인터페이스 선언부에 추가한 @Repository 어노테이션은 생략할 수 있다.

다음은 JpaRepository 인터페이스가 제공하는 메소드 중에 자주 사용되는 것을 정리한 표이다.

메소드	기능
long count()	모든 엔티티 개수 반환
void delete(Object key)	식별키에 해당하는 엔티티 삭제
void deleteAll()	모든 엔티티 삭제
boolean exists(Object key)	식별키에 해당하는 엔티티 존재 여부 확인
List<T> findAll()	모든 엔티티 목록 반환
Optional findById(Object key)	식별키에 해당하는 단일 엔티티 반환
save(Entity)	엔티티를 등록 또는 수정

JpaRepository 인터페이스가 제공하는 메소드 중에서 findById( )와 save( )를 구체적으로 살펴보자. 우선, findById( ) 메소드는 특정 키에 해당하는 엔티티 하나를 검색하는 메소드로서 반환 타입이 Object가 아닌 java.util.Optional이다. 따라서 특정 타입의 객체를 반환할 때는 Optional의 get( ) 메소드를 사용해야 한다.

save( ) 메소드도 중요한데, 이는 save( ) 메소드 하나로 엔티티 등록과 수정 작업을 모두 처리하기 때문이다. save( ) 메소드는 인자로 전달된 엔티티에 식별자 값이 설정되어 있으면 수정 기능으로, 반대인 경우에는 등록 기능으로 동작한다.

3.3 REST 컨트롤러 작성

비즈니스 컴포넌트가 사용자의 요청을 처리하는 과정에서 데이터베이스 연동이 필요할 때, 리포지터리가 서비스 객체에 의해서 사용된다. 하지만 테스트 목적으로 컨트롤러에서 리포지터리를 사용할 수도 있다.

3.3.1 회원 등록

UserRepository를 사용하여 USERS 테이블과 관련된 데이터베이스 연동 작업을 처리할 수 있다. com.ssamz.jblog.controller 패키지에 UserController 클래스를 추가하고 회원가입 기능의 insertUser( ) 메소드를 작성한다.

```java
// src/main/java/com/ssamz/jblog/controller/UserController.java
package com.ssamz.jblog.controller;

import org.springframework.beans.factory.annotation.Autowired;
import org.springframework.stereotype.Controller;
import org.springframework.web.bind.annotation.PostMapping;
import org.springframework.web.bind.annotation.RequestBody;
import org.springframework.web.bind.annotation.ResponseBody;
import com.ssamz.jblog.domain.RoleType;
import com.ssamz.jblog.domain.User;
import com.ssamz.jblog.persistence.UserRepository;

@Controller
public class UserController {

    @Autowired
    private UserRepository userRepository;

    @PostMapping("/user")
    public @ResponseBody String insertUser(@RequestBody User user) {
        user.setRole(RoleType.USER);
        userRepository.save(user);
        return user.getUsername() + " 회원가입 성공";
    }
}
```

REST 컨트롤러를 구현할 때는 등록 기능의 메소드에 @PostMapping 어노테이션을 설정한다. insertUser( ) 메소드는 JSON으로 전달된 회원 정보를 User 객체로 받기 위해 User 타입의 매개변수를 가진다. 그리고 인자로 전달된 User 객체에 RoleType을 이용하여 권한을 설정하고, UserRepository를 이용하여 회원가입을 처리한다. save( ) 메소드는 인자로 전달된 엔티티에 식별자 값이 설정되어 있지 않으면 INSERT 기능으로 동작한다.

이제, UserController 클래스의 insertUser( ) 메소드가 잘 동작하는지 포스트맨에서 확인해보자.

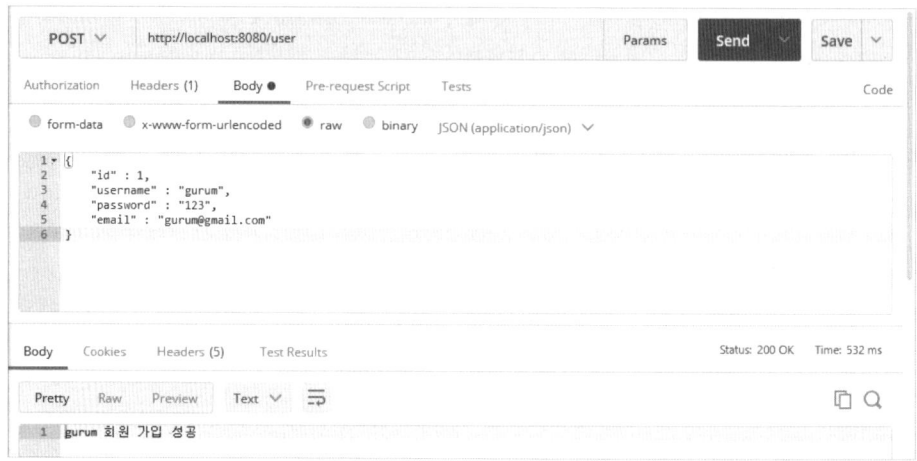

정상적으로 실행되는 것을 확인할 수 있으며 이클립스 화면의 하단에 있는 [Console] 탭을 통해서도 INSERT 구문이 실행된 것을 알 수 있다.

H2 콘솔에서도 USERS 테이블을 조회해보자.

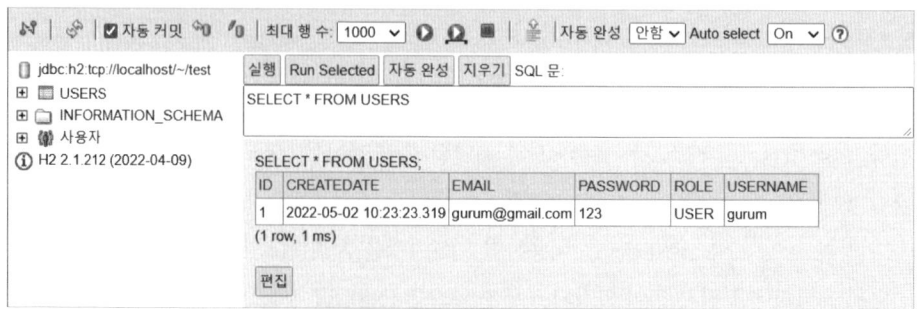

3.3.2 상세 조회

상세 조회 기능은 회원 등록 기능과 비슷한 방식으로 구현한다.

컨트롤러 수정

UserController 클래스에 상세 조회 기능의 getUser( ) 메서드를 추가한다.

```java
src/main/java/com/ssamz/jblog/controller/UserController.java
~ 생략 ~
import org.springframework.web.bind.annotation.GetMapping;
import org.springframework.web.bind.annotation.PathVariable;

@Controller
public class UserController {
    @Autowired
    private UserRepository userRepository;

    @GetMapping("/user/get/{id}")
    public @ResponseBody User getUser(@PathVariable int id) {
        // 특정 id(회원 번호)에 해당하는 User 객체 반환
        User findUser = userRepository.findById(id).get();
        return findUser;
    }

    ~ 생략 ~
}
```

REST 컨트롤러를 구현할 때, 조회 기능의 메서드에는 @GetMapping을 설정한다. getUser( ) 메서드는 요청 URL에 포함된 id 정보를 매개변수인 id에 할당하기 위해 @PathVariable을 사용한다. 그리고 findById( ) 메서드를 통해 특정 id에 해당하는 User 엔티티를 검색하는데, 이때 get( ) 메서드를 사용하여 타입을 User로 변환한다. 이는 findById( ) 메서드가 java.util.Optional 타입의 객체를 반환하기 때문이다.

GET 방식은 포스트맨으로 테스트할 수도 있지만, 브라우저에서 직접 테스트할 수도 있다. 브라우저를 실행하고 다음과 같이 URL 요청을 전송해보자.

http://localhost:8080/user/get/1

id 값으로 검색된 회원 정보를 확인할 수 있다.

```
{
    id: 1,
    username: "gurum",
    password: "123",
    email: "gurum@gmail.com",
    role: "USER",
    createDate: "2022-05-02T01:23:23.319+00:00",
}
```

참고로 크롬 브라우저에서 JSON 데이터를 보기 좋게 출력하기 위해서는 JSONViewer라는 크롬 확장 프로그램을 설치해야 한다.

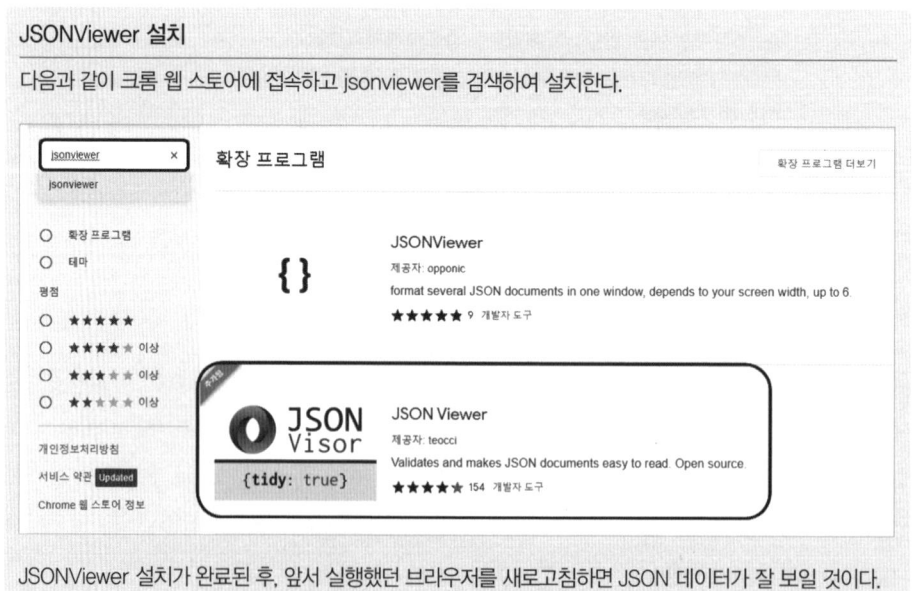

JSONViewer 설치

다음과 같이 크롬 웹 스토어에 접속하고 jsonviewer를 검색하여 설치한다.

JSONViewer 설치가 완료된 후, 앞서 실행했던 브라우저를 새로고침하면 JSON 데이터가 잘 보일 것이다.

물론 이클립스의 [Console] 탭을 통해 SELECT 구문이 다음과 같이 실행된 것도 확인할 수 있다.

```
Hibernate:
    select
        user0_.id as id1_0_0_,
        user0_.createDate as createda2_0_0_,
        user0_.email as email3_0_0_,
        user0_.password as password4_0_0_,
        user0_.role as role5_0_0_,
        user0_.username as username6_0_0_
    from
        USERS user0_
    where
        user0_.id=?
```

사용자 정의 예외 처리

java.util.Optional의 get( ) 메소드는 검색된 엔티티가 없는 경우, NoSuchElementException을 발생시킨다. 이를 확인하기 위해, 다음 URL을 서버에 전송하여 USERS 테이블에 없는 2번 회원을 조회해보자.

http://localhost:8080/user/get/2

그러면 다음과 같이 NoSuchElementException 관련 에러 화면이 출력될 것이다.

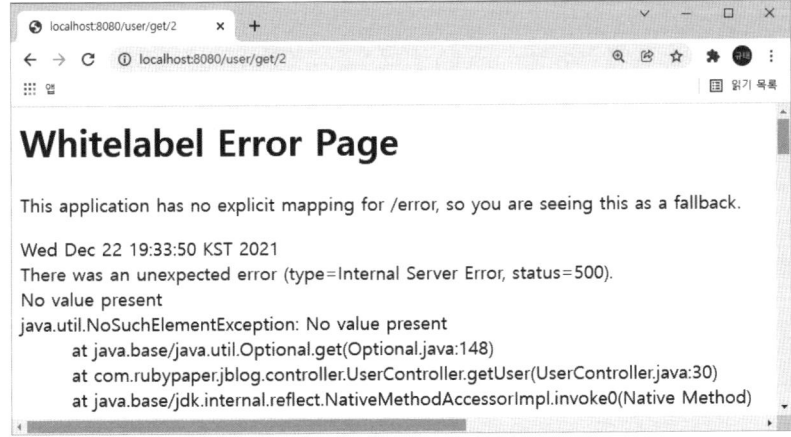

이러한 에러 화면을 일반 사용자에게 보여주는 것은 시스템의 신뢰도에 치명적이다. 따라서 시스템에서 문제가 발생한 경우, 사용자가 이해할 수 있는 메시지를 포함한 화면이 제공되어야 한다. 이를 위해, 스프링에서는 예외 처리 핸들러를 제공한다.

예외 처리 핸들러를 추가하기 위해 가장 먼저 할 일은 사용자 정의 예외 클래스를 만드는 것이다. 따라서 가장 먼저 com.ssamz.jblog.exception 패키지에 JBlogException이라는 사용자 정의 예외 클래스를 작성한다.

src/main/java/com/ssamz/jblog/exception/JBlogException.java
```java
package com.ssamz.jblog.exception;

public class JBlogException extends RuntimeException {
    private static final long serialVersionUID = 1L;

    public JBlogException(String message) {
        super(message);
    }
}
```

모든 예외의 최상위 부모 클래스인 Exception을 상속하여 사용자 정의 예외 클래스를 작성해도 된다. 하지만 RuntimeException 클래스를 상속하여 Unchecked 예외 클래스로 작성했다.

이제, 검색 결과가 없을 때 NoSuchElementException이 아니라 사용자 정의 예외인 JBlogException이 발생하도록 UserController 클래스를 수정한다.

src/main/java/com/ssamz/jblog/controller/UserController.java
```java
~ 생략 ~
import java.util.function.Supplier;
import com.ssamz.jblog.exception.JBlogException;

@Controller
public class UserController {

    @Autowired
```

```
    private UserRepository userRepository;

    @GetMapping("/user/get/{id}")
    public @ResponseBody User getUser(@PathVariable int id) {

        // 검색된 회원이 없을 경우 예외 반환
        User findUser =
            userRepository.findById(id).orElseThrow(new Supplier<JBlogException>() {
                @Override
                public JBlogException get() {
                    return new JBlogException(id + "번 회원이 없습니다.");
                }
            });
        return findUser;
    }

    ~ 생략 ~

}
```

수정된 코드를 보면, 검색된 엔티티가 없을 때 사용자 정의 예외인 JBlogException을 강제로 발생시키고 있다. 이때 자바 8에서 추가된 Supplier 객체를 이용하여 JBlogException 타입의 객체를 제공하는데, Supplier는 인터페이스이므로 익명의 내부 클래스(Anonymous Inner Class) 형태로 작성한다.

추상 메소드가 하나만 있는 인터페이스는 다음과 같이 람다식으로 간단하게 표현할 수 있다.

src/main/java/com/ssamz/jblog/controller/UserController.java

```
~ 생략 ~
import java.util.function.Supplier;
import com.ssamz.jblog.exception.JBlogException;

@Controller
public class UserController {
    @Autowired
    private UserRepository userRepository;
```

```java
    @GetMapping("/user/get/{id}")
    public @ResponseBody User getUser(@PathVariable int id) {

        // 검색된 회원이 없을 경우 예외를 리턴한다.
        User findUser = userRepository.findById(id).orElseThrow(()->{
            return new JBlogException(id + "번 회원이 없습니다.");
        });
        return findUser;
    }

    ~ 생략 ~

}
```

예외 처리 핸들러 적용

스프링에서는 애플리케이션에서 예외가 발생했을 때, 예외 처리 핸들러로 예외를 일괄 처리할 수 있다. JBlogException을 비롯한 모든 종류의 예외를 처리하기 위한 예외 처리 핸들러를 다음과 같이 작성한다.

src/main/java/com/ssamz/jblog/exception/JBlogExceptionHandler.java

```java
package com.ssamz.jblog.exception;

import org.springframework.web.bind.annotation.ControllerAdvice;
import org.springframework.web.bind.annotation.ExceptionHandler;
import org.springframework.web.bind.annotation.RestController;

@ControllerAdvice
@RestController
public class JBlogExceptionHandler {
    @ExceptionHandler(value = Exception.class)
    public String globalExceptionHandler(Exception e) {
        return "<h1>" + e.getMessage() + "</h1>";
    }
}
```

globalExceptionHandler( ) 메소드는 애플리케이션에서 발생된 모든 예외를 받아서 HTML 메시지로 반환한다. 이제 다시 존재하지 않는 2번 회원을 조회해보자.

http://localhost:8080/user/get/2

그러면 다음과 같은 예외 메시지가 브라우저에 출력될 것이다.

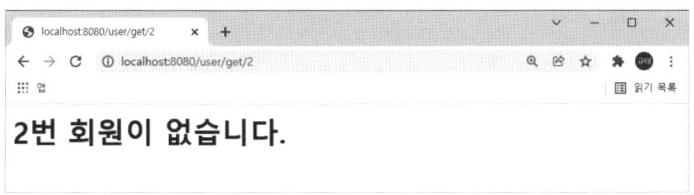

3.3.3 회원 수정

회원 정보를 수정하기 위해 UserController 클래스에 updateUser( ) 메소드를 추가로 작성한다.

```
src/main/java/com/ssamz/jblog/controller/UserController.java
~ 생략 ~
import org.springframework.web.bind.annotation.PutMapping;

@Controller
public class UserController {
    @Autowired
    private UserRepository userRepository;

    @PutMapping("/user")
    public @ResponseBody String updateUser(@RequestBody User user) {
        User findUser = userRepository.findById(user.getId()).orElseThrow(()->{
            return new JBlogException(user.getId() + "번 회원이 없습니다.");
        });
        findUser.setUsername(user.getUsername());
        findUser.setPassword(user.getPassword());
```

```
            findUser.setEmail(user.getEmail());

            userRepository.save(findUser);
            return "회원 수정 성공";
        }

        ~ 생략 ~

}
```

REST 컨트롤러를 구현할 때 수정 기능의 메소드에는 @PutMapping 어노테이션을 사용한다. JPA는 수정 작업을 처리할 때 테이블의 모든 컬럼을 수정하는 UPDATE 구문을 사용한다. 이렇게 모든 컬럼 수정 원칙을 적용하면 하나의 UPDATE로 다양한 수정을 처리할 수 있기 때문에 효율적이다.

updateUser( ) 메소드는 가장 먼저 수정하려는 회원 엔티티를 검색하며, User 엔티티를 매개변수로 받은 User 객체의 값으로 수정한다. 그리고 최종적으로 JpaRepository의 save( ) 메소드를 이용하여 수정을 완료한다. JPA의 save( ) 메소드는 매개변수로 전달된 엔티티에 식별자 값이 설정되어 있으면 UPDATE로 동작하고, 식별자 값이 설정되어 있지 않으면 INSERT로 동작한다.

포스트맨을 이용하여 수정 기능을 테스트해보자.

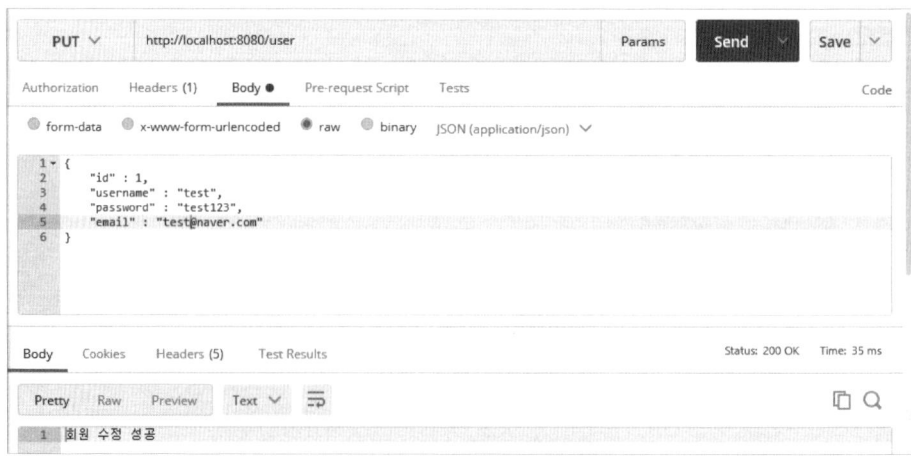

참고로 수정 기능을 구현할 때 save( ) 메소드를 호출하지 않고 다음과 같이 updateUser( ) 메소드 위에 javax.transaction.Transactional 어노테이션을 설정해도 결과는 같다.

```
src/main/java/com/ssamz/jblog/controller/UserController.java
~ 생략 ~
import org.springframework.transaction.annotation.Transactional;

@Controller
public class UserController {
    @Autowired
    private UserRepository userRepository;

    @Transactional
    @PutMapping("/user")
    public @ResponseBody String updateUser(@RequestBody User user) {
        System.out.println("전달된 값: " + user.toString());
        User findUser = userRepository.findById(user.getId()).orElseThrow(()->{
            return new IllegalArgumentException(user.getId() + "번 회원이 없습니다.");
        });
        findUser.setUsername(user.getUsername());
        findUser.setPassword(user.getPassword());
        findUser.setEmail(user.getEmail());
//      userRepository.save(findUser);
        return "회원 수정 성공";
    }

    ~ 생략 ~
}
```

@Transactional 어노테이션을 사용하면 메소드가 호출될 때 트랜잭션이 시작되고, 메소드가 종료되면 트랜잭션이 자동으로 종료된다. 이때, COMMIT 요청이 JPA 컨테이너에 전달되고 JPA 컨테이너는 값이 변경된 엔티티에 대한 UPDATE를 작성하여 데이터베이스에 전송한다.

이클립스의 [Console] 탭을 통해 확인해보면 다음과 같은 UPDATE 구문이 실행되었을 것이다.

```
Hibernate:
    update
        USERS
    set
        createDate=?,
        email=?,
        password=?,
        role=?,
        username=?
    where
        id=?
```

여기에서는 빠른 테스트를 위해 컨트롤러 메소드에 @Transactional을 적용했지만, 원래는 서비스 클래스에서 리포지터리를 호출하고 서비스 메소드에 @Transactional 어노테이션을 적용해야 한다.

3.3.4 회원 삭제

회원 삭제를 위해 TestUserController 클래스에 deleteUser( ) 메소드를 추가한다.

src/main/java/com/ssamz/jblog/controller/UserController.java

```java
~ 생략 ~
import org.springframework.web.bind.annotation.DeleteMapping;




@Controller
public class UserController {
    @Autowired
    private UserRepository userRepository;

    @DeleteMapping("/user/{id}")
```

```
    public @ResponseBody String deleteUser(@PathVariable int id) {
        userRepository.deleteById(id);
        return "회원 삭제 성공";
    }

    ~ 생략 ~

}
```

REST 컨트롤러를 구현할 때, 삭제 기능의 메소드에는 @DeleteMapping을 설정한다. 요청 URL에 포함된 id 정보를 추출하기 위해 @PathVariable 어노테이션을 사용하며 JpaRepository의 deleteById( ) 메소드를 통해 회원 엔티티를 삭제한다.

포스트맨에서 다음과 같이 삭제 요청을 테스트한다.

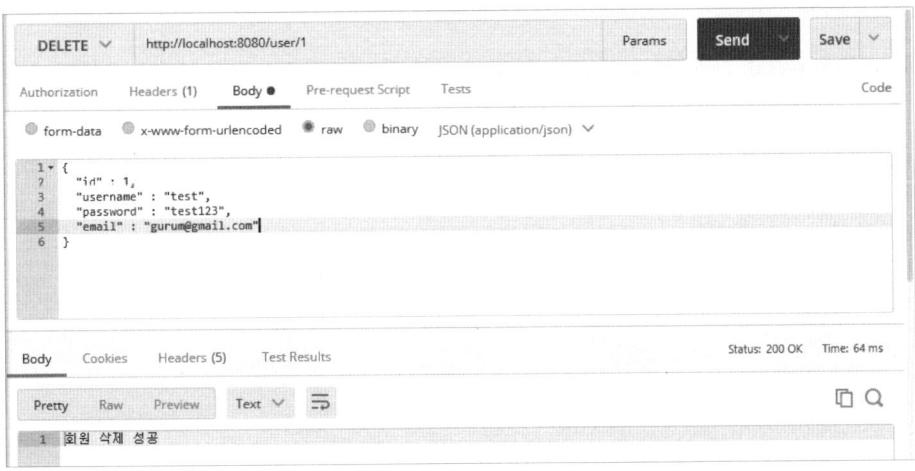

물론, 이클립스의 [Console] 탭을 통해 확인하면 다음과 같은 DELETE 구문이 실행되었을 것이다.

```
Hibernate:
    delete
    from
        USERS
    where
        id=?
```

3.3.5 목록 검색

목록 검색 기능을 테스트하기 위해서는 회원 정보가 필요하다. 따라서 포스트맨을 이용하여 앞서 작성한 회원가입 기능을 다시 실행한다. 1번 회원은 처음 실행할 때 등록되었기 때문에 다음과 같이 2번 회원으로 등록될 것이다.

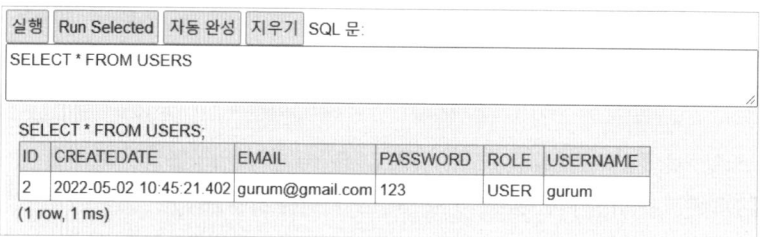

기본 목록

UserController 클래스에 getUserList( ) 메소드를 작성한다.

```
                              src/main/java/com/ssamz/jblog/controller/UserController.java
~ 생략 ~
import java.util.List;

@Controller
public class UserController {

    @Autowired
    private UserRepository userRepository;

    @GetMapping("/user/list")
    public @ResponseBody List<User> getUserList() {
        return userRepository.findAll();
    }

    ~ 생략 ~

}
```

기본적인 목록 기능을 테스트하기 위해 브라우저에서 다음과 같은 URL을 요청해보자.

http://localhost:8080/user/list

그러면 다음 그림처럼 JSON 형태로 회원 목록이 출력되는 것을 확인할 수 있다.

```
[
  - {
      id: 2,
      username: "gurum",
      password: "123",
      email: "gurum@gmail.com",
      role: "USER",
      createDate: "2022-05-02T01:45:21.402+00:00",
    }
]
```

페이징 처리

일반적인 웹 애플리케이션은 페이징 기능을 통해 사용자에게 목록 화면을 제공한다. 페이징 기능을 구현하기 위해서는 복잡한 쿼리와 수많은 자바 코드가 필요하다. 스프링에서는 이러한 페이징 기능을 쉽게 처리할 수 있도록 Page, Pageable, PageRequest 같은 API를 제공한다.

UserController 클래스에 getUserListPaging() 메소드를 작성한다.

```
src/main/java/com/ssamz/jblog/controller/UserController.java
~ 생략 ~
import org.springframework.data.domain.Page;
import org.springframework.data.domain.PageRequest;
import org.springframework.data.domain.Pageable;
import org.springframework.data.domain.Sort;

@Controller
public class UserController {
    @Autowired
    private UserRepository userRepository;

    @GetMapping("/user/page/{page}")
```

```java
    public @ResponseBody Page<User> getUserListPaging(@PathVariable int page) {
        // page에 해당하는 2개의 데이터 조회
        // id와 username 내림차순 정렬
        Pageable pageable =
        PageRequest.of(page, 2, Sort.Direction.DESC, "id", "username");

        return userRepository.findAll(pageable);
    }

    ~ 생략 ~

}
```

추가로 작성한 getUserListPaging() 메소드를 보면, 가장 먼저 URL에 포함된 페이지 번호(page)를 추출한다. 그리고 추출한 페이지 번호를 이용하여 Pageable 객체를 생성한다. PageRequest.of() 메소드를 호출할 때 페이지 번호는 0부터 시작하며, 두 번째 인자로 한 페이지에 출력할 데이터의 개수를 지정한다. 나머지는 정렬과 관련된 정보다.

브라우저에서 다음과 같이 요청해보자.

http://localhost:8080/user/page/0

getUserListPaging() 메소드가 반환한 Page 객체의 정보를 확인할 수 있다.

```
localhost:8080/user/page/0
{
  - content: [
    - {
        id: 2,
        username: "gurum",
        password: "123",
        email: "gurum@gmail.com",
        role: "USER",
        createDate: "2022-05-02T01:45:21.402+00:00",
      }
    ],
  - pageable: {
    - sort: {
        empty: false,
        sorted: true,
        unsorted: false,
      },
```

```
        offset: 0,
        pageNumber: 0,
        pageSize: 2,
        paged: true,
        unpaged: false,
    },
    last: true,
    totalPages: 1,
    totalElements: 1,
    size: 2,
    number: 0,
  - sort: {
        empty: false,
        sorted: true,
        unsorted: false,
    },
    first: true,
    numberOfElements: 1,
    empty: false,
}
```

두 번째 페이지를 보고 싶으면 다음과 같이 요청하면 된다.

http://localhost:8080/user/page/1

@PageableDefault를 이용하면 PageRequest를 사용하는 것보다 쉽게 Pageable 객체를 생성할 수 있다.

src/main/java/com/ssamz/jblog/controller/UserController.java

```java
~ 생략 ~
import org.springframework.data.web.PageableDefault;

@Controller
public class UserController {

    @Autowired
    private UserRepository userRepository;

    @GetMapping("/user/page")
    public @ResponseBody Page<User> getUserListPaging(
        @PageableDefault(page = 0, size = 2, direction = Sort.Direction.DESC,
        sort = {"id", "username"}) Pageable pageable) {
        // 첫 번째 페이지(0)에 해당하는 2개의 데이터 조회
        // id 내림차순 정렬
```

```
        return userRepository.findAll(pageable);
    }

    ~ 생략 ~
```

이제 브라우저에서 다음과 같이 요청해보자.

http://localhost:8080/user/page

그러면 첫 페이지 정보를 확인할 수 있을 것이다. 만약 page와 size 정보를 동적으로 변경하고 싶다면 다음과 같이 요청하면 된다.

http://localhost:8080/user/page?page=0&size=5

마무리하며

이번 학습에서는 마이바티스라는 프레임워크를 사용하여 간단하게 데이터베이스 연동을 처리해봤다. 마이바티스는 일종의 SQL 매퍼로서 자바 객체와 데이터베이스의 테이블을 자동으로 매핑해준다. 개발자는 XML 파일이나 @Mapper 어노테이션이 설정된 인터페이스에 마이바티스에서 사용할 SQL을 작성하기만 하면 된다.

JPA는 마이바티스보다 쉽게 데이터베이스 연동을 처리한다. JPA는 하이버네이트와 같은 ORM 프레임워크의 표준으로서 개발자가 작성해야 했던 SQL까지 제공해준다. 따라서 JPA를 사용하면 개발자는 데이터베이스의 테이블 정보가 매핑될 엔티티 클래스만 작성하면 된다.

다음 학습부터는 지금까지 배운 것을 바탕으로 본격적으로 스프링 부트 기반의 웹 애플리케이션을 작성해 나갈 것이다.

04장

인덱스 페이지와 로그인 처리

4.1 인덱스 페이지

인덱스 페이지는 웹 애플리케이션을 이용하는 사용자가 처음으로 접하는 화면이다. 사용자는 오로지 인덱스 페이지를 통해서만 웹 애플리케이션에 접근할 수 있다. 일반적으로, 자바 기반의 웹 애플리케이션은 index.jsp 파일을 이용하여 인덱스 페이지를 구성한다.

4.1.1 JSP 파일 작성

웹 애플리케이션의 UI 화면은 대부분 HTML과 CSS를 기반으로 구성한다. 따라서 개발자가 HTML과 CSS에 대한 경험이 없다면 웹 페이지를 작성하는 데 어려움을 겪을 수밖에 없다. 이런 고민을 덜어주기 위해 부트스트랩(Bootstrap) 프레임워크가 등장했으며, 우리는 W3스쿨스(https://w3schools.com)에서 제공하는 샘플 코드를 최대한 이용할 것이다. 참고로 W3스쿨스는 HTML이나 CSS뿐 아니라 파이썬 등 다양한 프로그래밍 언어를 쉽게 학습할 수 있도록 도와주는 무료 사이트다.

우선, 앞에서 작성했던 hello.jsp 파일의 이름을 다음과 같이 index.jsp로 수정한다.

그리고 W3스쿨스에 접속한 후 스크롤하여 다음과 같은 화면에서 'Bootstrap'의 〈Learn Bootstrap〉 버튼을 클릭한다.

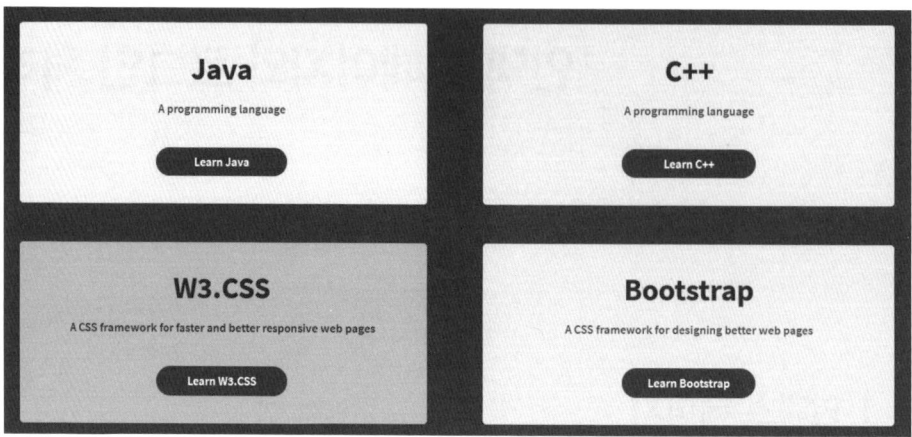

이제 부트스트랩 버전을 선택해야 한다. 부트스트랩은 총 3가지 버전이 있는데, 이 중에서 B5를 사용하기 위해 〈Learn Bootstrap 5〉 버튼을 클릭한다.

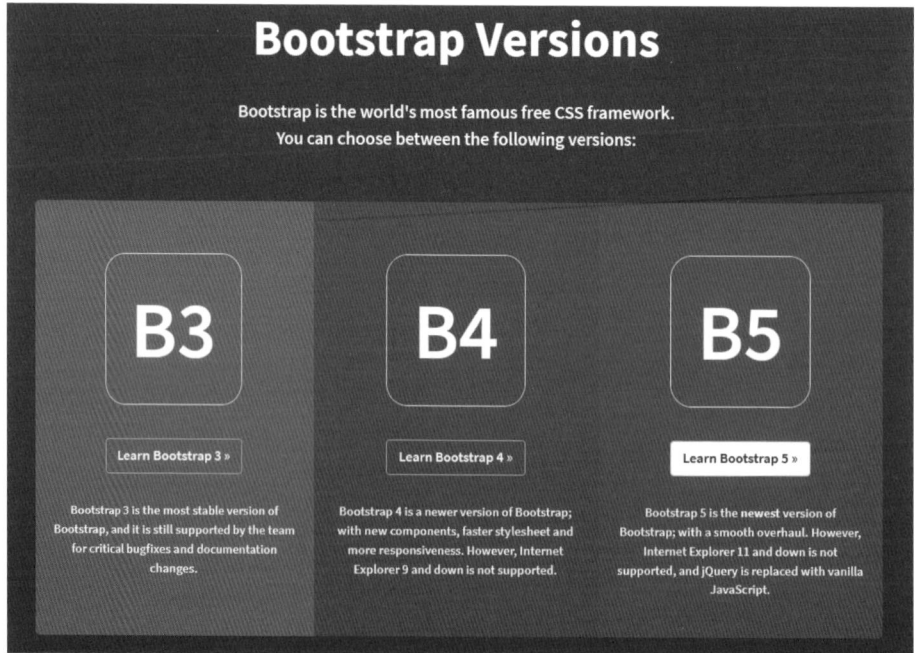

먼저, 인덱스 페이지에 내비게이션바를 추가하기 위해 왼쪽 메뉴에서 [BS5 Navbar]를 선택하고 원하는 모양의 내비게이션바를 찾는다. 필자는 'Navbar Forms and Buttons'을 사용할 것이다.

이제 필요한 코드를 복사하기 위해 아래에 〈Try it Yourself〉 버튼을 클릭한다.

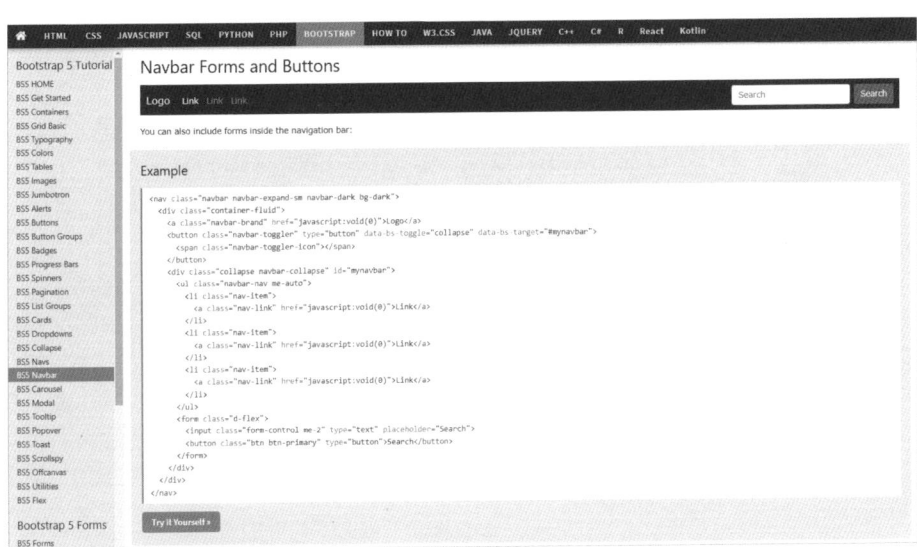

그리고 HTML 코드를 모두 복사하여 index.jsp 파일에 붙여넣기한다. 단, 원래 index.jsp 파일의 첫 번째 줄에 있었던 page 지시문은 남겨놓는다.

```
src/main/webapp/WEB-INF/jblog/index.jsp
```

```
<%@ page language="java" contentType="text/html; charset=UTF-8" pageEncoding="UTF-8"%>

<!DOCTYPE html>
<html lang="en">
<head>
<title>Bootstrap Example</title>
<meta charset="utf-8">
<meta name="viewport" content="width=device-width, initial-scale=1">

~ 생략 ~
```

04장 _ 인덱스 페이지와 로그인 처리

붙여넣은 코드의 개행 처리와 들여쓰기를 위해 단축키 〈Ctrl〉 + 〈Shift〉 + 〈F〉를 누른다.

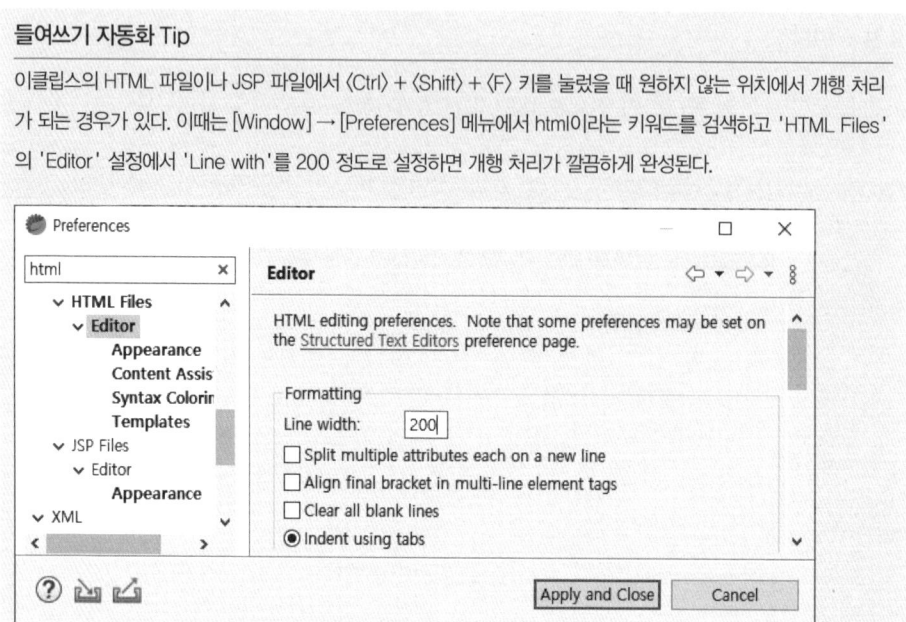

들여쓰기 자동화 Tip

이클립스의 HTML 파일이나 JSP 파일에서 〈Ctrl〉 + 〈Shift〉 + 〈F〉 키를 눌렀을 때 원하지 않는 위치에서 개행 처리가 되는 경우가 있다. 이때는 [Window] → [Preferences] 메뉴에서 html이라는 키워드를 검색하고 'HTML Files'의 'Editor' 설정에서 'Line with'를 200 정도로 설정하면 개행 처리가 깔끔하게 완성된다.

4.1.2 컨트롤러 작성

인덱스 페이지를 웹 애플리케이션의 기본 화면으로 설정하기 위해 com.ssamz.jblog.controller 패키지에 PostContorller 클래스를 만들고 getPostList( ) 메소드를 작성한다.

```
src/main/java/com/ssamz/jblog/controller/PostController.java
package com.ssamz.jblog.controller;

import org.springframework.stereotype.Controller;
import org.springframework.web.bind.annotation.GetMapping;

@Controller
public class PostController {
    @GetMapping({"", "/"})
    public String getPostList() {
```

```
        return "index";
    }
}
```

이제, 브라우저에서 다음과 같이 요청해보자.

http://localhost:8080/jblog

실행 결과를 확인해보면 인덱스 페이지가 정상적으로 출력된다.

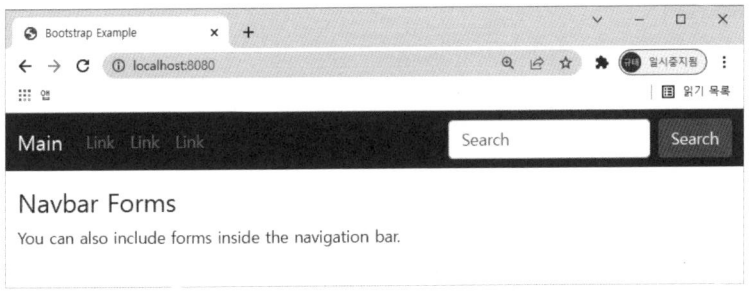

4.1.3 WebJar 적용

WebJar는 웹 라이브러리를 JAR 파일로 패키징한 형태를 말한다. 앞서 작성한 index.jsp 파일은 브라우저에 인덱스 페이지가 뜰 때마다 실시간으로 bootstrap.min.css 파일과 bootstrap.bundle.min.js 파일을 다운로드하여 사용한다. WebJar는 이러한 CSS나 자바스크립트를 일반 자바 라이브러리처럼 메이븐이나 그레이들을 이용하여 다운로드할 수 있도록 한다. 이제, index.jsp 파일을 WebJar를 이용하도록 변경해보자.

라이브러리 추가

우선, 부트스트랩과 제이쿼리(jQuery) 라이브러리를 다운로드하기 위해 메이븐 리포지터리 사이트에 접속한다. 그리고 부트스트랩과 제이쿼리를 각각 검색하여 pom.xml 파일에 라이브러리 의존성을 추가한다.

```xml
                                                            JBlogWeb/pom.xml
~ 생략 ~

        <!-- Bootstrap 라이브러리 -->
        <dependency>
            <groupId>org.webjars</groupId>
            <artifactId>bootstrap</artifactId>
            <version>5.1.3</version>
        </dependency>

        <!-- jQuery 라이브러리 -->
        <dependency>
            <groupId>org.webjars.bower</groupId>
            <artifactId>jquery</artifactId>
            <version>3.6.0</version>
        </dependency>

    </dependencies>

~ 생략 ~
```

새로운 라이브러리를 추가한 후에는 반드시 애플리케이션을 재실행한다.

리소스 파일 등록

다운로드된 라이브러리에서 중요한 폴더는 resources 폴더다. 이 resources 폴더에 있는 CSS 파일과 자바스크립트 파일을 JSP 파일에 등록해야 한다.

```
v 🫙 bootstrap-5.1.3.jar - C:₩Users₩gurum₩.m2₩repository₩org₩webjars₩bootstrap₩5.1.3
    v 🗁 META-INF
        > 🗁 maven
        v 🗁 resources
            v 🗁 webjars
                v 🗁 bootstrap
                    v 🗁 5.1.3
                        > 🗁 css
                        > 🗁 js
                        > 🗁 scss
                        🔒 webjars-requirejs.js
                        🔒 webjars-requirejs.js.gz
    📄 MANIFEST.MF
```

index.jsp 파일에서 CSS 파일과 자바스크립트 파일의 경로를 resources 아래로 수정한다.

```
src/main/webapp/WEB-INF/jblog/index.jsp
<%@ page language="java" contentType="text/html; charset=UTF-8" pageEncoding="UTF-8"%>
<!DOCTYPE html>
<html lang="en">
<head>
<title>Bootstrap Example</title>
<meta charset="utf-8">
<meta name="viewport" content="width=device-width, initial-scale=1">
<link href="/webjars/bootstrap/5.1.3/css/bootstrap.min.css" rel="stylesheet">
<script src="/webjars/bootstrap/5.1.3/js/bootstrap.bundle.min.js"></script>
<script src="/webjars/jquery/3.6.0/dist/jquery.min.js"></script>
</head>
<body>

~ 생략 ~
```

마지막에 추가한 jquery.min.js 파일은 별도로 추가해야 한다.

```
<script src="/webjars/jquery/3.6.0/dist/jquery.min.js"></script>
```

이제, 브라우저에서 〈F12〉 키를 누르고 〈F5〉 키를 눌러 새로고침해본다. WebJar의 CSS 파일과 자바스크립트 파일이 정상적으로 로딩된 것을 확인할 수 있다.

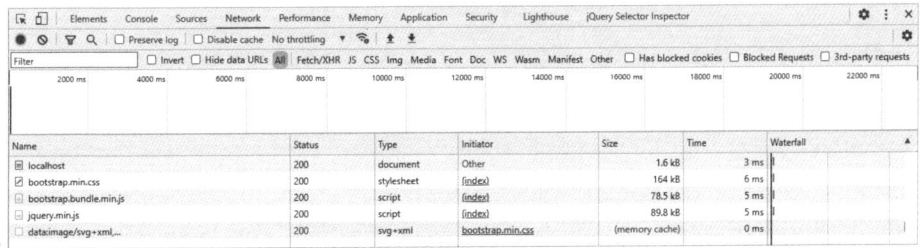

4.1.4 화면 구성

이제 인덱스 페이지에서 사용자에게 제공할 기본 메뉴를 구성한다.

기본 메뉴

index.jsp 파일을 다음과 같이 수정하여 메뉴를 구성한다.

```
                                        src/main/webapp/WEB-INF/jblog/index.jsp
~ 생략 ~

<nav class="navbar navbar-expand-sm navbar-dark bg-dark">
<div class="container-fluid">
<a class="navbar-brand" href="/">Main</a>

~ 생략 ~

<li class="nav-item"><a class="nav-link" href="/auth/login">로그인</a></li>
<li class="nav-item"><a class="nav-link" href="/auth/insertUser">회원가입</a></li>

~ 생략 ~
```

우선, 검색과 관련된 〈form〉 태그는 삭제하고 Main 메뉴를 클릭하면 인덱스 페이지로 이동할 수 있도록 링크를 수정한다. 그리고 'Link'로 되어있던 기존 3개의 메뉴를 로그인과 회원가입으로 변경하고 적절한 링크를 설정한다.

목록 화면

인덱스 페이지 화면에서는 블로그에 등록된 포스트 목록을 출력한다. 다음은 W3스쿨스 사이트의 [BS5 Cards] 메뉴에 있는 'Titles, test, and links' 코드에서 마지막의 링크만 버튼으로 변경한 코드다.

```
                                        src/main/webapp/WEB-INF/jblog/index.jsp
~ 생략 ~

<div class="container mt-3">
```

```
        <div class="card">
            <div class="card-body">
                <h4 class="card-title">포스트 제목</h4>
                <a href="#" class="btn btn-secondary">상세보기</a>
            </div>
        </div>
    </div>

    ~ 생략 ~
```

하단 화면

index.jsp 파일 아래에 새로운 〈div〉 태그를 추가하여 웹 애플리케이션의 하단 화면을 구성한다. 다음은 W3스쿨스 사이트의 [BS5 Basic Template] 메뉴에 있는 'Footer' 부분을 활용한 코드다.

```
                                    src/main/webapp/WEB-INF/jblog/index.jsp

    ~ 생략 ~

    <br>
    <div class="mt-5 p-4 text-center">
        <p>Created by Gurum</p>
        <p>연락처: 010-1234-1234, 주소지: 서울시 강남구 대치동</p>
    </div>

</body>
```

브라우저를 통해 결과를 확인한다.

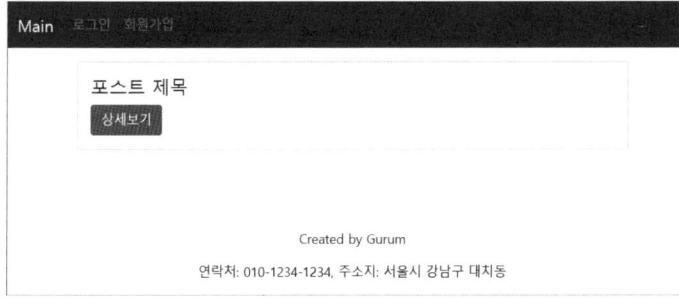

4.1.5 레이아웃 구성

일반적으로 웹 애플리케이션은 상단, 메인, 하단 레이아웃으로 구성된다. 상단 레이아웃에서 시스템의 메뉴를 보여주고 메인 레이아웃에서 실질적인 데이터를 제공하며, 하단 레이아웃 에는 회사 정보나 약관 등을 담는다.

레이아웃 나누기

우리는 상단에 출력할 메뉴를 header.jsp 파일로, 하단의 회사 정보나 약관 등을 footer. jsp 파일로 분리하여 여러 페이지에서 재사용할 것이다. 따라서 다음과 같이 jblog 폴더에 layout 폴더를 추가하고 header.jsp 파일과 footer.jsp 파일을 생성한다.

그리고 index.jsp 파일의 상단에 있는 코드를 복사하여 다음과 같이 header.jsp 파일을 작성한다.

```jsp
src/main/webapp/WEB-INF/jblog/layout/header.jsp
<%@ page language="java" contentType="text/html; charset=UTF-8" pageEncoding="UTF-8"%>

<!DOCTYPE html>
<html lang="en">
<head>
<title>Bootstrap Example</title>
<meta charset="utf-8">
<meta name="viewport" content="width=device-width, initial-scale=1">
<link href="/webjars/bootstrap/5.1.3/css/bootstrap.min.css" rel="stylesheet">
<script src="/webjars/bootstrap/5.1.3/js/bootstrap.bundle.min.js"></script>
```

```
<script src="/webjars/jquery/3.6.0/dist/jquery.min.js"></script>
</head>
<body>
<nav class="navbar navbar-expand-sm navbar-dark bg-dark">
    <div class="container-fluid">
        <a class="navbar-brand" href="/">Main</a>
        <button class="navbar-toggler" type="button" data-bs-toggle="collapse"
            data-bs-target="#mynavbar">
            <span class="navbar-toggler-icon"></span>
        </button>
        <div class="collapse navbar-collapse" id="mynavbar">
            <ul class="navbar-nav me-auto">
                <li class="nav-item"><a class="nav-link"
                    href="/auth/login">로그인</a></li>
                <li class="nav-item"><a class="nav-link"
                    href="/auth/insertUser">회원가입</a></li>
            </ul>
        </div>
    </div>
</nav>
```

그리고 index.jsp 파일 하단에 있는 코드를 복사하여 footer.jsp 파일을 작성한다.

src/main/webapp/WEB-INF/jblog/layout/footer.jsp

```
<%@ page language="java" contentType="text/html; charset=UTF-8" pageEncoding="UTF-8"%>

    <br>
    <div class="mt-5 p-4 text-center">
        <p>Created by Gurum</p>
        <p>연락처: 010-1234-1234, 주소지: 서울시 강남구 대치동</p>
    </div>

</body>
</html>
```

footer.jsp 파일을 작성할 때 첫 번째 줄에 page 지시문을 추가해야 한다는 것에 주의하자.

JSP 파일 수정

마지막으로, header.jsp 파일과 footer.jsp 파일을 사용하도록 기존의 index.jsp 파일을 수정한다.

```
                          src/main/webapp/WEB-INF/jblog/layout/index.jsp
<%@ page language="java" contentType="text/html; charset=UTF-8" pageEncoding="UTF-8"%>
<%@ include file="./layout/header.jsp" %>

<br>
<div class="container mt-3">
    <div class="card">
        <div class="card-body">
            <h4 class="card-title">포스트 제목</h4>
            <a href="#" class="btn btn-secondary">상세보기</a>
        </div>
    </div>
</div>

<%@ include file="./layout/footer.jsp" %>
```

수정된 index.jsp 파일은 include 지시자를 이용하여 header.jsp 파일과 footer.jsp 파일을 포함한다. 작성된 모든 코드를 저장한 후 인덱스 페이지를 다시 요청해본다.

4.2 회원가입 페이지

JBlogWeb 시스템의 메인 화면인 인덱스 페이지를 구성했으니, 이제 모든 웹 애플리케이션의 기본이라 할 수 있는 회원가입 기능을 구현해보자. 당연한 얘기지만, 회원가입 기능이 있어야 사용자에 대한 인증을 처리할 수 있다.

4.2.1 화면 구성

가장 먼저, 회원 관련 JSP 파일을 등록할 user 폴더를 jblog 폴더의 하위에 생성하고 insertUser.jsp 파일을 만든다.

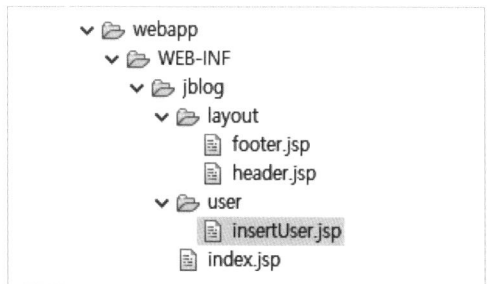

W3스쿨스 사이트에서 [BS5 Forms] 메뉴를 클릭하고 'Stacked Form'의 코드를 복사하여 insertUser.jsp 파일을 작성한다.

```jsp
                            src/main/webapp/WEB-INF/jblog/user/insertUser.jsp
<%@ page language="java" contentType="text/html; charset=UTF-8" pageEncoding="UTF-8"%>
<%@ include file="../layout/header.jsp" %>

<br>
<div class="container mt-3">
    <form>
        <div class="mb-3">
            <label for="uname">Username:</label>
            <input type="text" class="form-control" id="username"
            placeholder="Enter username" name="username">
        </div>
        <div class="mb-3">
            <label for="pwd">Password:</label>
            <input type="password" class="form-control" id="password"
            placeholder="Enter password" name="password">
        </div>
        <div class="mb-3 mt-3">
            <label for="email">Email:</label>
```

```
                    <input type="email" class="form-control" id="email"
                        placeholder="Enter email" name="email">
            </div>
        </form>

        <button id="btn-save" class="btn btn-secondary">회원가입</button>
</div>
<%@ include file="../layout/footer.jsp" %>
```

가장 아래에 있는 'Remember me' 항목은 제거하고 회원가입 버튼을 〈form〉 태그 아래로 이동시킨다. 그리고 insertUser.jsp 파일에서 보면 layout 폴더의 위치가 한 단계 상위이기 때문에 다음과 같이 상위 폴더로 이동하는 '../'를 경로 앞에 추가한다.

```
<%@ include file="../layout/header.jsp"%>
```

4.2.2 컨트롤러 수정

이제, 회원가입 화면으로 이동할 수 있도록 컨트롤러를 작성해야 한다. 회원 관련 컨트롤러는 앞에서 작성했던 UserController 클래스를 재사용한다. 메소드는 모두 REST API를 테스트하기 위해 작성했으므로 삭제하고, 다음과 같이 insertUser( ) 메소드를 추가한다.

src/main/java/com/ssamz/jblog/controller/UserController.java
```java
package com.ssamz.jblog.controller;

import org.springframework.stereotype.Controller;
import org.springframework.web.bind.annotation.GetMapping;

@Controller
public class UserController {
    @GetMapping("/auth/insertUser")
    public String insertUser() {
        return "user/insertUser";
    }
}
```

이제, 인덱스 페이지(index.jsp)에서 회원가입 메뉴(/auth/insertUser)를 클릭하면 UserController의 insertUser( ) 메소드가 실행되어 회원가입 화면(insertUser.jsp)으로 이동한다.

다음은 최종적으로 사용자에게 제공되는 회원가입 화면이다.

4.2.3 기능 구현

우리는 회원가입뿐만 아니라 JBlogWeb 프로젝트의 모든 기능을 제이쿼리 기반으로 구현할 것이다. 제이쿼리 코드를 처음 본다면 다소 생소하겠지만, 주석을 참고하면 어렵지 않게 이해할 수 있을 것이다.

자바스크립트 작성

사용자의 회원가입 요청을 처리하도록 static 폴더 하위에 js 폴더를 생성하고 user.js 파일을 다음과 같이 작성한다.

```
                                        src/main/resources/static/js/user.js
// userObject 객체 선언
let userObject = {
    // init() 함수 선언
    init: function() {
        let _this = this;
        
        // #btn-save 버튼에 click 이벤트가 발생하면 insertUser() 함수 호출
        $("#btn-save").on("click", () => {
            _this.insertUser();
        });
    },
    
    insertUser: function() {
        alert("회원가입 요청됨");
    },
}

// userObject 객체의 init() 함수 호출.
userObject.init();
```

user.js 파일이 로딩되는 순간 userObject 객체의 init( ) 함수가 자동으로 호출된다. 그리고 회원가입 화면(insertUser.jsp)에서 회원가입 버튼이 클릭되는 순간, init( ) 함수가 바로 아래에 선언된 insertUser( ) 함수를 호출한다.

자바스크립트 등록

insertUser.jsp 파일에 user.js 파일을 등록하고 버튼 클릭 이벤트의 동작 여부를 확인해보자.

```
                              src/main/webapp/WEB-INF/jblog/user/insertUser.jsp
    ~ 생략 ~
    
    <button id="btn-save" class="btn btn-secondary">회원가입</button>
</div>
```

```
<script src="/js/user.js"></script>

<%@ include file="../layout/footer.jsp" %>
```

회원가입 화면에서 〈회원가입〉 버튼을 클릭하면, 다음과 같이 alert( ) 함수의 메시지가 출력될 것이다.

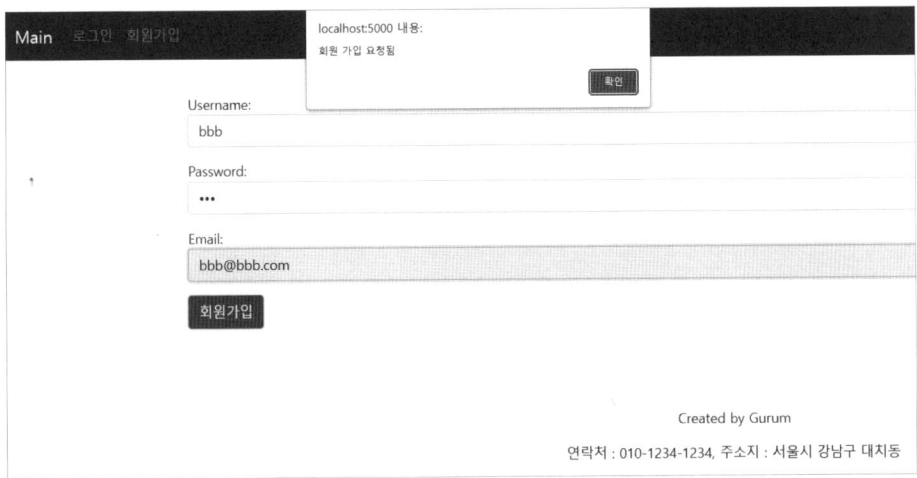

insertUser( ) 함수가 정상적으로 동작하는 것을 확인했으면, 이제 사용자가 입력한 회원 정보를 추출해보자.

```
                                                  src/main/resources/static/js/user.js
// userObject 객체 선언
let userObject = {
    init: function() {
        let _this = this;
        // #btn-save 버튼에 click 이벤트가 발생하면 insertUser() 함수 호출
        $("#btn-save").on("click", () => {
            _this.insertUser();
        });
    },

    insertUser: function() {
```

```
            alert("회원가입 요청됨");
            // 사용자가 입력한 값(username, password, email) 추출
            let user = {
                username : $("#username").val(),
                password : $("#password").val(),
                email : $("#email").val()
            }
            // user 객체의 값을 콘솔에 출력
            console.log(user);
        },
    }
    // userObject 객체의 init 함수 호출.
    userObject.init();
```

수정된 insertUser() 함수는 회원가입 요청이 들어오면 사용자가 입력한 파라미터 정보 (username, password, email)를 추출하여 user 객체를 생성한다. 그리고 이렇게 생성된 user 객체의 값을 브라우저 콘솔에 출력한다.

이제, 〈회원가입〉 버튼을 클릭했을 때 insertUser() 함수가 사용자가 입력한 값을 적절히 추출하는지 확인한다. 참고로, 브라우저에서 [Console] 탭을 보기 위해서는 〈F12〉 키를 눌러야 한다.

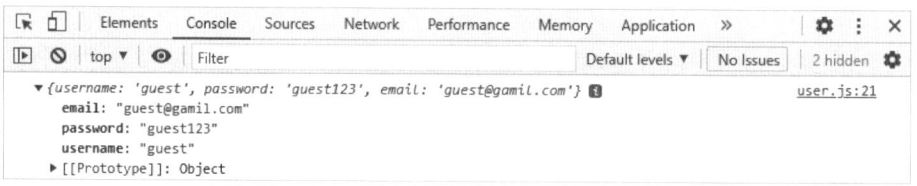

UserController의 메소드를 호출할 때 회원가입 요청에 대한 user 객체를 인자로 전달하면 된다.

컨트롤 요청

사용자가 입력한 회원 정보를 UserController 클래스의 insertUser() 메소드에 전달하도록 user.js 파일을 수정한다.

src/main/resources/static/js/user.js

```javascript
let userObject = {

    init: function() {
        let _this = this;
        $("#btn-save").on("click", () => {
            _this.insertUser();
        });
    },

    insertUser: function() {
        let user = {
            username : $("#username").val(),
            password : $("#password").val(),
            email : $("#email").val()
        }

        // Ajax를 이용한 비동기 호출
        // done() 함수: 요청 처리에 성공했을 때 실행될 코드
        // fail() 함수: 요청 처리에 실패했을 때 실행될 코드
        $.ajax({
            type: "POST",   // 요청 방식
            url: "/auth/insertUser",   // 요청 경로
            data: JSON.stringify(user),   // user 객체를 JSON 형식으로 변환
            // HTTP의 body에 설정되는 데이터 마임타입
            contentType: "application/json; charset=utf-8"
            // 응답으로 들어온 JSON 데이터를 response로 받는다.
        }).done(function(response) {
            // 응답 메시지를 콘솔에 출력하고 메인 페이지로 이동
            console.log(response);
            location = "/";
            // 에러 발생 시 error로 에러 정보를 받는다.
        }).fail(function(error) {
            // 에러 메시지를 알림창에 출력
            alert("에러 발생 : " + error);
        });
    },
```

```
        }
        userObject.init();
```

회원 등록을 요청할 때는 Ajax(Asynchronous JavaScript and XML)를 이용하여 비동기 방식으로 처리한다. 이때, user 객체를 JSON 데이터로 변환하여 data로 전달한다. 요청 방식은 POST로 설정하고 요청 URL은 /auth/insertUser로 지정한다.

done() 함수는 요청이 성공적으로 처리됐을 때 실행되는데, 이때 응답으로 전송된 메시지를 콘솔에 출력하고 인덱스 페이지로 이동시킨다. fail() 함수는 요청이 실패했을 때 실행되며 알림창에 에러 메시지를 출력한다. 참고로 done() 함수와 fail() 함수 외에 무조건 실행되는 always() 함수도 있다. done() 함수, fail() 함수, always() 함수를 자바의 try-catch-finally 블록으로 생각하면 이해하기 쉬울 것이다.

4.2.4 서비스 클래스 작성

문법적으로는 컨트롤러가 리포지터리를 바로 호출해도 되지만, 일반적으로 컨트롤러는 서비스 클래스를 호출하고 서비스 클래스에서 리포지터리를 사용한다. 이렇게 컨트롤러와 리포지터리 사이에 서비스 클래스를 추가하는 이유는 하나의 서비스 클래스에서 여러 리포지터리를 이용함으로써 하나의 트랜잭션으로 여러 데이터베이스 관련 작업을 처리하기 위해서다.

이제, com.ssamz.jblog.service 패키지에 UserService 클래스를 작성하자.

src/main/java/com/ssamz/jblog/service/UserService.java
```java
package com.ssamz.jblog.service;

import org.springframework.beans.factory.annotation.Autowired;
import org.springframework.stereotype.Service;
import org.springframework.transaction.annotation.Transactional;
import com.ssamz.jblog.domain.RoleType;
import com.ssamz.jblog.domain.User;
import com.ssamz.jblog.persistence.UserRepository;
```

```
@Service
public class UserService {
    @Autowired
    private UserRepository userRepository;

    @Transactional
    public void insertUser(User user) {
        user.setRole(RoleType.USER);
        userRepository.save(user);
    }
}
```

JPA 기반의 데이터베이스 연동을 UserService 클래스에서 처리하기 위해 UserRepository 객체 의존성 주입한다. UserRepository 객체의 save( ) 메소드로 회원가입을 처리하며, 신규회원의 권한은 RoleType.USER로 설정한다.

insertUser( )라는 비즈니스 메소드에서 주목할 부분은 메소드 선언부에 @Transactional을 추가했다는 것이다. @Transactional은 비즈니스 메소드에서 예외가 발생할 때 해당 메소드에 대한 트랜잭션을 롤백(rollback)하고 정상 종료될 때는 트랜잭션을 자동으로 커밋(commit)한다.

4.2.5 응답 전용 DTO 작성

이제, UserController 클래스에서 응답 메시지로 사용할 데이터 전송 객체(Data Transfer Object, DTO)를 생성해야 한다. 컨트롤러의 응답으로 DTO를 사용하는 가장 큰 이유는 클라이언트에게 일관성 있는 응답을 전송하기 위해서다.

예를 들어, 컨트롤러의 메소드가 브라우저의 요청에 대해 성공과 실패의 의미로 1 또는 0을 반환한다고 가정해보자. 당연히 서버의 응답 결과를 받는 쪽에서 반환값의 의미를 알고 있어야 한다. 따라서 응답의 의미나 종류가 임의로 변경되면 그에 맞게 프로그램도 수정되어야 한다. 이러한 서버의 응답을 일관성 있게 처리하기 위해서는 표준화된 응답 데이터 형식이 필요하다. 따라서 우리는 HTTP 응답 상태(status) 정보를 DTO로 감싸서 처리할 것이다.

com.ssamz.jblog.dto 패키지에 다음과 같이 ResponseDTO 클래스를 작성한다.

src/main/java/com/ssamz/jblog/dto/ResponseDTO.java
```java
package com.ssamz.jblog.dto;

import lombok.AllArgsConstructor;
import lombok.Data;
import lombok.NoArgsConstructor;

@Data
@NoArgsConstructor
@AllArgsConstructor
public class ResponseDTO<T> {
    // HTTP 응답 상태 코드
    private int status;

    // 실제 응답할 데이터
    private T data;
}
```

ResponseDTO 클래스에 HTTP 응답 상태를 저장할 status 변수와 응답 결과 데이터를 저장할 data 변수를 선언한다.

4.2.6 컨트롤러 수정

이제, 사용자가 〈회원가입〉 버튼을 클릭했을 때 실행될 POST 방식의 insertUser() 메소드를 UserController 클래스에 작성한다.

src/main/java/com/ssamz/jblog/controller/UserController.java
```java
~ 생략 ~
import org.springframework.beans.factory.annotation.Autowired;
import org.springframework.http.HttpStatus;
import org.springframework.web.bind.annotation.PostMapping;
import org.springframework.web.bind.annotation.RequestBody;
```

```java
import org.springframework.web.bind.annotation.ResponseBody;
import com.ssamz.jblog.domain.User;
import com.ssamz.jblog.dto.ResponseDTO;
import com.ssamz.jblog.service.UserService;

@Controller
public class UserController {
    @Autowired
    private UserService userService;

    @GetMapping("/auth/insertUser")
    public String insertUser() {
        return "user/insertUser";
    }

    @PostMapping("/auth/insertUser")
    public @ResponseBody ResponseDTO<?> insertUser(@RequestBody User user) {
        userService.insertUser(user);
        return new ResponseDTO<>(HttpStatus.OK.value(), user.getUsername() +
            "님 회원가입 성공!");
    }
}
```

insertUser() 메소드의 반환타입이 ResponseDTO〈String〉이 아닌 ResponseDTO〈?〉인 이유는 어떤 타입의 데이터가 반환될지 특정할 수 없기 때문이다. 지금은 회원가입 성공에 해당하는 문자열을 저장하여 반환하면 되지만, 경우에 따라서 자바 객체나 컬렉션을 반환해야 할 수도 있다.

참고로, user.js 파일에서 다음과 같이 location = "/" 코드를 주석 처리하고 실행하면 브라우저 콘솔에서 응답 결과 메시지를 확인할 수 있다.

```
                                        src/main/resources/static/js/user.js
~ 생략 ~

    // 응답으로 들어온 JSON 데이터를 response로 받음
}).done(function(response) {
```

```
                // 응답 메시지를 콘솔에 출력하고 메인 페이지로 이동
                console.log(response);
                //location = "/";
                // 에러 발생 시 error로 에러 정보를 받음
            }).fail(function(error) {
                // 에러 메시지를 알림창에 출력
                alert("에러 발생 : " + error);
            });
        },
    }

    // userObject 객체의 init 함수 호출.
    userObject.init();
```

실행 결과는 다음과 같다.

H2 데이터베이스에서도 USERS 테이블에 회원 정보가 등록된 것을 확인할 수 있다.

4.2.7 아이디 중복 확인

회원가입 기능을 구현할 때 기존에 등록된 회원인지를 확인하는 절차도 반드시 필요하다. 그렇지 않으면 다음과 같이 무결성 제약조건 에러(PK 에러)가 발생한다.

등록하려는 아이디가 중복인지 확인하는 기능을 추가하여 사용자가 기존에 등록된 아이디로 회원가입을 시도하는 순간 적절한 메시지가 전송되도록 하자.

리포지터리 수정

UserRepository 인터페이스에 username으로 User 객체를 조회하는 findByUsername() 메소드를 추가한다.

```
src/main/java/com/ssamz/jblog/controller/UserRepository.java
~ 생략 ~
import java.util.Optional;

@Repository
public interface UserRepository extends JpaRepository<User, Integer> {
    // SELECT * FROM user WHERE username = ?1;
    Optional<User> findByUsername(String username);
}
```

JPA를 이용하여 목록 기능을 구현할 때는 일반적으로 자바 퍼시스턴스 쿼리 언어(Java Persistence Query Language, JPQL)를 사용한다. JPQL은 SQL과 비슷하지만 JPA 전용의 쿼리 언어로서 검색 대상이 테이블이 아닌 엔티티 객체라는 점에서 일반적인 SQL과 다르다.

다음은 특정 회원의 아이디로 상세 조회를 처리하는 쿼리를 일반적인 SQL과 JPQL로 나타낸 표다.

SQL	SELECT ID, USERNAME, PASSWORD, EMAIL FROM USER WHERE ID = 'aaa' ORDER BY ID DESC
JPQL	SELECT u.id, u.username, u.password, u.email FROM User u WHERE u.id = 1 ORDER BY u.id DESC

JPQL의 문법과 구조는 기존의 SQL과 비슷하므로 처음 접하는 개발자도 어렵지 않게 이해할 수 있다. 스프링에서는 이러한 JPQL을 좀 더 쉽게 사용할 수 있도록, 메소드명을 기반으로 JPQL을 생성하는 쿼리 메소드를 제공한다.

> **쿼리 메소드: find + 엔티티명 + By + 변수명**
>
> 예를 들어, findUserByUsername(String searchKeyword)는 User 엔티티로 생성된 객체 중에서 username 변수의 값이 searchKeyword와 동일한 객체만 조회한다. 그리고 findUserByUsername( ) 메소드와 findByUsername( ) 메소드는 같은 JPQL을 생성한다.
>
> 이때, 쿼리 메소드에서 엔티티명에 해당하는 'User' 부분을 생략할 수 있다. 엔티티명을 생략하면 선언된 제네릭 타입이 자동으로 리포지터리 인터페이스에 적용된다.

```java
@Repository
public interface UserRepository extends JpaRepository<User, Integer> {
}
```

서비스 클래스 수정

이제, 사용자가 입력한 회원 아이디를 기반으로 회원 정보를 조회하는 getUser( ) 메소드를 UserService 클래스에 추가한다.

```java
// src/main/java/com/ssamz/jblog/service/UserService.java
~ 생략 ~
import java.util.function.Supplier;

@Service
public class UserService {
    @Autowired
    private UserRepository userRepository;

    @Transactional(readOnly = true)
    public User getUser(String username) {
        // 검색 결과가 없을 때 빈 User 객체 반환
        User findUser = userRepository.findByUsername(username).orElseGet(
            new Supplier<User>() {
```

```
                @Override
                public User get() {
                    return new User();
                }
            });

        return findUser;
    }

    ~ 생략 ~
```

원래 INSERT, UPDATE, DELETE 기능은 트랜잭션과 관련된 데이터 조작 언어(Data Manipulation Language, DML) 작업이기 때문에 비즈니스 메소드에 @Transactional을 설정해야 한다. 반면, 검색 기능의 메소드는 트랜잭션과 무관하기 때문에 @Transactional 설정이 필요 없다. 하지만 getUser( ) 메소드에는 SELECT 기능을 구현하였으므로 @Transactional(readOny = true)를 설정하여 메소드가 종료될 때까지 데이터 정합성을 유지하도록 한다.

getUser( ) 메소드는 UserRepository 객체를 이용하여 회원 정보(User 엔티티)를 검색한 후 반환한다. 회원 정보 검색 결과가 없을 때는 널(null)이 아닌 아무런 값도 설정되지 않은 빈 User 객체를 반환하도록 한다.

람다식을 이용하여 앞서 작성한 코드를 간단하게 처리할 수도 있다.

src/main/java/com/ssamz/jblog/service/UserService.java

```
~ 생략 ~
@Service
public class UserService {
    @Autowired
    private UserRepository userRepository;

    @Transactional(readOnly = true)
    public User getUser(String username) {
        // 검색 결과가 없을 때 빈 객체 반환 (람다식)
        User findUser = userRepository.findByUsername(username).orElseGet(()->{
```

```
                return new User();
        });

        return findUser;
    }

    ~ 생략 ~
```

컨트롤러 수정

마지막으로, UserController 클래스에 작성한 insertUser( ) 메소드를 다음과 같이 수정한다.

```
                    src/main/java/com/ssamz/jblog/controller/UserController.java
~ 생략 ~
@Controller
public class UserController {

    ~ 생략 ~

    @PostMapping("/auth/insertUser")
    public @ResponseBody ResponseDTO<?> insertUser(@RequestBody User user) {
        User findUser = userService.getUser(user.getUsername());

        if(findUser.getUsername() == null) {
            userService.insertUser(user);
            return new ResponseDTO<>(HttpStatus.OK.value(),
                user.getUsername() + " 가입 성공.");
        } else {
            return new ResponseDTO<>(HttpStatus.BAD_REQUEST.value(),
                user.getUsername() + "님은 이미 회원입니다.");
        }
    }
}
```

브라우저에서 기존에 등록된 아이디로 회원가입을 요청하고 결과를 확인해보자.

```
▼ {status: 400, data: 'gurum님은 이미 회원입니다.'}        user.js:38
    data: "gurum님은 이미 회원입니다."
    status: 400
  ▶ [[Prototype]]: Object
```

테스트 종료 후에는 user.js 파일에 주석으로 막았던 코드를 해제한다.

```
                                          src/main/resources/static/js/user.js
            ~ 생략 ~

            // 응답으로 들어온 JSON 데이터를 response로 받음
        }).done(function(response) {
            // 응답 메시지를 콘솔에 출력하고 메인 페이지로 이동
            console.log(response);
            location = "/";
            // 에러 발생 시 error로 에러 정보를 받음
        }).fail(function(error) {
            // 에러 메시지를 알림창에 출력
            alert("에러 발생 : " + error);
        });
    },
}

// userObject 객체의 init 함수 호출.
userObject.init();
```

4.2.8 예외 처리

시스템을 사용하는 중에 발생한 예외 역시 ResponseDTO로 처리할 수 있다. UserController 클래스를 수정하여 강제로 예외를 발생시켜보자.

```
src/main/java/com/ssamz/jblog/controller/UserController.java
~ 생략 ~
@Controller
public class UserController {

    ~ 생략 ~

    @GetMapping("/auth/insertUser")
    public String insertUser() {
        System.out.println(9/0);
        return "user/insertUser";
    }

    ~ 생략 ~
```

이제, 사용자가 회원가입 화면으로 이동하려고 하면 java.lang.ArithmeticException 에러가 발생할 것이다. 이때 BlogExceptionHandler 클래스의 globalExceptionHandler() 메소드가 동작하여 다음과 같이 예외 화면을 출력한다.

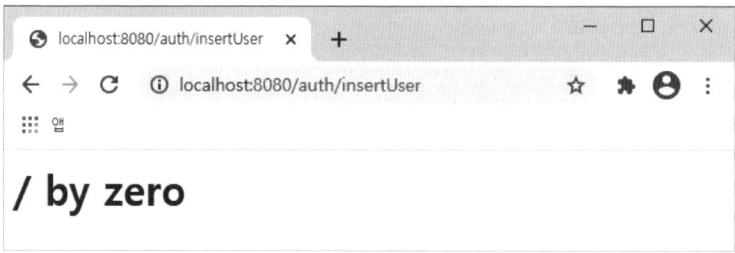

이제 BlogExceptionHandler 클래스의 globalExceptionHandler() 메소드에서 ResponseDTO 객체를 반환하도록 수정해보자.

```
src/main/java/com/ssamz/jblog/exception/JBlogExceptionHandler.java
~ 생략 ~
import org.springframework.http.HttpStatus;
import com.ssamz.jblog.dto.ResponseDTO;

@ControllerAdvice
@RestController
```

```
public class JBlogExceptionHandler {
    @ExceptionHandler(value = Exception.class)
    public ResponseDTO<String> globalExceptionHandler(Exception e) {
        return new ResponseDTO<>(HttpStatus.INTERNAL_SERVER_ERROR.value(),
            e.getMessage());
    }
}
```

그리고 다시 로그인 화면으로 이동하면 응답 상태 코드와 메시지가 JSON 형태의 데이터로 출력된다.

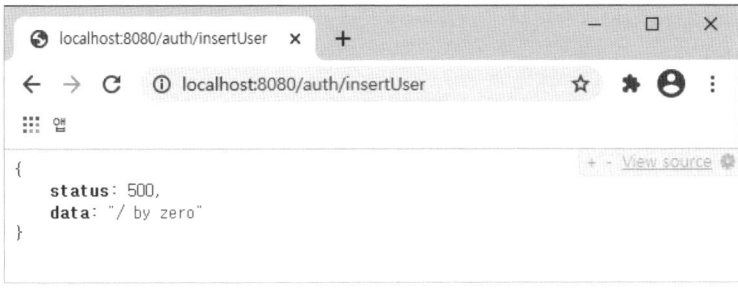

테스트 종료 후에는 테스트 목적으로 UserController 클래스에 추가한 System.out.println(9/0); 코드를 반드시 제거한다.

4.3 인증 처리

정상적인 시스템이라면 인증된 회원에 한하여 요청한 데이터를 제공해야 한다. 회원가입 기능을 통해 등록된 회원 정보를 기반으로 로그인 인증을 처리해보자.

4.3.1 로그인 화면 구성 및 기능 구현

로그인 화면으로 이동할 수 있도록 컨트롤러와 자바스크립트 파일을 작성한다. 그리고 컨트롤러에서 로그인 요청을 처리하는 순서에 맞게 로그인 인증을 구현할 것이다.

컨트롤러 작성

가장 먼저, LoginController 클래스를 작성한다.

src/main/java/com/ssamz/jblog/controller/LoginController.java
```java
package com.ssamz.jblog.controller;

import org.springframework.stereotype.Controller;
import org.springframework.web.bind.annotation.GetMapping;

@Controller
public class LoginController {
    @GetMapping("/auth/login")
    public String login() {
        return "system/login";
    }
}
```

GET 방식의 /auth/login 요청에 대해서 system 폴더의 login.jsp 파일이 서비스되도록 login() 메소드를 작성한다.

JSP 파일 작성

이제, 사용자에게 제공할 로그인 화면을 구성해야 한다. user 폴더의 insertUser.jsp 파일을 system 폴더의 login.jsp 파일로 복사한다.

```
v 🗁 src
  v 🗁 main
    v 🗁 webapp
      v 🗁 WEB-INF
        v 🗁 jblog
          v 🗁 layout
              📄 footer.jsp
              📄 header.jsp
          v 🗁 system
              📄 login.jsp
          v 🗁 user
              📄 insertUser.jsp
          📄 index.jsp
```

그리고 다음과 같이 login.jsp 파일을 수정한다.

```
                                            src/main/webapp/WEB-INF/jblog/system/login.jsp
<%@ page language="java" contentType="text/html; charset=UTF-8" pageEncoding="UTF-8"%>
<%@ include file="../layout/header.jsp"%>

<div class="container mt-3">
    <form>
        <div class="mb-3">
            <label for="username">Username:</label>
            <input type="text" class="form-control" id="username"
            placeholder="Enter username">
        </div>
        <div class="mb-3">
            <label for="password">Password:</label>
            <input type="password" class="form-control" id="password"
            placeholder="Enter password">
        </div>
    </form>

    <button id="btn-login" class="btn btn-secondary">로그인</button>
</div>

<%@ include file="../layout/footer.jsp"%>
```

회원가입 화면에서 Email 항목을 제거하고 버튼의 이름과 id를 수정한다. 이제, 인덱스 페이지에서 로그인 메뉴를 클릭하면 다음과 같이 로그인 화면으로 이동할 것이다.

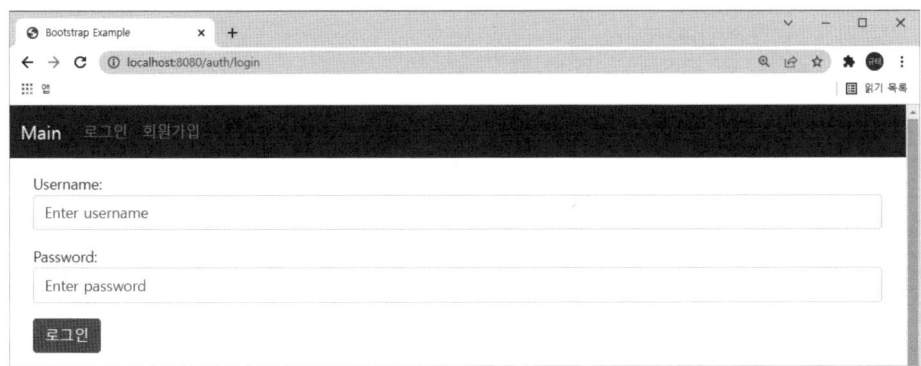

자바스크립트 작성

기존에 작성했던 user.js 파일을 복사하여 login.js 파일을 작성한다.

src/main/resources/static/js/login.js
```javascript
let loginObject = {

    init : function() {
        $("#btn-login").on("click", () => {
            this.login();
        });
    },

    login : function() {
        alert("로그인 요청됨");
        let data = {
            username : $("#username").val(),
            password : $("#password").val()
        }

        $.ajax({
            type: "POST",
            url: "/auth/login",
            data: JSON.stringify(data),
            contentType: "application/json; charset=utf-8"
        }).done(function(response) {
            let message = response["data"];
            alert(message);
            location = "/";
        }).fail(function(error) {
            let message = error["data"];
            alert("문제 발생: " + message);
        });
    },
}

loginObject.init();
```

작성된 자바스크립트는 user.js와 거의 동일하다. 따라서 의미도 비슷하다.

자바스크립트 적용

이제, system 폴더의 login.jsp 파일에 방금 작성한 login.js 파일을 등록한다.

src/main/webapp/WEB-INF/jblog/system/login.jsp

```
~ 생략 ~

        <button id="btn-login" class="btn btn-secondary">로그인</button>
</div>

<script src="/js/login.js"></script>
<%@ include file="../layout/footer.jsp"%>
```

컨트롤러 수정

마지막으로, 사용자가 로그인 화면에서 〈로그인〉 버튼을 클릭했을 때 로그인 인증이 처리되도록 LoginController 클래스에 login() 메소드를 추가한다.

src/main/java/com/ssamz/jblog/controller/LoginController.java

```java
~ 생략 ~
import javax.servlet.http.HttpSession;
import org.springframework.beans.factory.annotation.Autowired;
import org.springframework.http.HttpStatus;
import org.springframework.web.bind.annotation.PostMapping;
import org.springframework.web.bind.annotation.RequestBody;
import org.springframework.web.bind.annotation.ResponseBody;
import com.ssamz.jblog.domain.User;
import com.ssamz.jblog.dto.ResponseDTO;
import com.ssamz.jblog.service.UserService;

@Controller
public class LoginController {
    @Autowired
    private UserService userService;
```

```
@PostMapping("/auth/login")
public @ResponseBody ResponseDTO<?> login(@RequestBody User user,
HttpSession session) {
    User findUser = userService.getUser(user.getUsername());

    // 검색 결과 유무와 사용자가 입력한 비밀번호가 유효한지 확인
    if(findUser.getUsername() == null) {
        return new ResponseDTO<>(HttpStatus.BAD_REQUEST.value(),
        "아이디가 존재하지 않아요.");
    } else {
        if(user.getPassword().equals(findUser.getPassword())) {
            // 로그인 성공 시 세션에 사용자 정보 저장
            session.setAttribute("principal", findUser);
            return new ResponseDTO<>(HttpStatus.OK.value(),
            findUser.getUsername() + "님 로그인 성공하셨습니다.");
        } else {
            return new ResponseDTO<>(HttpStatus.BAD_REQUEST.value(),
            "비밀번호 오류!");
        }
    }
}

~ 생략 ~
```

login( ) 메소드는 사용자가 입력한 아이디를 이용하여 회원에 대한 상세 조회를 처리한다. 그리고 검색된 회원의 비밀번호를 확인하여 로그인 성공 여부를 판단한 후 최종적으로 검색된 회원 정보를 세션에 등록한다.

4.3.2 회원 정보 사용 및 로그아웃

이제, 회원 로그인이 완료되었을 때 세션에 저장된 사용자 정보를 JSP 페이지에 출력할 수 있다. 그리고 사용자 정보가 등록된 세션을 강제 종료하면 자동으로 로그아웃하는 기능도 구현할 수 있다.

세션 정보 사용

세션에 등록된 사용자 정보를 이용하여 로그인 여부에 따라 화면 상단에 출력되는 메뉴를 다르게 구성할 수 있다.

layout 폴더의 header.jsp 파일을 다음과 같이 수정한다.

```
                        src/main/webapp/WEB-INF/jblog/layout/header.jsp
<%@ page language="java" contentType="text/html; charset=UTF-8" pageEncoding="UTF-8"%>
<%@ taglib uri="http://java.sun.com/jsp/jstl/core" prefix="c"%>

~ 생략 ~

<div class="collapse navbar-collapse" id="mynavbar">
<c:if test="${sessionScope.principal == null}">
    <ul class="navbar-nav">
    <li class="nav-item">
    <a class="nav-link" href="/auth/login">로그인</a></li>
    <li class="nav-item"><a class="nav-link" href="/auth/insertUser">회원가입</a></li>
    </ul>
</c:if>
<c:if test="${sessionScope.principal != null}">
    <ul class="navbar-nav">
    <li class="nav-item"><a class="nav-link" href="/user/updateUser">회원 상세</a></li>
    <li class="nav-item"><a class="nav-link" href="/post/insertPost">
    포스트 등록</a></li>
    <li class="nav-item"><a class="nav-link" href="/auth/logout">로그아웃</a></li>
    </ul>
</c:if>
</div>

~ 생략 ~
```

JSTL의 〈c:if〉 태그를 이용하여 세션에 등록된 회원 정보의 유무에 따라 출력되는 메뉴를 다르게 구성한다. 물론 다음과 같이 〈c:when〉 태그와 〈c:otherwise〉 태그를 이용하여 처리할 수도 있다.

```
                           src/main/webapp/WEB-INF/jblog/layout/header.jsp
<c:choose>
    <c:when test="${empty sessionScope.principal}">

        ~ 생략 ~

    </c:when>
    <c:otherwise>

        ~ 생략 ~

    </c:otherwise>
</c:choose>
```

로그아웃 처리

브라우저와 연결된 세션을 강제로 종료할 때 로그아웃 기능이 실행되도록 LoginController 클래스에 logout( ) 메소드를 추가한다.

```
                 src/main/java/com/ssamz/jblog/controller/LoginController.java
~ 생략 ~
import javax.servlet.http.HttpSession;

@Controller
public class LoginController {

    ~ 생략 ~

    @GetMapping("/auth/logout")
    public String logout(HttpSession session) {
        session.invalidate();
        return "redirect:/";
    }
}
```

모든 코드를 저장하고 로그인 기능과 로그아웃 기능을 테스트한다.

4.3.3 인터셉터 적용

현재의 JBlogWeb 웹 애플리케이션에서는 로그인 인증 여부와 무관하게 인덱스 페이지에서 포스트 목록을 보거나 포스트를 등록할 수 있다. 따라서 인증에 성공한 사용자만 포스트 관련 기능을 사용할 수 있도록 해야 한다.

모든 컨트롤러의 메소드에 인증 확인과 관련된 코드를 추가하는 것은 매우 번거로우므로 스프링의 인터셉터를 적용할 것이다. 인터셉터는 디스패처서블릿(DispatcherServlet)과 컨트롤러 사이에 위치하며, 이를 통해 컨트롤러 실행 전/후의 사전 처리와 사후 처리 로직을 추가할 수 있다. 즉, 서블릿에서의 필터(Filter)처럼 컨트롤러의 요청을 가로채는 개념이다.

인터셉터 작성

com.ssamz.jblog.config 패키지에 HandlerInterceptor 인터페이스를 구현하는 AuthenticateInterceptor 클래스를 작성한다.

```
src/main/java/com/ssamz/jblog/config/AuthenticateInterceptor.java

package com.ssamz.jblog.config;

import javax.servlet.http.HttpServletRequest;
import javax.servlet.http.HttpServletResponse;
import javax.servlet.http.HttpSession;
import org.springframework.web.servlet.HandlerInterceptor;
import com.ssamz.jblog.domain.User;

public class AuthenticateInterceptor implements HandlerInterceptor {
    @Override
    public boolean preHandle(HttpServletRequest request,
    HttpServletResponse response, Object handler) throws Exception {
        // 세션에 회원 정보가 존재하는지 확인
        HttpSession session = request.getSession();

        User principal = (User) session.getAttribute("principal");
        if(principal == null) {
            response.sendRedirect("/auth/login");
        }
```

```
            return true;
        }
}
```

세션에 principal이라는 이름의 사용자 정보가 없으면 다시 로그인 화면으로 이동하도록 preHandle() 메소드를 구현한다. 참고로 인터페이스를 구현한 클래스에는 인터페이스의 모든 추상 메소드를 구현해야 하지만, HandlerInterceptor 인터페이스는 default 메소드로만 구성되어 있으므로 모든 메소드에 대한 오버라이딩을 필수로 할 필요가 없다.

HandlerInterceptor.java (설명을 위한 코드이므로 타이핑하지 않는다.)

```
package org.springframework.web.servlet;

public interface HandlerInterceptor {
    default boolean preHandle(HttpServletRequest request,
        HttpServletResponse response, Object handler) throws Exception {
        return true;
    }

    default void postHandle(HttpServletRequest request, HttpServletResponse response,
        Object handler, @Nullable ModelAndView modelAndView) throws Exception {
    }

    default void afterCompletion(HttpServletRequest request,
        HttpServletResponse response, Object handler,
        @Nullable Exception ex) throws Exception {
    }
}
```

환경 설정 적용

JBlogWeb 애플리케이션의 메인 환경 설정 클래스를 생성하여 인터셉터를 적용해보자. com.ssamz.jblog.config 패키지에 다음과 같이 JBlogWebMvcConfiguration 클래스를 작성한다.

```
src/main/java/com/ssamz/jblog/config/JBlogWebMvcConfiguration.java
```

```java
package com.ssamz.jblog.config;

import org.springframework.context.annotation.Configuration;
import org.springframework.web.servlet.config.annotation.InterceptorRegistry;
import org.springframework.web.servlet.config.annotation.WebMvcConfigurer;

@Configuration
public class JBlogWebMvcConfiguration implements WebMvcConfigurer {

    @Override
    public void addInterceptors(InterceptorRegistry registry) {
        registry.addInterceptor(
            new AuthenticateInterceptor()).addPathPatterns("/");
    }
}
```

이제, 블로그에 접속하는 순간 AuthenticateInterceptor 클래스의 preHandle() 메소드가 동작한다. 그리고 세션에 사용자 정보가 없으면 무조건 로그인 화면으로 이동할 것이다. 지금은 인덱스 페이지 경로에 대해서만 처리하고 있지만, 인증이 필요한 경로를 계속 추가할 수 있다.

마무리하며

이번 학습에서는 JBlogWeb 프로젝트의 메인 화면을 구성하는 인덱스 페이지를 만들고, 레이아웃과 관련된 페이지를 구성하는 header.jsp 파일과 footer.jsp 파일을 작성했다. 화면 구성은 W3스쿨스에서 제공하는 부트스트랩 코드 활용하였다.

회원가입과 로그인 기능은 제이쿼리와 Ajax를 이용하여 처리했으며 사용자 인증은 세션을 기반으로 구현했다. 그리고 최종적으로 인터셉터를 적용하여 반복되는 인증 확인을 일괄적으로 처리했다.

다음 학습에서는 이번 시간에 사용했던 기술을 바탕으로 포스트에 대한 등록, 수정, 삭제 등의 기능을 구현해볼 것이다.

05장

포스트 관리

5.1 포스트 등록

포스트 관리는 JBlogWeb 시스템에서 가장 중요한 기능이다. 이번 학습에서는 포스트에 대한 등록, 목록 검색, 상세 조회, 수정, 삭제 기능을 순차적으로 구현할 것이다.

5.1.1 화면 구성

포스트 관리에서 가장 먼저 구현할 기능은 등록 기능이다. 먼저, 등록 화면을 구성해보자.

JSP 파일 작성

post 폴더를 생성한 후 하위에 user 폴더의 insertUser.jsp 파일을 복사한다. 복사한 파일의 이름을 insertPost.jsp로 수정한 후 아래와 같이 내용을 작성한다.

```
src/main/webapp/WEB-INF/jblog/post/insertPost.jsp
```

```jsp
<%@ page language="java" contentType="text/html; charset=UTF-8" pageEncoding="UTF-8"%>
<%@ include file="../layout/header.jsp"%>

<div class="container mt-3">
<form>
```

```html
<div class="mb-3">
    <label for="title">Title:</label>
    <input type="text" class="form-control" id="title" placeholder="Enter title">
</div>
<div class="mb-3">
    <label for="content">Content:</label>
    <textarea class="form-control" rows="5" id="content"></textarea>
</div>
</form>

<button id="btn-insert" class="btn btn-secondary">포스트 등록</button>
</div>

<script src="/js/user.js"></script>
<%@ include file="../layout/footer.jsp"%>
```

사용자는 포스트 등록 화면에서 포스트의 제목과 내용을 입력하고 〈포스트 등록〉 버튼을 클릭하여 포스트 등록을 요청한다.

컨트롤러 수정

com.ssamz.jblog.controller 패키지에 PostController 클래스를 추가한다. 그리고 방금 작성한 포스트 등록 화면으로 이동할 수 있도록 insertPost( ) 메소드를 작성한다.

src/main/java/com/ssamz/jblog/controller/PostController.java

```java
package com.ssamz.jblog.controller;

import org.springframework.stereotype.Controller;
import org.springframework.web.bind.annotation.GetMapping;

@Controller
public class PostController {
    @GetMapping("/post/insertPost")
    public String insertPost() {
        return "post/insertPost";
    }
}
```

이제, 로그인 성공한 사용자가 [포스트 등록] 메뉴를 선택하면 다음과 같은 포스트 등록 화면이 제공될 것이다.

서머노트 적용

포스트 등록 화면에 위지위그(WYSISWYG) 편집기인 서머노트(Summernote)를 적용해 보자.

01. 라이브러리 추가

서머노트를 적용하기 위해 먼저 pom.xml 파일에 라이브러리 의존성을 추가한다.

```xml
                                                            JBlogWeb/pom.xml
    ~ 생략 ~

    <!-- jQuery 라이브러리 -->
    <dependency>
        <groupId>org.webjars.bower</groupId>
        <artifactId>jquery</artifactId>
        <version>3.6.0</version>
    </dependency>

    <!-- Summernote 라이브러리 -->
    <dependency>
        <groupId>org.webjars</groupId>
        <artifactId>summernote</artifactId>
        <version>0.8.10</version>
```

```
        </dependency>

    </dependencies>

~ 생략 ~
```

새로운 라이브러리가 추가되었으므로 애플리케이션을 재실행한다.

02. CSS와 자바스크립트 추가

이제 서머노트 홈페이지(https://summernote.org)에 접속하여 상단에 있는 [Getting started] 메뉴를 클릭하고, [Installation] → [Include js/css]를 순차적으로 선택한다.

〈link〉 태그와 〈script〉 태그의 설정을 복사하여 header.jsp 파일에 추가하고 CSS 파일과 자바스크립트 파일의 경로를 WebJar 경로로 수정한다.

```
                              src/main/webapp/WEB-INF/jblog/layout/header.jsp
~ 생략 ~

<link href="/webjars/bootstrap/5.1.3/css/bootstrap.min.css" rel="stylesheet">
<script src="/webjars/bootstrap/5.1.3/js/bootstrap.bundle.min.js"></script>
<script src="/webjars/jquery/3.6.0/dist/jquery.min.js"></script>

<!-- Summernote 시작 -->
```

```
<link href="/webjars/summernote/0.8.10/summernote-bs4.css" rel="stylesheet">
<script src="/webjars/summernote/0.8.10/summernote-bs4.min.js"></script>
<!-- Summernote 종료 -->

~ 생략 ~
```

03. JSP 파일 수정

header.jsp 파일에 서머노트에서 제공하는 CSS 파일과 자바스크립트 파일을 추가했으면, 이제 본격적으로 서머노트를 적용하자.

먼저, 서머노트 홈페이지에서 'Run summernote' 영역을 찾아 자바스크립트 코드를 복사하여 insertPost.jsp 파일에 추가한다.

src/main/webapp/WEB-INF/jblog/post/insertPost.jsp
```
~ 생략 ~

<div class="mb-3">
    <label for="content">Content:</label>
    <textarea class="form-control" rows="5" id="content"></textarea>
</div>
</form>

<button id="btn-insert" class="btn btn-secondary">포스트등록</button>
</div>

<script>
$(document).ready(function () {
    $("#content").summernote({
        height: 300
    });
});
</script>

<script src="/js/post.js"></script>
<%@ include file="../layout/footer.jsp"%>
```

⟨textarea⟩ 태그의 id가 content이므로 ⟨script⟩ 태그에서는 $("#content")로 접근한다. 아직 작성하지는 않았지만, 포스트 등록 이벤트를 처리하기 위해 post.js 파일을 미리 등록했다.

수정된 파일을 모두 저장하고 브라우저에서 포스트 등록 화면을 요청하면 다음과 같은 화면을 확인할 수 있다.

자바스크립트 작성

이제 포스트 등록 이벤트를 처리할 post.js 파일을 작성해야 한다. 포스트 등록 이벤트는 기존에 작성했던 user.js 파일의 내용을 복사하여 구현한다.

```
                                                    src/main/resources/static/js/post.js
let postObject = {
    init: function() {
        let _this = this;
        $("#btn-insert").on("click", () => {
            _this.insertPost();
```

```
            });
        },

        insertPost : function() {
            alert("포스트 등록 요청됨");
            let post = {
                title : $("#title").val(),
                content : $("#content").val()
            }

            $.ajax({
                type: "POST",
                url: "/post",
                data: JSON.stringify(post),
                contentType: "application/json; charset=utf-8"
            }).done(function(response) {
                let message = response["data"];
                alert(message);
                location = "/";
            }).fail(function(error) {
                let message = error["data"];
                alert("문제 발생 : " + message);
            });
        },
}
postObject.init();
```

사용자가 포스트 등록 화면에서 〈포스트 등록〉 버튼을 클릭하면 insertPost( ) 함수에서 사용자가 입력한 정보(title, cotent)를 추출하여 post 객체를 생성한다. 그리고 POST 방식으로 포스트 등록을 요청할 때 JSON 데이터로 변환하여 전달한다.

5.1.2 비즈니스 컴포넌트 구성

비즈니스 컴포넌트를 작성하는 순서는 엔티티 → 리포지터리 → 서비스 순이다. 이 중에서 엔티티를 작성할 때 연관매핑에 특히 신경을 써야 한다. 일반적으로 하나의 포스트(Post)를 검색하면 해당 포스트를 작성한 회원(User) 정보나 포스트에 등록된 댓글(Reply)도 같이 조회되어야 한다. 그래야 포스트에 대한 상세 정보를 구성할 수 있기 때문이다. 이렇게 특정 엔티티가 다른 엔티티와 관계를 맺고 있는 경우 JPA의 연관매핑을 사용한다.

도메인 클래스 작성

포스트 정보를 관리하기 위해 Post 클래스를 작성한다.

src/main/java/com/ssamz/jblog/domain/Post.java

```java
package com.ssamz.jblog.domain;

import java.sql.Timestamp;
import javax.persistence.Column;
import javax.persistence.Entity;
import javax.persistence.FetchType;
import javax.persistence.GeneratedValue;
import javax.persistence.GenerationType;
import javax.persistence.Id;
import javax.persistence.JoinColumn;
import javax.persistence.Lob;
import javax.persistence.ManyToOne;
import org.hibernate.annotations.CreationTimestamp;
import lombok.AllArgsConstructor;
import lombok.Builder;
import lombok.Data;
import lombok.NoArgsConstructor;

@Data
@AllArgsConstructor
@NoArgsConstructor
@Builder
@Entity
public class Post {
    @Id
    @GeneratedValue(strategy = GenerationType.IDENTITY)
    private int id;

    @Column(nullable = false, length = 100)
```

```
    private String title;

    // 서머노트를 적용하면 다양한 <html> 태그가 포함된다.
    @Lob
    @Column(nullable = false)
    private String content;

    @CreationTimestamp
    private Timestamp createDate;

    private int cnt;

    @ManyToOne(fetch = FetchType.EAGER)
    @JoinColumn(name = "userid")
    private User user;
}
```

Post 클래스에서 가장 중요한 변수는 user이며 User 엔티티와의 연관매핑을 담당한다. JPA는 연관매핑을 위해 다음과 같은 다양한 어노테이션을 제공한다.

어노테이션	다중성(multiplicity)
@OneToOne	1 : 1
@ManyToOne	N : 1
@OneToMany	1 : N
@ManayToMany	N : M

포스트(Post) 관점에서 회원(User)과의 관계는 N:1(다 대 일)이기 때문에 User 타입의 user 변수에 @ManyToOne을 설정한다.

N:1 관계에서는 @ManyToOne의 fetch 속성을 이용하여 연관 객체의 조회 시점을 결정할 수 있다. FetchType.EAGER는 Post 엔티티를 검색할 때 연관된 User 엔티티를 JOIN을 통해 즉시(EAGER) 조회한다. 반면, FetchType.LAZY는 처음부터 JOIN을 사용하는 것이 아니라 실제 User 엔티티를 사용하는 시점에 늦게(LAZY) 조회한다. 참고로, @ManyToOne의 fetch 속성 기본값은 FetchType.EAGER다.

POST 테이블과 USERS 테이블이 연관되기 위해서는 연관관계가 매핑된 Post 엔티티에서 @JoinColumn을 이용하여 외래키로 사용할 컬럼 이름을 지정해야 한다. 이때, @JoinColumn의 name 속성을 사용한다.

작성된 Post 클래스를 저장하면 다음과 같이 POST 테이블이 생성되고, @JoinColumn 설정에 의해 POST 테이블에 외래키가 자동으로 지정된다.

```
Hibernate:
    create table Post (
        id integer generated by default as identity,
        cnt integer not null,
        content clob not null,
        createDate timestamp,
        title varchar(100) not null,
        userid integer,
        primary key (id)
    )
Hibernate:
    alter table Post
        add constraint FK5ih4g2009w7hp4kwm4j47uaqb
        foreign key (userid)
        references User
```

리포지터리 작성

Post 엔티티를 작성했으면 이를 이용하여 CRUD 기능을 처리할 PostRepository 인터페이스를 작성한다.

```
src/main/java/com/ssamz/jblog/persistence/PostRepository.java
package com.ssamz.jblog.persistence;

import org.springframework.data.jpa.repository.JpaRepository;
import com.ssamz.jblog.domain.Post;

public interface PostRepository extends JpaRepository<Post, Integer> {
}
```

PostRepository.java 파일의 내용은 앞서 작성한 UserRepository.java 파일과 거의 동일하다. 엔티티 클래스와 식별자 타입이 각각 Post와 Integer라는 것만 다르다.

서비스 클래스 작성

이제, PostRepository를 이용하여 비즈니스 로직을 제공할 PostService 클래스를 작성한다.

```
src/main/java/com/ssamz/jblog/service/PostService.java
```

```java
package com.ssamz.jblog.service;

import org.springframework.beans.factory.annotation.Autowired;
import org.springframework.stereotype.Service;
import org.springframework.transaction.annotation.Transactional;
import com.ssamz.jblog.domain.Post;
import com.ssamz.jblog.persistence.PostRepository;

@Service
public class PostService {
    @Autowired
    private PostRepository postRepository;

    @Transactional
    public void insertPost(Post post) {
        post.setCnt(0);
        postRepository.save(post);
    }
}
```

PostService에서는 PostRepository 의존성을 주입하여 데이터베이스 연동을 처리한다. 그리고 PostRepository 객체의 save() 메소드를 이용하여 insertPost() 메소드를 구현한다.

포스트 등록 기능에서 중요한 것은 새로운 포스트가 등록될 때 반드시 연관된 회원(User) 엔티티가 Post.user 변수에 할당되어야 한다는 것이다. 그래야 POST 테이블의 외래키인 USERID 컬럼에 회원의 ID 정보가 설정되기 때문이다.

User 객체는 로그인에 성공한 순간 세션(HttpSession)에 "principal"이라는 이름으로 등록된다. 이렇게 세션에 등록된 User 객체를 세션으로부터 꺼내어 Post에 설정하면 된다.

src/main/java/com/ssamz/jblog/controller/LoginController.java
(설명을 위한 코드이므로 타이핑하지 않는다.)

```java
~ 생략 ~

@PostMapping("/auth/login")
public @ResponseBody ResponseDTO<?> login(@RequestBody User user, HttpSession session)
{
    User findUser = userService.getUser(user.getUsername());

    // 검색 결과 유무와 사용자가 입력한 비밀번호가 유효한지 확인
    if(findUser.getUsername() == null) {
        return new ResponseDTO<>(HttpStatus.BAD_REQUEST.value(),
            "아이디가 존재하지 않아요.");
    } else {
        if(user.getPassword().equals(findUser.getPassword())) {
            // 로그인 성공 시 세션에 사용자 정보 저장
            session.setAttribute("principal", findUser);
            return new ResponseDTO<>(HttpStatus.OK.value(),
                findUser.getUsername() + "님 로그인 성공하셨습니다.");
        } else {
            return new ResponseDTO<>(HttpStatus.BAD_REQUEST.value(),
                "비밀번호 오류!");
        }
    }
}

~ 생략 ~
```

컨트롤러 수정

이제, PostController에서 포스트 컴포넌트를 이용하여 포스트 등록을 처리하면 된다. PostController 클래스에 insertPost() 메소드를 추가한다.

src/main/java/com/ssamz/jblog/controller/PostController.java

~ 생략 ~

```java
import javax.servlet.http.HttpSession;
import org.springframework.beans.factory.annotation.Autowired;
import org.springframework.http.HttpStatus;
import org.springframework.web.bind.annotation.PostMapping;
import org.springframework.web.bind.annotation.RequestBody;
import org.springframework.web.bind.annotation.ResponseBody;
import com.ssamz.jblog.domain.Post;
import com.ssamz.jblog.domain.User;
import com.ssamz.jblog.dto.ResponseDTO;
import com.ssamz.jblog.service.PostService;

@Controller
public class PostController {
    @Autowired
    private PostService postService;

    @PostMapping("/post")
    public @ResponseBody ResponseDTO<?> insertPost(@RequestBody Post post, HttpSession session) {
        // Post 객체를 영속화하기 전 연관된 User 엔티티 설정
        User principal = (User) session.getAttribute("principal");
        post.setUser(principal);
        post.setCnt(0);

        postService.insertPost(post);

        return new ResponseDTO<>(HttpStatus.OK.value(),
        "새로운 포스트를 등록했습니다.");
    }

    @GetMapping({"", "/"})
    public String index() {
        return "index";
    }
```

```java
        @GetMapping("/post/insertPost")
        public String insertPost() {
            return "post/insertPost";
        }
}
```

새로운 포스트(Post)를 등록하기 위해서는 세션에 등록된 사용자(User) 정보를 꺼내서 Post 엔티티에 설정해야 한다. 그리고 PostService의 insertPost( ) 메소드를 호출할 때, 인자로 전달하면 된다.

포스트 등록 기능을 실행한 후 H2 데이터베이스에서 POST 테이블을 확인해보자. CONTENT 컬럼에 HTML 코드가 포함된 것은 포스트 등록 화면(insertPost.jsp)에 서머노트를 적용했기 때문이다. 중요한 것은 외래키에 해당하는 USERID 컬럼에 포스트를 등록한 User 객체의 아이디가 자동으로 등록되어 있다는 것이다.

SELECT * FROM POST;					
ID	CNT	CONTENT	CREATEDATE	TITLE	USERID
1	0	\<p>aaaaaaa\<u>aaaaa\aaaaaaaaaaaaaaaaaaaaaaaaa\aa\</u>aaaaaa\</p>	2022-05-12 10:21:24.113	aaaaaaaaaaaa	1
(1 row, 1 ms)					

5.2 포스트 목록

이제 POST 테이블에 등록된 포스트 목록을 화면에 출력해보자.

5.2.1 비즈니스 컴포넌트 수정

Post 클래스와 PostRepository 인터페이스는 앞에서 작성했으므로 PostService 클래스만 수정하면 된다.

서비스 클래스 수정

PostService 클래스에 getPostList( ) 메소드를 추가로 작성한다.

```
src/main/java/com/ssamz/jblog/service/PostService.java
import java.util.List;

@Service
public class PostService {
    @Autowired
    private PostRepository postRepository;

    @Transactional(readOnly = true)
    public List<Post> getPostList() {
        return postRepository.findAll();
    }

    ~ 생략 ~
```

getPostList( ) 메소드에서는 모든 포스트 목록을 조회하기 위해 PostRepository의 findAll( ) 메소드를 호출한다. getPostList( )의 기능은 등록된 포스트의 목록을 조회하는 것뿐이므로 @Transactional을 읽기 전용(readOnly = true)으로 설정한다.

5.2.2 화면 구성

포스트 목록을 검색하기 위해서는 비즈니스 컴포넌트 중 PostService 클래스만 수정하면 된다. 하지만 검색된 포스트 목록을 화면에 출력하기 위해 컨트롤러를 비롯하여 JSP 파일과 자바스크립트 파일을 모두 수정해야 한다.

컨트롤러 수정

PostController 클래스의 index( ) 메소드의 이름을 getPostList( )로 변경하고 다음과 같이 수정한다.

```
src/main/java/com/ssamz/jblog/controller/PostController.java
~ 생략 ~
import org.springframework.ui.Model;

@Controller
```

```java
public class PostController {

    ~ 생략 ~

    @GetMapping({"", "/"})
    public String getPostList(Model model) {
        model.addAttribute("postList", postService.getPostList());
        return "index";
    }

    ~ 생략 ~
}
```

getPostList() 메소드에서 검색된 포스트 목록을 "postList"라는 이름으로 Model에 등록한다. 이렇게 Model에 등록한 포스트 목록은 index.jsp 파일에서 표현식 언어(Expression Language, EL)를 통해 사용할 수 있다.

JSP 파일 수정

이제 index.jsp 파일에서 검색된 포스트 목록을 출력해보자. JSP에서는 EL과 JSTL을 이용하여 Model에 저장된 검색 결과를 출력한다.

```jsp
                                              src/main/webapp/WEB-INF/jblog/index.jsp
<%@ page language="java" contentType="text/html; charset=UTF-8" pageEncoding="UTF-8"%>
<%@ include file="layout/header.jsp" %>


<div class="container mt-3">
<c:if test="${!empty postList}">
    <div class="card">
    <c:forEach var="post" items="${postList}">
        <div class="card-body">
            <h4 class="card-title">${post.title}</h4>
            <a href="#" class="btn btn-secondary">상세보기</a>
        </div>
    </c:forEach>
    </div>
```

```
</c:if>
</div>

<%@ include file="layout/footer.jsp" %>
```

PostController의 getPostList( ) 메소드에서 Model에 등록한 포스트 목록을 JSTL의 〈c:forEach〉 태그로 처리한다.

브라우저에서 포스트 목록이 잘 보이는지 확인한다.

만약 포스트를 등록하는 과정에서 에러가 발생한다면 현재 생성된 POST 테이블을 삭제(DROP)한 후 다시 실행해보기 바란다.

5.2.3 페이징 처리

대부분의 웹 애플리케이션은 목록 형태의 데이터를 사용자에게 제공할 때 페이지 단위로 보여준다. 스프링에서는 이러한 페이징 기능을 간단하게 구현할 수 있도록 Pageable 인터페이스를 제공한다.

서비스 클래스 수정

PostService 클래스의 getPostList( ) 메소드를 다음과 같이 수정한다.

```
                      src/main/java/com/ssamz/jblog/service/PostService.java
~ 생략 ~
import org.springframework.data.domain.Page;
import org.springframework.data.domain.Pageable;

@Service
public class PostService {
    @Autowired
    private PostRepository postRepository;

    @Transactional(readOnly = true)
    public Page<Post> getPostList(Pageable pageable) {
        return postRepository.findAll(pageable);
    }

    ~ 생략 ~
}
```

페이징 처리를 위해 getPostList( ) 메소드가 Pageable 타입의 객체를 매개변수로 받는다. 또한, 반환 타입은 List가 아닌 페이지 정보를 가지고 있는 Page이다.

컨트롤러 수정

이제, PostService 클래스의 getPostList( ) 메소드를 호출하는 PostController 클래스의 getPostList( ) 메소드를 수정한다.

```
                   src/main/java/com/ssamz/jblog/controller/PostController.java
~ 생략 ~
import org.springframework.data.domain.Pageable;
import org.springframework.data.domain.Sort.Direction;
import org.springframework.data.web.PageableDefault;

@Controller
public class PostController {

    ~ 생략 ~
```

```
    @GetMapping({"", "/"})
    public String getPostList(Model model, @PageableDefault(size = 3, sort = "id",
    direction = Direction.DESC) Pageable pageable) {
        model.addAttribute("postList", postService.getPostList(pageable));
        return "index";
    }

    ~ 생략 ~
```

@PageableDefault로 설정한 Pageable 객체는 한 화면에 3개의 포스트 데이터를 출력한다. 가장 최근에 등록된 포스트부터 차례대로 출력하기 위해 id를 사용하여 내림차순 정렬을 설정한다.

JSP 파일 수정

마지막으로 포스트 목록 화면에 해당하는 index.jsp를 다음과 같이 수정한다.

```
                                        src/main/webapp/WEB-INF/jblog/index.jsp
~ 생략 ~

<c:forEach var="post" items="${postList.content}">

~ 생략 ~
```

직접 페이지 번호를 지정하여 다음과 같이 URL 요청을 전송할 수도 있다.

http://localhost:8080/?page=0

http://localhost:8080/?page=1

페이지네이션 처리

부트스트랩을 이용해 페이지네이션을 처리하기 위해 W3스쿨스에 접속한다. 그리고 [BS5 Pagination] 메뉴에서 제공하는 코드를 복사한다.

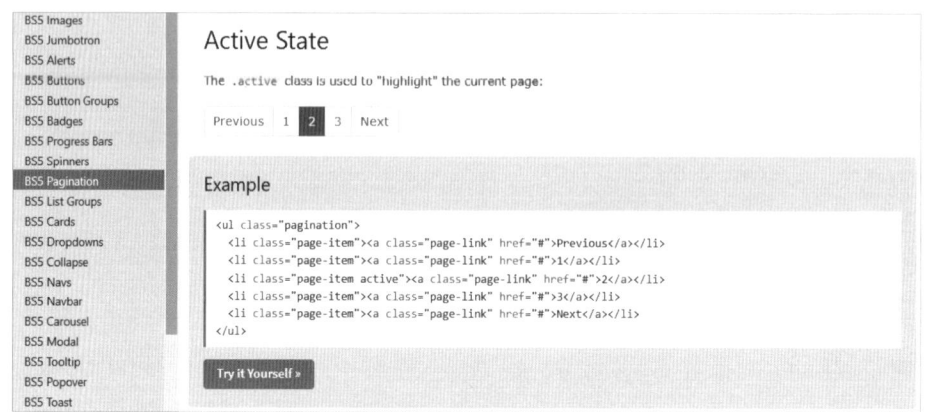

복사한 코드를 index.jsp 파일의 〈/c:forEach〉 태그 아래에 추가한다.

```
                                                    src/main/webapp/WEB-INF/jblog/index.jsp
<%@ page language="java" contentType="text/html; charset=UTF-8" pageEncoding="UTF-8"%>

<%@ include file="layout/header.jsp"%>

<div class="container mt-3">
<c:if test="${!empty postList}">
     <div class="card">
          <c:forEach var="post" items="${postList.content}">
               <div class="card-body">
                    <h4 class="card-title">${post.title}</h4>
                    <a href="#" class="btn btn-secondary">상세보기</a>
               </div>
          </c:forEach>
     </div>

     <br>
     <ul class="pagination">
          <li class="page-item"><a class="page-link" href="#">이전 페이지</a></li>
          <li class="page-item"><a class="page-link" href="#">다음 페이지</a></li>
     </ul>
</c:if>
</div>

<%@ include file="layout/footer.jsp"%>
```

참고로 class 속성을 active로 설정하면 해당 페이지의 링크가 활성화되고, disabled로 설정하면 비활성화된다.

인덱스 페이지를 요청하여 현재까지 수정된 화면을 확인한다.

페이지네이션 속성 추가

페이지네이션 UI와 관련한 몇 가지 속성을 W3스쿨스에서 확인해보자. 먼저, 페이지네이션 크기를 현재보다 크게 또는 작게 만들 수 있다.

기본적으로 왼쪽 정렬되는 페이지네이션의 위치도 변경할 수 있다.

만약 가운데 정렬을 원한다면 class 속성에 justify-content-center를 추가하고, 오른쪽으로 정렬하려면 justify-content-end로 지정한다.

```
<ul class="pagination justify-content-center">
<ul class="pagination justify-content-end">
<ul class="pagination justify-content-between">
```

이제, 〈이전 페이지〉와 〈다음 페이지〉 버튼에 링크를 추가한다.

```
src/main/webapp/WEB-INF/jblog/index.jsp
    ~ 생략 ~

    <br>
    <ul class="pagination justify-content-between">
        <li class="page-item">
        <a class="page-link" href="?page=${postList.number - 1}">이전 페이지</a>
        </li>
        <li class="page-item">
        <a class="page-link" href="?page=${postList.number + 1}">다음 페이지</a>
        </li>
    </ul>
</c:if>
</div>

<%@ include file="layout/footer.jsp"%>
```

문제는 첫 번째 페이지에서는 〈이전 페이지〉 버튼이 보이면 안 되고, 마지막 페이지에서는 〈다음 페이지〉 버튼이 보이면 안 된다는 것이다.

이 문제는 다음과 같이 Page(postList) 객체가 가지고 있는 first 변수와 last 변수를 이용하여 해결할 수 있다.

```
src/main/webapp/WEB-INF/jblog/index.jsp
    ~ 생략 ~

    <br>
    <ul class="pagination justify-content-between">
        <li class="page-item <c:if test="${postList.first}">disabled</c:if>">
            <a class="page-link" href="?page=${postList.number - 1}">이전 페이지</a>
        </li>
        <li class="page-item <c:if test="${postList.last}">disabled</c:if>">
            <a class="page-link" href="?page=${postList.number + 1}">다음 페이지</a>
        </li>
    </ul>
</c:if>
</div>

<%@ include file="layout/footer.jsp"%>
```

추가로 작성된 코드가 class 속성의 속성값으로 등록되어야 한다는 점을 주의하자. 이제, POST 테이블에 테스트용 데이터를 몇 개 등록하고 페이지네이션 결과를 확인해보자.

5.3 포스트 상세 조회, 수정, 삭제

포스트 관리 기능 중 가장 기본이 되는 등록과 목록 검색 구현이 마무리되었으니 이제 상세 조회, 수정, 삭제 기능을 추가해보자.

5.3.1 포스트 상세 조회

포스트에 대한 수정과 삭제를 처리하기 위해 가장 먼저 사용자에게 제공할 상세 화면을 구성해야 한다.

JSP 파일 수정

index.jsp 파일의 〈상세보기〉 버튼에 상세 화면으로 이동하는 링크를 추가한다.

```
                                            src/main/webapp/WEB-INF/jblog/index.jsp
~ 생략 ~

<div class="card">
    <c:forEach var="post" items="${postList.content}">
        <div class="card-body">
            <h4 class="card-title">${post.title }</h4>
            <a href="/post/${post.id}" class="btn btn-secondary">상세보기</a>
        </div>
    </c:forEach>
</div>

~ 생략 ~
```

중요한 것은 조회할 포스트의 id 정보를 상세 화면을 요청할 때 사용할 URL 경로에 포함시켰다는 점이다.

서비스 클래스 수정

PostService 클래스에 포스트 상세 정보를 조회하는 getPost( ) 메소드를 작성한다.

```
                                      src/main/java/com/ssamz/jblog/service/PostService.java
~ 생략 ~

@Service
public class PostService {

    @Autowired
    private PostRepository postRepository;

    @Transactional(readOnly = true)
    public Post getPost(int id) {
        return postRepository.findById(id).get();
    }

    ~ 생략 ~
```

JpaRepository 인터페이스의 findById( ) 메소드를 사용하여 Post 엔티티에 대한 상세 조회 기능을 처리한다. 검색 기능의 getPost( ) 메소드도 getPostList( ) 메소드와 마찬가지로 트랜잭션을 읽기 전용(readOnly = true)으로 설정한다.

컨트롤러 수정

이제 PostController 클래스에 상세 조회 요청을 처리할 getPost( ) 메소드를 작성한다.

```java
// src/main/java/com/ssamz/jblog/controller/PostController.java
~ 생략 ~
import org.springframework.web.bind.annotation.PathVariable;

@Controller
public class PostController {

    @Autowired
    private PostService postService;

    @GetMapping("/post/{id}")
    public String getPost(@PathVariable int id, Model model) {
        model.addAttribute("post", postService.getPost(id));
        return "post/getPost";
    }

    ~ 생략 ~
```

getPost( ) 메소드는 @PathVariable을 이용하여 조회할 포스트의 id 정보를 획득한다. 그리고 PostService 클래스의 getPost( ) 메소드를 호출하여 Post 엔티티를 검색하고, 검색 결과를 Model에 등록한다.

JSP 파일 작성

이제, PostController 클래스에서 Model에 등록한 검색 결과를 사용자에게 보여줘야 한다. post 폴더의 insertPost.jsp 파일을 복사해서 같은 폴더에 getPost.jsp 파일을 작성한다.

```
src/main/webapp/WEB-INF/jblog/post/getPost.jsp
<%@ page language="java" contentType="text/html; charset=UTF-8" pageEncoding="UTF-8"%>
<%@ include file="../layout/header.jsp"%>

<br><br>
<div class="container border">
    <br>
    <div>
        <h3>${post.title}</h3>
    </div>
    <br>
    <div>
        <div>${post.content}</div>
    </div>

    <br>
    <div>
        포스트 번호: <span id="id"><i>${post.id}</i></span><br>
        작성자: <span><i>${post.user.username}</i></span>
    </div>

    <hr>
    <button class="btn btn-secondary" onclick="history.back()">돌아가기</button>
    <a href="/post/updatePost/${post.id}" class="btn btn-warning">수정하기</a>
    <button id="btn-delete" class="btn btn-danger">삭제하기</button>
    <br><br>
</div>

<script src="/js/post.js"></script>
<%@ include file="../layout/footer.jsp"%>
```

문제는 현재 상태에서는 로그인 인증에 성공하지 않은 사용자도 다음과 같은 포스트 상세 화면을 볼 수 있다는 것이다.

환경 설정 클래스 수정

로그인 인증에 성공한 사용자에게만 포스트 상세 화면을 제공하기 위해 이전에 작성했던 AuthenticateInterceptor 클래스를 이용한다.

```
src/main/java/com/ssamz/jblog/config/JBlogWebMvcConfiguration.java

~ 생략 ~

@Configuration
public class JBlogWebMvcConfiguration implements WebMvcConfigurer {

    @Override
    public void addInterceptors(InterceptorRegistry registry) {
        registry.addInterceptor(new AuthenticateInterceptor()).
            addPathPatterns("/", "/post/**");
    }
}
```

기존에는 인덱스 페이지("/") 요청에 대해서만 AuthenticateInterceptor 클래스의 인터셉터가 동작했으나, post가 포함된 모든 요청에 대해서도 동작하도록 수정한다.

5.3.2 포스트 수정

포스트 상세 화면에서 검색된 포스트를 수정할 수 있도록 구현해보자.

컨트롤러 수정

포스트 수정 화면으로 이동할 수 있도록 PostController 클래스에 updatePost( ) 메소드를 추가한다.

```
                    src/main/java/com/ssamz/jblog/controller/PostController.java
~ 생략 ~

@Controller
public class PostController {
    @Autowired
    private PostService postService;

    @GetMapping("/post/updatePost/{id}")
    public String updatePost(@PathVariable int id, Model model) {
        model.addAttribute("post", postService.getPost(id));
        return "post/updatePost";
    }

~ 생략 ~
```

updatePost( ) 메소드에서는 포스트 수정 화면에 출력할 포스트 상세 정보를 Model에 등록한 후, updatePost.jsp로 구성한 화면으로 전환되도록 "post/updatePost" 경로를 반환한다.

JSP 파일 작성

이제, 포스트 수정 화면으로 사용할 updatePost.jsp 파일을 작성한다. updatePost.jsp 파일은 insertPost.jsp 파일의 내용을 복사해서 작성하면 된다.

```
src/main/webapp/WEB-INF/jblog/post/updatePost.jsp
```

```jsp
<%@ page language="java" contentType="text/html; charset=UTF-8" pageEncoding="UTF-8"%>
<%@ include file="../layout/header.jsp"%>

<div class="container mt-3">
<form>
<input type="hidden" id="id" value="${post.id}">
<div class="mb-3">
    <label for="title">Title:</label>
    <input type="text" class="form-control" id="title" value="${post.title}">
</div>
<div class="mb-3">
    <label for="content">Content:</label>
    <textarea class="form-control" rows="5" id="content">${post.content}</textarea>
</div>
</form>
<button class="btn btn-secondary" onclick="history.back()">돌아가기</button>
<button id="btn-update" class="btn btn-warning">포스트 수정</button>
</div>

<script>
$(document).ready(function () {
    $("#content").summernote({
        height: 300
    });
});
</script>

<script src="/js/post.js"></script>
<%@ include file="../layout/footer.jsp"%>
```

updatePost.jsp 파일에서 중요한 것은 포스트 수정 기능에 사용할 post의 id 정보를 hidden으로 전달한다는 것이다.

자바스크립트 수정

사용자가 포스트 수정 화면에서 〈포스트 수정〉 버튼을 클릭했을 때, 해당 이벤트를 처리할 updatePost( ) 함수를 post.js 파일에 추가한다.

```
                                          src/main/resources/static/js/post.js
let postObject = {
    init : function() {
        let _this = this;
        $("#btn-insert").on("click", () => {
            _this.insertPost();
        });
        $("#btn-update").on("click", () => {
            _this.updatePost();
        });
    },

    insertPost : function() {

        ~ 생략 ~

    },

    updatePost : function() {
        alert("포스트 수정 요청됨");
        let post = {
            id : $("#id").val(),
            title : $("#title").val(),
            content : $("#content").val()
        }

        $.ajax({
            type: "PUT",
            url: "/post",
            data: JSON.stringify(post),
            contentType: "application/json; charset=utf-8"
        }).done(function(response) {
```

```
                let message = response["data"];
                alert(message);
                location = "/";
            }).fail(function(error) {
                let message = error["data"];
                alert("문제 발생 : " + message);
            });
        },
    }
}
postObject.init();
```

추가된 updatePost() 함수는 사용자가 입력한 수정 정보를 추출하여 post 객체를 생성한다. 그리고 수정 기능을 요청할 때 JSON 형태로 변환하여 전달한다. 참고로 REST 요청에서 수정 기능은 PUT 방식이다.

서비스 클래스 수정

이제, PostService 클래스에 updatePost() 메소드를 작성한다.

```
                        src/main/java/com/ssamz/jblog/service/PostService.java
~ 생략 ~

@Service
public class PostService {

    @Autowired
    private PostRepository postRepository;

    @Transactional
    public void updatePost(Post post) {
        Post findPost = postRepository.findById(post.getId()).get();
        findPost.setTitle(post.getTitle());
        findPost.setContent(post.getContent());
    }

    ~ 생략 ~
```

검색한 Post 엔티티의 title과 content를 사용자가 입력한 값으로 변경하고, 트랜잭션이 종료되면 JPA의 더티 체킹(dirty checking)에 의해 UPDATE 구문이 작성되어 처리된다.

더티 체킹이란 트랜잭션이 종료되는 시점에 오염된 엔티티, 즉 값이 변경된 엔티티를 찾는 과정을 뜻한다. JPA는 더티 체킹으로 변경된 엔티티를 찾고, 해당 엔티티에 대한 UPDATE 구문을 생성하여 SQL 저장소에 등록한다. 그리고 트랜잭션이 종료되는 시점에 해당 UPDATE 구문을 SQL 저장소에 저장된 다른 SQL 구문과 함께 데이터베이스에 전송한다. 참고로 updatePost( ) 메소드에서 Post 엔티티를 수정한 후에 save( ) 메소드를 호출하지 않은 것은 updatePost( ) 메소드에 @Transactional을 설정했기 때문이다.

컨트롤러 수정

마지막으로 PostController 클래스에 updatePost( ) 메소드를 작성한다.

```
src/main/java/com/ssamz/jblog/controller/PostController.java

~ 생략 ~
import org.springframework.web.bind.annotation.PutMapping;

@Controller
public class PostController {

    @Autowired
    private PostService postService;

    @PutMapping("/post")
    public @ResponseBody ResponseDTO<?> updatePost(@RequestBody Post post) {
        postService.updatePost(post);
        return new ResponseDTO<>(HttpStatus.OK.value(),
            post.getId() + "번 포스트를 수정했습니다.");
    }
    ~ 생략 ~
```

REST 컨트롤러에서 수정 기능은 PUT 방식으로 처리하기 때문에 @PutMapping 어노테이션을 사용한다. 그리고 앞에서 작성한 PostService 클래스의 updatePost( ) 메소드를 호출하여 포스트 수정을 처리한다.

5.3.3 포스트 삭제

마지막으로, 포스트 관리에 대한 삭제 기능을 구현해보자.

자바스크립트 수정

post.js 파일에 삭제 이벤트를 처리할 deletePost( ) 함수를 추가로 작성한다.

```
                                        src/main/resources/static/js/post.js
let postObject = {
    init: function() {
        let _this = this;
        $("#btn-insert").on("click", () => {
            _this.insertPost();
        });
        $("#btn-update").on("click", () => {
            _this.updatePost();
        });
        $("#btn-delete").on("click", () => {
            _this.deletePost();
        });

    },

    insertPost : function() {
    ~ 생략 ~
    },

    updatePost : function() {
    ~ 생략 ~
    },

    deletePost : function() {
        alert("포스트 삭제 요청됨");
        let id = $("#id").text();

        $.ajax({
```

```
                type: "DELETE",
                url: "/post/" + id,
                contentType: "application/json; charset=utf-8"
            }).done(function(response) {
                let message = response["data"];
                alert(message);
                location = "/";
            }).fail(function(error) {
                let message = error["data"];
                alert("문제 발생 : " + message);
            });
        },
    }
    postObject.init();
```

추가된 deletePost( ) 함수에서 삭제할 포스트 id 정보를 추출한다. 그리고 포스트 삭제를 요청할 때 해당 포스트 id 정보를 URL 경로에 포함하여 DELETE 방식으로 전달한다.

서비스 클래스 수정

PostService 클래스에 삭제 기능의 deletePost( ) 메소드를 작성한다.

```
                    src/main/java/com/ssamz/jblog/service/PostService.java
~ 생략 ~

@Service
public class PostService {
    @Autowired
    private PostRepository postRepository;

    @Transactional
    public void deletePost(int id) {
        postRepository.deleteById(id);
    }

    ~ 생략 ~
```

특정 Post 엔티티를 삭제하기 위해 deletePost( ) 메소드에서 JpaRepository 객체의 deleteById( ) 메소드를 사용한다.

컨트롤러 수정

이제, PostController 클래스에 deletePost( ) 메소드를 작성한다.

```
src/main/java/com/ssamz/jblog/controller/PostController.java
~ 생략 ~
import org.springframework.web.bind.annotation.DeleteMapping;

@Controller
public class PostController {
    @Autowired
    private PostService postService;

    @DeleteMapping("/post/{id}")
    public @ResponseBody ResponseDTO<?> deletePost(@PathVariable int id) {
        postService.deletePost(id);
        return new ResponseDTO<>(HttpStatus.OK.value(), id +
            "번 포스트를 삭제했습니다.");
    }

~ 생략 ~
```

REST 컨트롤러에서 삭제 기능은 DELETE 방식으로 처리하기 때문에 deletePost( ) 메소드에 @DeleteMapping을 설정한다. 그리고 앞서 작성한 PostService 클래스의 deletePost( ) 메소드를 호출한다.

마지막으로, 자신이 등록한 포스트만 수정하거나 삭제할 수 있도록 세션에 등록된 사용자의 아이디와 POST를 등록한 사용자의 아이디가 같은지 비교한다.

```
                                        src/main/webapp/WEB-INF/jblog/post/getPost.jsp
    <br>
    <div>
            포스트 번호: <span id="id"><i>${post.id }</i></span><br>
            작성자: <span><i>${post.user.username }</i></span>
    </div>

    <hr>
    <button class="btn btn-secondary" onclick="history.back()">돌아가기</button>

    <c:if test="${post.user.username == principal.username}">
    <a href="/post/updatePost/${post.id }" class="btn btn-warning">수정하기</a>
    <button id="btn-delete" class="btn btn-danger">삭제하기</button>
    </c:if>

    <br><br>
</div>

<script src="/js/post.js"></script>
<%@ include file="../layout/footer.jsp"%>
```

이제 포스트를 등록한 계정이 아닌 다른 계정으로 로그인한 후 포스트 상세 화면을 보면 다음과 같이 출력된다.

📄 마무리하며

이번 학습에서는 블로그 시스템의 핵심 기능인 포스트 관리 기능을 등록, 목록 검색, 상세 조회, 수정, 삭제 순으로 구현해보았다. 포스트 등록과 수정 화면에는 위지위그 편집기인 서머노트를 적용했다.

다음 학습에서는 이번 시간에 사용했던 기술을 바탕으로 댓글(Reply) 관리 기능을 구현할 것이다. 댓글 관리 기능은 포스트 관리 기능과 구현 방식이 비슷하기 때문에, 이번 학습을 무난하게 소화했다면 다음 과정에서도 큰 어려움은 없을 것이다.

06장

댓글 관리 및 추가 기능 설정

6.1 댓글 관리

블로그 시스템에서는 등록된 포스트에 댓글을 추가할 수 있어야 한다. 댓글 관리 기능은 포스트 관리 기능과 구현 방식이 비슷하므로 앞서 작성했던 코드를 참조하면 쉽게 이해할 수 있을 것이다.

6.1.1 댓글 등록

우선, 댓글 등록 화면부터 구성해보자.

JSP 파일 수정

포스트 상세 화면(getPost.jsp) 아랫부분에 댓글 등록 화면을 추가한다. 이는 W3스쿨스에서 [BS5 Tables] 메뉴의 테이블 관련 디자인을 복사해서 작성할 수 있다.

```
                                src/main/webapp/WEB-INF/jblog/post/getPost.jsp

    ~ 생략 ~

    <br><br>

    <div class="container mt-3">
    <input type="hidden" id="postId" value="${post.id}">
    <table class="table">
        <thead>
```

```
                <tr>
                    <th><h4>댓글 목록</h4></th>
                </tr>
            </thead>
            <tbody>
                <tr align="right">
                <td>
                <textarea id="reply-content" rows="1" class="form-control"></textarea>
                <button id="btn-save-reply" class="btn btn-secondary">댓글 등록</button>
                </td>
                </tr>
            </tbody>
        </table>
    </div>
</div>

<script src="/js/post.js"></script>
<%@ include file="../layout/footer.jsp"%>
```

댓글 목록은 나중에 구현하기로 하고, 우선 포스트 상세 화면에서 댓글 등록 화면만 제공한다. 댓글을 등록할 때 포스트 번호를 hidden으로 전달하여 해당 댓글을 어느 포스트에 등록할지 지정한다.

수정된 포스트 상세 화면은 다음과 같다.

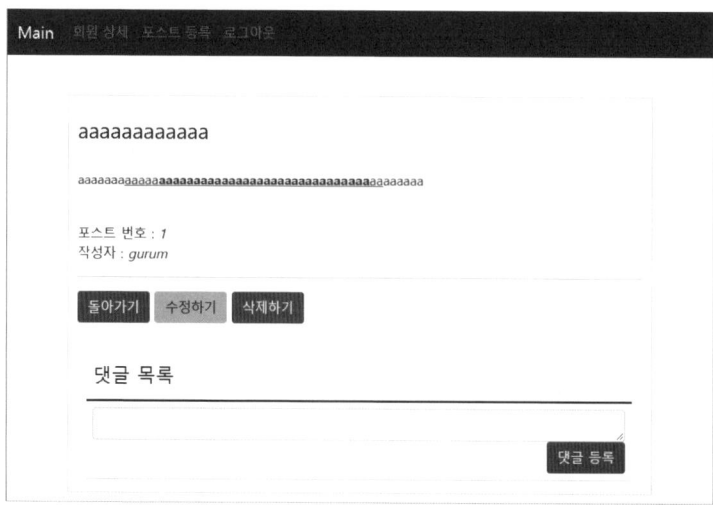

자바스크립트 작성

이제, 댓글 등록 이벤트를 처리할 reply.js 파일을 작성한다.

src/main/resources/static/js/reply.js
```javascript
let replyObject = {
    init: function() {
        $("#btn-save-reply").on("click", () => {
            this.insertReply();
        });
    },

    insertReply : function() {
        alert("댓글 등록 요청됨");

        let id = $("#postId").val();

        let reply = {
            content : $("#reply-content").val()
        }

        $.ajax({
            type: "POST",
            url: "/reply/" + id,
            data: JSON.stringify(reply),
            contentType: "application/json; charset=utf-8"
        }).done(function(response) {
            let message = response["data"];
            alert(message);
            location = "/post/" + id;
        });
    },
}

replyObject.init();
```

reply.js 파일은 앞에서 작성한 user.js 파일 또는 post.js 파일과 비슷하게 작성한다. 다만, 댓글 등록이 완료된 후에 이동할 포스트 상세 화면에서도 포스트 아이디가 필요하므로 post의 id를 요청 URL에 포함시킨다.

이제, 작성한 reply.js 파일을 getPost.jsp 파일에 추가한다.

src/main/webapp/WEB-INF/jblog/post/getPost.jsp

```
~ 생략 ~

<script src="/js/post.js"></script>
<script src="/js/reply.js"></script>

<%@ include file="../layout/footer.jsp"%>
```

도메인 클래스 작성

댓글에 해당하는 Reply 클래스를 작성한다.

src/main/java/com/ssamz/jblog/domain/Reply.java

```java
package com.ssamz.jblog.domain;

import java.sql.Timestamp;
import javax.persistence.Column;
import javax.persistence.Entity;
import javax.persistence.FetchType;
import javax.persistence.GeneratedValue;
import javax.persistence.GenerationType;
import javax.persistence.Id;
import javax.persistence.JoinColumn;
import javax.persistence.ManyToOne;
import org.hibernate.annotations.CreationTimestamp;
import lombok.AllArgsConstructor;
import lombok.Builder;
import lombok.Data;
import lombok.NoArgsConstructor;
```

```java
@Data
@AllArgsConstructor
@NoArgsConstructor
@Builder
@Entity
public class Reply {
    @Id
    @GeneratedValue(strategy = GenerationType.IDENTITY)
    private int id;                               // 댓글 일련번호

    @Column(nullable = false, length = 200)
    private String content;                       // 댓글 내용

    @CreationTimestamp
    private Timestamp createDate;                 // 댓글 등록일

    @ManyToOne(fetch = FetchType.EAGER)
    @JoinColumn(name = "userid")
    private User user;                            // 연관된 사용자

    @ManyToOne(fetch = FetchType.EAGER)
    @JoinColumn(name = "postid")
    private Post post;                            // 연관된 포스트
}
```

포스트 상세 화면에서 댓글 정보를 출력하기 위해서는 댓글을 작성한 User 정보와 댓글을 포함하는 Post 정보도 필요하다. 따라서 이를 위한 연관매핑을 적절하게 설정해야 한다.

우선, 여러 개의 댓글을 한 명의 회원이 등록할 수 있으므로 Reply와 User는 N:1 (다 대 일) 관계다. 따라서 @ManyToOne을 이용하여 연관매핑을 처리한다. 마찬가지로 여러 개의 댓글을 하나의 포스트에 등록할 수 있기 때문에 Reply와 Post 역시 N:1 (다 대 일) 관계로 매핑한다.

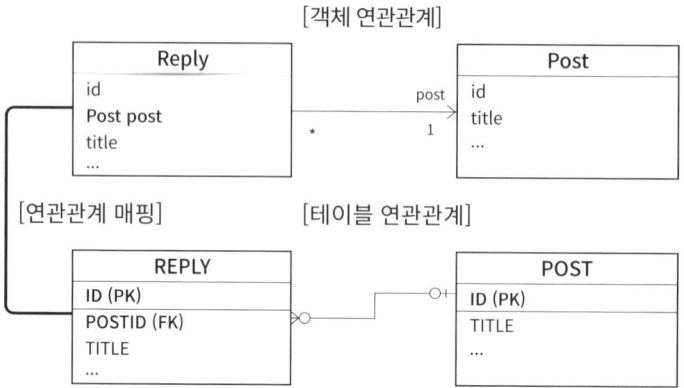

양방향 매핑

포스트의 상세 화면에서는 해당 포스트에 속한 댓글 목록도 같이 출력되어야 한다. 즉, Post를 통해 Reply 정보도 조회할 수 있어야 한다. 이를 위해, Post와 Reply를 1:N(일 대 다) 관계로 한 번 더 매핑한다. 따라서 Reply와 Post는 N:1(다 대 일)과 1:N(일 대 다) 관계로 양방향 매핑을 해야 한다.

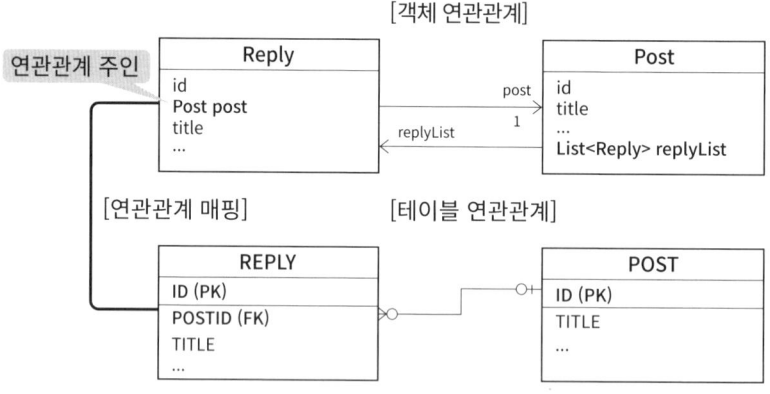

데이터베이스에서는 테이블의 양방향 매핑을 하나의 외래키만 사용하여 처리한다. 반면, 객체를 양방향으로 매핑하기 위해서는 관계에 참여하는 두 객체가 서로에 대한 참조변수를 가지고 있어야 한다. 이때, 두 참조변수 중 하나를 선택하여 연관관계의 주인으로 설정해야 하는데 일반적으로 외래키 필드를 가진 엔티티를 연관관계의 주인으로 지정한다. 그리고 반대쪽 객체에 연관관계의 주인이 아님을 명시하기 위해 mappedBy 속성을 설정한다.

이제, Post 클래스를 다음과 같이 수정해보자.

```java
// src/main/java/com/ssamz/jblog/domain/Post.java
~ 생략 ~
import java.util.List;
import javax.persistence.OneToMany;
import javax.persistence.OrderBy;

@Entity
public class Post {

    ~ 생략 ~

    @ManyToOne(fetch = FetchType.EAGER)
    @JoinColumn(name = "userid")
    private User user;

    @OneToMany(mappedBy = "post", fetch = FetchType.EAGER)
    @OrderBy("id desc")
    private List<Reply> replyList;
}
```

Post와 Reply를 1:N(일 대 다) 관계로 매핑하기 위해 replyList 변수에 @OneToMany을 설정한다. 하나의 Post를 조회할 때 연관된 Reply 엔티티 목록이 같이 조회되도록 fetch 속성을 FetchType.EAGER로 설정했기 때문에, 연관된 댓글 목록이 JOIN 쿼리로 같이 조회될 것이다.

다음은 @ManyToOne 어노테이션과 @OneToMany 어노테이션에 설정된 기본 패치 전략이다.

어노테이션	기본 패치 전략	설명
@ManyToOne	FetchType.EAGER	연관된 엔티티를 즉시 조회
@OneToMany	FetchType.LAZY	연관된 엔티티가 사용되는 시점에 조회

리포지터리 작성

Reply 클래스와 관련된 CRUD 작업을 처리하기 위해 ReplyRepository 인터페이스를 작성한다.

src/main/java/com/ssamz/jblog/persistence/ReplyRepository.java

```java
package com.ssamz.jblog.persistence;

import org.springframework.data.jpa.repository.JpaRepository;
import com.ssamz.jblog.domain.Reply;

public interface ReplyRepository extends JpaRepository<Reply, Integer> {
}
```

ReplyRepository 인터페이스는 JpaRepository 인터페이스를 상속한다. 그리고 제네릭 타입은 각각 Reply와 Integer로 지정했다.

서비스 클래스 작성

ReplyRepository 객체를 이용하여 비즈니스 로직을 처리하는 ReplyService 클래스도 작성한다.

src/main/java/com/ssamz/jblog/service/ReplyService.java

```java
package com.ssamz.jblog.service;

import org.springframework.beans.factory.annotation.Autowired;
import org.springframework.stereotype.Service;
import org.springframework.transaction.annotation.Transactional;
import com.ssamz.jblog.domain.Post;
import com.ssamz.jblog.domain.Reply;
import com.ssamz.jblog.domain.User;
import com.ssamz.jblog.persistence.PostRepository;
import com.ssamz.jblog.persistence.ReplyRepository;

@Service
```

```java
public class ReplyService {
    @Autowired
    private ReplyRepository replyRepository;

    @Autowired
    private PostRepository postRepository;

    @Transactional
    public void insertReply(int postId, Reply reply, User user) {
        Post post = postRepository.findById(postId).get();
        reply.setUser(user);
        reply.setPost(post);
        replyRepository.save(reply);
    }
}
```

댓글 등록 기능은 ReplyRepository 객체의 save( ) 메소드를 이용하여 간단하게 구현할 수 있다. REPLY 테이블이 가지고 있는 2개의 외래키 컬럼에 적절한 값을 저장하기 위해 Reply와 연관된 User와 Post 객체도 설정한다. User 객체를 매개변수로 받았고, Post 객체는 매개변수로 받은 postId 값으로 조회한다.

컨트롤러 작성

비즈니스 컴포넌트 구성이 완료되었으므로, 이제 컨트롤러로 비즈니스 컴포넌트를 호출할 수 있다. ReplyController 클래스를 작성한다.

src/main/java/com/ssamz/jblog/controller/ReplyController.java

```java
package com.ssamz.jblog.controller;

import javax.servlet.http.HttpSession;
import org.springframework.beans.factory.annotation.Autowired;
import org.springframework.http.HttpStatus;
import org.springframework.stereotype.Controller;
import org.springframework.web.bind.annotation.PathVariable;
import org.springframework.web.bind.annotation.PostMapping;
```

```java
import org.springframework.web.bind.annotation.RequestBody;
import org.springframework.web.bind.annotation.ResponseBody;
import com.ssamz.jblog.domain.Reply;
import com.ssamz.jblog.domain.User;
import com.ssamz.jblog.dto.ResponseDTO;
import com.ssamz.jblog.service.ReplyService;

@Controller
public class ReplyController {
    @Autowired
    private ReplyService replyService;

    @PostMapping("/reply/{postId}")
    public @ResponseBody ResponseDTO<?> insertReply(@PathVariable int postId,
        @RequestBody Reply reply, HttpSession session) {
        User principal = (User) session.getAttribute("principal");
        replyService.insertReply(postId, reply, principal);
        return new ResponseDTO<>(HttpStatus.OK.value(), postId +
            "번 포스트에 대한 댓글이 등록됐습니다.");
    }
}
```

insertReply() 메소드는 Reply 엔티티 생성에 필요한 정보들을 인자로 전달하면서 ReplyService 클래스의 insertReply() 메소드를 호출한다.

6.1.2 댓글 목록

사용자가 포스트의 상세 화면을 요청하면 해당 포스트에 등록된 댓글 목록도 함께 제공되어야 한다.

JSP 파일 수정

댓글 목록을 출력하기 위해 getPost.jsp 파일에 다음 내용을 추가한다.

src/main/webapp/WEB-INF/jblog/post/getPost.jsp

```
~ 생략 ~

<c:if test="${!empty post.replyList}">
<div class="container mt-3">
    <table class="table">
        <thead>
            <tr>
                <th width="80%">내용</th>
                <th width="10%">작성자</th>
                <th width="10%">삭제</th>
            </tr>
        </thead>
        <tbody>
        <c:forEach var="reply" items="${post.replyList}">
            <tr>
                <td>${reply.content}</td>
                <td>${reply.user.username}</td>
                <td><button>삭제</button></td>
            </tr>
        </c:forEach>
        </tbody>
    </table>
</div>
</c:if>

<div class="container mt-3">
<input type="hidden" id="postId" value="${post.id}">
<table class="table">

~ 생략 ~
```

댓글 목록은 기존의 댓글 등록 화면 위에 출력하되 댓글 목록이 존재하는 경우에만 제공한다. 수정한 JSP 파일의 코드에서 가장 중요한 부분은 댓글 목록을 출력하는 〈c:forEach〉 태그다. 댓글 목록 화면을 구성하기 위해서는 JSP 파일이 실행되기 바로 직전에 JSP 파일에서 사용할 데이터가 Model에 등록되어 있어야 한다. 이는 컨트롤러에서 진행되어야 할 부분인데, ReplyController 클래스와 PostController 클래스 어디에도 댓글 목록을 조회하는 메소드를 제공하지 않는다. 그럼에도 댓글 목록을 출력할 수 있는 이유는 앞에서 Reply와 Post를 양방향으로 매핑했기 때문이다.

6.1.3 댓글 삭제

등록된 댓글을 삭제하는 기능을 추가하는 것으로 댓글 관리 구현을 마무리하자.

자바스크립트 수정

가장 먼저, 댓글 삭제 요청에 대한 이벤트를 처리하기 위해 reply.js 파일에 deleteReply() 함수를 추가한다.

```
                                                    src/main/resources/static/js/reply.js
    ~ 생략 ~

    deleteReply : function(postId, replyId) {
        alert("댓글 삭제 요청됨");

        $.ajax({
            type: "DELETE",
            url: "/reply/" + replyId
        }).done(function(response) {
            let message = response["data"];
            alert(message);
            location = "/post/" + postId;
        });
    },
}

replyObject.init();
```

deleteReply() 함수와 기존 함수들의 다른 점은 매개변수로 postId와 replyId를 모두 받고 있다는 것이다. 우선, replyId는 Reply 엔티티를 삭제하기 위해 필요한 정보다. 그리고

postId는 댓글이 삭제된 후 포스트 상세 화면(getPost.jsp)으로 이동할 때 상세 화면에서 사용할 Post 엔티티 검색에 필요한 정보다. 따라서 deleteReply() 함수를 호출할 때는 반드시 이 2가지 정보를 전달해야 한다.

JSP 파일 수정

getPost.jsp 파일을 다음과 같이 수정하여 댓글 목록 화면의 삭제 버튼에 대한 클릭 이벤트를 설정한다.

```
                           src/main/webapp/WEB-INF/jblog/post/getPost.jsp
~ 생략 ~

<c:forEach var="reply" items="${post.replyList }">
    <tr>
        <td>${reply.content }</td>
        <td>${reply.user.username }</td>
        <td><button onclick="replyObject.deleteReply(${post.id},
        ${reply.id})" >삭제</button></td>
    </tr>
</c:forEach>

~ 생략 ~
```

댓글을 삭제할 때는 삭제할 Reply의 아이디만 있으면 된다. 하지만 댓글 삭제 후 포스트 상세 화면으로 이동하기 위해서는 postId도 전달해야 한다.

서비스 클래스 수정

ReplyService 클래스에 deleteReply() 메소드를 추가한다.

```
                           src/main/java/com/ssamz/jblog/service/ReplyService.java
~ 생략 ~

@Service
```

```java
public class ReplyService {

    @Autowired
    private ReplyRepository replyRepository;

    @Autowired
    private PostRepository postRepository;

    @Transactional
    public void deleteReply(int replyId) {
        replyRepository.deleteById(replyId);
    }

    ~ 생략 ~
```

deleteReply() 메소드에서는 JpaRepository 객체의 deleteById() 메소드를 이용하여 Reply 객체를 삭제한다.

컨트롤러 수정

마지막으로 ReplyController 클래스에 deleteReply() 메소드를 추가한다.

src/main/java/com/ssamz/jblog/controller/ReplyController.java

```java
~ 생략 ~
import org.springframework.web.bind.annotation.DeleteMapping;

@Controller
public class ReplyController {

    @Autowired
    private ReplyService replyService;

    @DeleteMapping("/reply/{replyId}")
    public @ResponseBody ResponseDTO<?> deleteReply(@PathVariable int replyId) {
        replyService.deleteReply(replyId);
        return new ResponseDTO<>(HttpStatus.OK.value(), replyId +
                "번 댓글이 삭제됐습니다.");
    }

    ~ 생략 ~
```

댓글 삭제 기능까지 구현되었다. 그런데 현재 상태로는 다른 사람이 등록한 댓글까지 모두 삭제할 수 있다. 따라서 자신이 등록한 댓글만 삭제할 수 있도록 getPost.jsp 파일을 다음과 같이 수정한다.

src/main/webapp/WEB-INF/jblog/post/getPost.jsp

```jsp
~ 생략 ~

<table class="table">
<thead>
    <tr>
        <th width="80%">내용</th>
        <th width="10%">작성자</th>
        <c:if test="${reply.user.username != null &&
        reply.user.username == principal.username}">
        <th width="10%">삭제</th>
        </c:if>
    </tr>
</thead>
<tbody>
<c:forEach var="reply" items="${post.replyList }">
    <tr>
        <td>${reply.content }</td>
        <td>${reply.user.username }</td>
        <c:if test="${reply.user.username != null &&
        reply.user.username == principal.username }">
        <td><button onclick="replyObject.deleteReply(${post.id},
        ${reply.id })">삭제</button></td>
        </c:if>
    </tr>
</c:forEach>
</tbody>
</table>

~ 생략 ~
```

Reply 객체에 매핑된 User 엔티티의 username과 세션에 등록된 User 엔티티의 username이 같은지 비교한 후 같은 경우에만 〈삭제〉 버튼이 보이도록 설정한다.

cascade 속성 적용

JPA에서 특정 엔티티에 대한 등록, 수정, 삭제가 발생할 때 연관된 엔티티도 같이 등록, 수정, 삭제되도록 설정할 수 있다. 이때 cascade 속성을 사용한다. cascade 속성값에는 다음과 같이 다섯 가지가 있다. 참고로, ALL은 상위 엔티티에서 하위 엔티티로 모든 작업을 전파한다.

CascadeType.java (설명을 위한 코드이므로 타이핑하지 않는다.)
```
public enum CascadeType {

    ALL,

    PERSIST,

    MERGE,

    REMOVE,

    REFRESH,

    DETACH
}
```

Post를 삭제할 때 연관된 Reply 목록도 같이 삭제하려면 cascade 속성을 이용해야 한다. replyList 변수에 설정한 @OneToMany에 cascade 속성을 추가하고, 속성값으로 CascadeType.REMOVE를 설정한다.

src/main/java/com/ssamz/jblog/domain/Post.java
```
~ 생략 ~
import javax.persistence.CascadeType;

@Entity
public class Post {

    ~ 생략 ~
```

```
    @ManyToOne(fetch = FetchType.EAGER)
    @JoinColumn(name = "userid")
    private User user;

    @OneToMany(mappedBy = "post", fetch = FetchType.EAGER,
    cascade = CascadeType.REMOVE)
    @OrderBy("id desc")
    private List<Reply> replyList;
}
```

이제, 특정 Post 엔티티가 삭제되면 해당 Post와 관련된 Reply 엔티티도 모두 삭제될 것이다. 웹 페이지에서 실제로 포스트를 삭제해본 후 콘솔에 출력된 SQL을 확인해보자.

```
Hibernate:
    delete
    from
        Reply
    where
        id=?
Hibernate:
    delete
    from
        Reply
    where
        id=?
Hibernate:
    delete
    from
        Post
    where
        id=?
```

콘솔에 출력된 결과를 통해, 연관된 Reply가 모두 삭제된 후에 Post가 마지막으로 제거되는 것을 알 수 있다.

6.2 유효성 검사와 다국어 설정

JBlogWeb 시스템의 회원가입 화면이나 포스트 등록 화면에서 사용자가 아무런 값도 입력하지 않고 등록 버튼을 클릭하면 USERS 테이블이나 POST 테이블에는 빈 문자열("")이 저장된다. 이러한 문제를 방지하기 위해서는 사용자의 요청을 처리하기 전에 사용자가 입력한 값에 대한 유효성을 확인해야 한다.

6.2.1 라이브러리 추가

우선, 유효성 검사를 위해 관련된 라이브러리를 추가한다.

validation 스타터 추가

pom.xml 파일을 열고 〈Ctrl〉 + 〈Space〉 키를 누른다. 그리고 [Add Starters…] 메뉴를 더블 클릭한다.

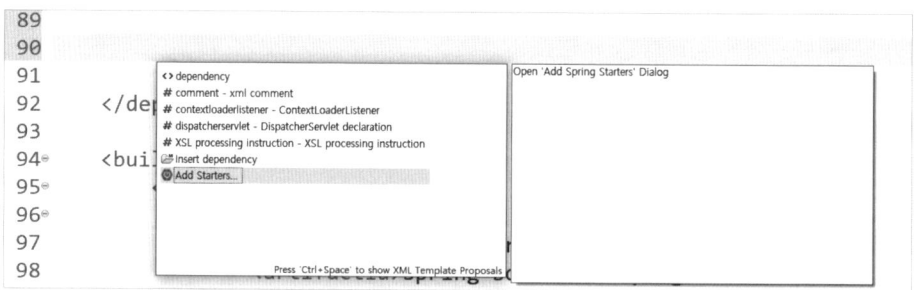

다음은 파일의 수정된 내용을 저장할 것인지 물어보는 창이다. 〈Save Pom〉 버튼을 클릭한다.

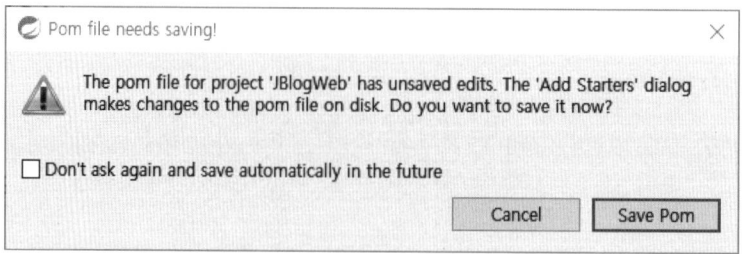

I/O 항목에서 [Validation]에 체크하고 〈Next〉 버튼을 클릭한다.

▼ I/O
☐ Spring Batch
☑ Validation
☐ Java Mail Sender
☐ Quartz Scheduler
☐ Spring cache abstraction

그리고 다음 화면에서 [pom.xml]에 체크하고 〈Finish〉 버튼을 클릭한다.

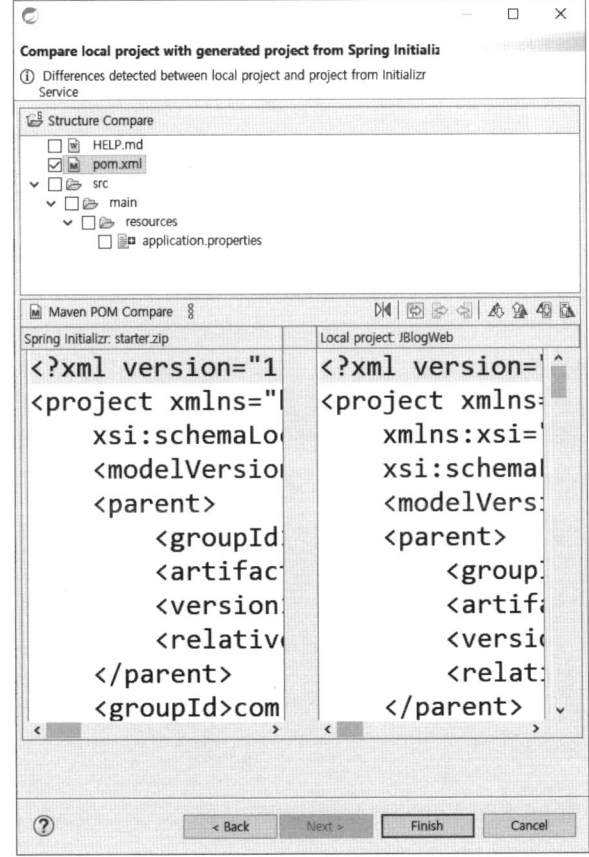

다음과 같이 pom.xml 파일에 validation 스타터가 추가된 것을 확인할 수 있다.

06장 _ 댓글 관리 및 추가 기능 설정 | 189

```xml
~ 생략 ~

<!-- Summernote 라이브러리 -->
<dependency>
    <groupId>org.webjars</groupId>
    <artifactId>summernote</artifactId>
    <version>0.8.10</version>
</dependency>

<!-- validation 스타터 -->
<dependency>
    <groupId>org.springframework.boot</groupId>
    <artifactId>spring-boot-starter-validation</artifactId>
</dependency>

</dependencies>

~ 생략 ~
```
JBlogWeb/pom.xml

ModelMapper 라이브러리 추가

현재 JBlogWeb 시스템은 엔티티 클래스를 이용하여 사용자가 입력한 값을 전달받고 있다. 하지만 사용자 입력값을 받을 때는 엔티티가 아닌 DTO 클래스를 이용하는 것이 맞다. 그렇다면 엔티티 클래스와 DTO 클래스의 차이점은 무엇일까?

JPA를 이용하여 실제 데이터베이스와 연동할 때는 당연히 엔티티를 이용한다. 하지만 사용자가 입력한 값을 처리하거나 검색 결과를 화면으로 전달할 때는 DTO를 사용한다. 즉, 일반적인 경우라면 사용자가 입력한 값을 DTO 객체를 통해 받는다. 그리고 비즈니스 메소드를 호출할 때 DTO 객체에 설정된 값을 엔티티에 복사하여 인자로 전달한다.

이렇게 엔티티와 DTO 사이에서 멤버변수 값들을 수시로 복사하다 보면, 변수가 누락되기도 하고 개발자가 반복적으로 처리해야 할 부분이 생긴다. 이러한 문제를 해결하기 위해, 특정 자바 객체가 가진 멤버변수 값들을 원하는 객체의 멤버변수에 자동으로 매핑시켜 주는 ModelMapper라는 라이브러리를 사용한다.

메이븐 리포지터리 검색 사이트에서 ModelMapper를 검색하여 추가한다.

```xml
                                                        JBlogWeb/pom.xml
    ~ 생략 ~

    <!-- validation 스타터 -->
    <dependency>
        <groupId>org.springframework.boot</groupId>
        <artifactId>spring-boot-starter-validation</artifactId>
    </dependency>

    <!-- ModelMapper -->
    <dependency>
        <groupId>org.modelmapper</groupId>
        <artifactId>modelmapper</artifactId>
        <version>2.3.9</version>
    </dependency>

</dependencies>
~ 생략 ~
```

라이브러리가 모두 다운로드된 후에는 반드시 애플리케이션을 다시 시작한다.

6.2.2 ModelMapper 빈 등록

스프링 컨테이너가 다운로드된 ModelMapper를 생성할 수 있도록 JBlogWebMvcConfiguration 설정 클래스에 @Bean 어노테이션으로 메소드를 등록한다.

```java
            src/main/java/com/ssamz/jblog/config/JBlogWebMvcConfiguration.java
~ 생략 ~
import org.modelmapper.ModelMapper;
import org.springframework.context.annotation.Bean;

@Configuration
public class JBlogWebMvcConfiguration implements WebMvcConfigurer {
```

```
    @Bean
    public ModelMapper modelMapper() {
        return new ModelMapper();
    }

    @Override
    public void addInterceptors(InterceptorRegistry registry) {
        registry.addInterceptor(new AuthenticateInterceptor()).
            addPathPatterns("/", "/post/**");
    }
}
```

6.2.3 회원가입 유효성 검사

회원가입 화면에 사용자가 입력한 정보에 대한 유효성을 확인하는 기능을 추가하자.

DTO 클래스 작성

먼저, com.ssamz.jblog.dto 패키지에 User 엔티티와 매핑할 UserDTO 클래스를 작성한다.

src/main/java/com/ssamz/jblog/dto/UserDTO.java

```
package com.ssamz.jblog.dto;

import javax.validation.constraints.Email;
import javax.validation.constraints.NotBlank;
import javax.validation.constraints.NotNull;
import javax.validation.constraints.Size;
import lombok.AllArgsConstructor;
import lombok.Data;
import lombok.NoArgsConstructor;

@Data
@NoArgsConstructor
@AllArgsConstructor
```

```java
public class UserDTO {
    @NotNull(message = "Username이 전달되지 않았습니다.")
    @NotBlank(message = "Username은 필수 입력 항목입니다.")
    @Size(min = 1, max = 20, message = "Username은 한 글자 이상 20자 미만으로 입력하세요.")
    private String username;

    @NotNull(message = "Email이 전달되지 않았습니다.")
    @NotBlank(message = "Email은 필수 입력 항목입니다.")
    @Email(message = "이메일 형식이 아닙니다.")
    private String email;
}
```

위 코드에서 중요한 것은 validation 라이브러리가 제공하는 어노테이션들이다. 이름만으로도 각 어노테이션이 어떤 기능을 하는지 쉽게 이해할 수 있을 것이다. 먼저, @NotNull은 참조변수의 null 여부를 확인하는 기능이다. 그리고 @NotBlank는 해당 변수에 할당된 문자열이 빈 문자열("")인지 확인한다. @Size는 할당된 문자열의 길이를 확인할 때 사용하며 @Email은 할당된 문자열이 이메일 형식에 부합되는지를 확인한다.

컨트롤러 수정

UserController 클래스의 insertUser( ) 메소드에서 다음과 같이 유효성 관련 어노테이션을 UserDTO에 적용한다.

```
                    src/main/java/com/ssamz/jblog/controller/UserController.java
~ 생략 ~
import java.util.HashMap;
import java.util.Map;
import javax.validation.Valid;
import org.modelmapper.ModelMapper;
import org.springframework.validation.BindingResult;
import org.springframework.validation.FieldError;
import com.ssamz.jblog.dto.UserDTO;

@Controller
public class UserController {
```

```java
    @Autowired
    private UserService userService;

    @Autowired
    private ModelMapper modelMapper;

    @GetMapping("/auth/insertUser")
    public String insertUser() {
        return "user/insertUser";
    }

    @PostMapping("/auth/insertUser")
    public @ResponseBody ResponseDTO<?> insertUser(
    @Valid @RequestBody UserDTO userDTO, BindingResult bindingResult) {
        // UserDTO 객체에 대한 유효성 검사
        if(bindingResult.hasErrors()) {
            // 에러가 하나라도 있다면 에러 메시지를 Map에 등록
            Map<String, String> errorMap = new HashMap<>();
            for (FieldError error : bindingResult.getFieldErrors()) {
                errorMap.put(error.getField(), error.getDefaultMessage());
            }
            return new ResponseDTO<>(HttpStatus.BAD_REQUEST.value(),errorMap);
        }

        // UserDTO -> User 객체로 변환
        User user = modelMapper.map(userDTO, User.class);
        User findUser = userService.getUser(user.getUsername());

        if(findUser.getUsername() == null) {
            userService.insertUser(user);
            return new ResponseDTO<>(HttpStatus.OK.value(),
                user.getUsername() + " 가입 성공.");
        } else {
            return new ResponseDTO<>(HttpStatus.BAD_REQUEST.value(),
                user.getUsername() + "님은 이미 회원입니다.");
        }
    }
}
```

우선, 매개변수로 사용했던 기존의 User 엔티티를 유효성 검사 어노테이션이 적용된 UserDTO로 변경한다. UserDTO 앞에 추가한 @Valid 어노테이션에 의해 유효성 검사 기능이 동작하고 그 결과가 자동으로 BindingResult 타입의 객체에 저장된다.

여기에서 중요한 문법적 사항은 BindingResult 변수는 반드시 @Valid 어노테이션 다음에 위치해야 한다는 것이다. BindingResult 객체에 등록된 에러가 있다면 해당 에러 정보를 HashMap에 전달하고, ResponseDTO에 HashMap을 포함하여 반환한다.

UserService 객체의 insertUser() 메소드를 호출할 때는 인자로 UserDTO가 아닌 User 엔티티를 전달해야 한다. 따라서 의존성을 주입한 ModelMapper를 이용하여 UserDTO에 설정된 데이터를 User 객체에 복사한다.

포스트맨 테스트

이제, 포스트맨을 실행하여 회원가입 기능에 대한 유효성 검사를 테스트한다.

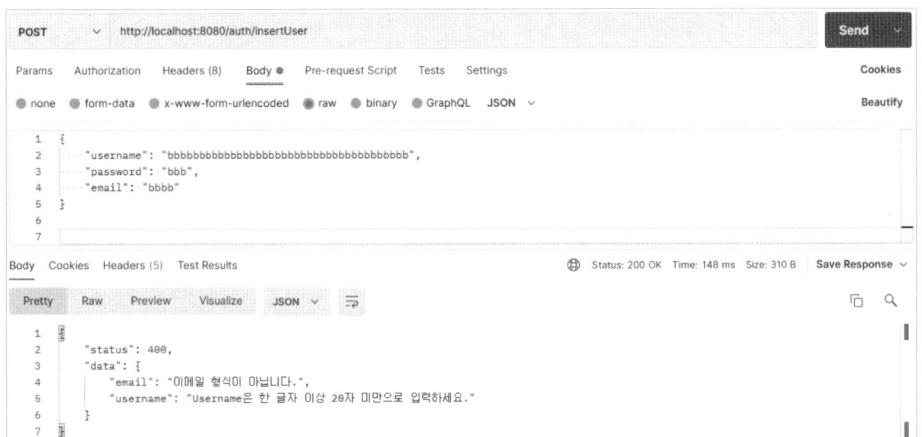

위 요청의 형식에는 2가지 문제가 있다. username으로 설정한 아이디가 너무 길고, email로 설정한 데이터는 이메일 형식이 아니다. 따라서 총 2가지 에러 메시지가 HashMap에 설정된다.

자바스크립트 수정

유효성 검사 결과는 브라우저를 통해 사용자에게 전달되어야 한다. 따라서 user.js 파일에서 insertUser( ) 함수를 다음과 같이 수정한다.

src/main/resources/static/js/user.js

```
~ 생략 ~

insertUser: function() {
    alert("회원가입 요청됨");
    let user = {
        username : $("#username").val(),
        password : $("#password").val(),
        email : $("#email").val()
    }

    $.ajax({
        type: "POST",
        url: "/auth/insertUser",
        data: JSON.stringify(user),
        contentType: "application/json; charset=utf-8"
    }).done(function(response) {
        let status = response["status"];
        if(status == 200) {
            let message = response["data"];
            alert(message);
            location = "/";
        } else {
            let warn = "";
            let errors = response["data"];
            if(errors.username != null) warn = warn + errors.username + "\n";
            if(errors.password != null) warn = warn + errors.password + "\n";
            if(errors.email != null) warn = warn + errors.email;
            alert(warn);
        }
    }).fail(function(error) {
        alert("에러 발생 : " + error);
```

```
        });
}

~ 생략 ~
```

우선, 응답 상태코드가 200이 아닐 때 문제가 있는 상태로 분류하고 alert( ) 함수를 통해 에러 메시지를 브라우저에 출력한다. 따라서 회원가입 화면에서 유효성 검사 기능을 확인할 수 있다.

6.2.4 포스트 등록 유효성 검사

포스트 등록 화면에도 유효성 검사 기능을 추가해보자.

DTO 클래스 작성

포스트 등록에 사용할 PostDTO 클래스를 작성한다.

```
                    src/main/java/com/ssamz/jblog/dto/PostDTO.java
package com.ssamz.jblog.dto;

import javax.validation.constraints.NotBlank;
import javax.validation.constraints.NotNull;
import lombok.AllArgsConstructor;
```

```
import lombok.Data;
import lombok.NoArgsConstructor;

@Data
@NoArgsConstructor
@AllArgsConstructor
public class PostDTO {
    @NotNull(message = "Title이 전달되지 않았습니다.")
    @NotBlank(message = "제목은 필수 입력 항목입니다.")
    private String title;

    @NotNull(message = "Content가 전달되지 않았습니다.")
    @NotBlank(message = "내용은 필수 입력 항목입니다.")
    private String content;
}
```

컨트롤러 수정

유효성 검사 기능이 적용된 PostDTO를 이용하도록 PostController 클래스의 insertPost( ) 메소드를 수정한다.

src/main/java/com/ssamz/jblog/controller/PostController.java

```
~ 생략 ~
import java.util.HashMap;
import java.util.Map;
import javax.validation.Valid;
import org.modelmapper.ModelMapper;
import org.springframework.validation.BindingResult;
import org.springframework.validation.FieldError;
import com.ssamz.jblog.dto.PostDTO;

@Controller
public class PostController {
    @Autowired
    private PostService postService;

    @Autowired
```

```java
private ModelMapper modelMapper;

~ 생략 ~

@PostMapping("/post")
public @ResponseBody ResponseDTO<?> insertPost(
@Valid @RequestBody PostDTO postDTO, BindingResult bindingResult,
HttpSession session) {

    // PostDTO 객체에 대한 유효성 검사
    if(bindingResult.hasErrors()) {
        // 에러가 하나라도 있다면 에러 메시지를 Map에 등록
        Map<String, String> errorMap = new HashMap<>();
        for (FieldError error : bindingResult.getFieldErrors()) {
            errorMap.put(error.getField(), error.getDefaultMessage());
        }
        return new ResponseDTO<>(HttpStatus.BAD_REQUEST.value(),errorMap);
    }

    // PostDTO -> Post 객체로 변환
    Post post = modelMapper.map(postDTO, Post.class);

    // Post 객체를 영속화하기 전에 연관된 User 엔티티 설정
    User principal = (User) session.getAttribute("principal");
    post.setUser(principal);
    post.setCnt(0);

    postService.insertPost(post);

    return new ResponseDTO<>(HttpStatus.OK.value(),
        "새로운 포스트를 등록했습니다.");
}

~ 생략 ~
```

자바스크립트 수정

post.js 파일에 있는 insertPost( ) 함수를 다음과 같이 수정한다.

```
                                               src/main/resources/static/js/post.js
~ 생략 ~

insertPost : function() {
    alert("포스트 등록 요청됨");
    let post = {
        title : $("#title").val(),
        content : $("#content").val()
    }

    $.ajax({
        type: "POST",
        url: "/post",
        data: JSON.stringify(post),
        contentType: "application/json; charset=utf-8"
    }).done(function(response) {
        let status = response["status"];
        if(status == 200) {
            let message = response["data"];
            alert(message);
            location = "/";
        } else {
            let warn = "";
            let errors = response["data"];
            if(errors.title != null) warn = warn + errors.title + "\n";
            if(errors.content != null) warn = warn + errors.content;
            alert(warn);
        }
    }).fail(function(error) {
        let message = error["data"];
        alert("문제 발생: " + message);
    });
},

~ 생략 ~
```

이제, 포스트 등록 화면에서 값을 입력하지 않고 〈포스트 등록〉 버튼을 클릭하면 다음과 같은 메시지를 확인할 수 있을 것이다.

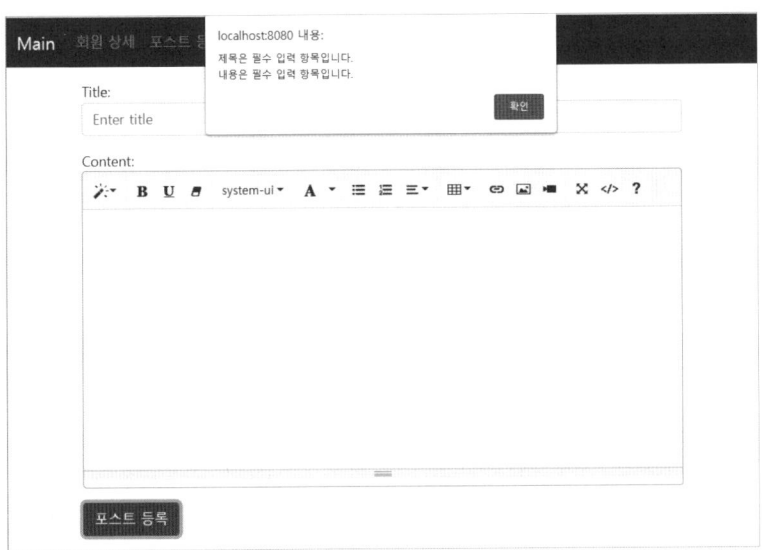

6.2.5 AOP를 이용한 유효성 검사

UserController 클래스와 PostController 클래스에서 반복하여 유효성 검사 로직을 사용했다. 지금은 회원가입과 포스트 등록 화면에서만 유효성을 확인하고 있는데, 이후 다른 화면에도 유효성 검사 기능을 추가해야 한다면 당연히 중복되는 코드가 더 많아질 것이다. 이 문제를 해결하기 위해 스프링의 관점 지향 프로그래밍(Aspect Oriented Programming, AOP)을 적용해보자.

어드바이스 작성

우선, 다음과 같이 advice 폴더를 생성한 후 ValidationCheckAdvice 클래스를 작성한다.

> src/main/java/com/ssamz/jblog/controller/advice/ValidationCheckAdvice.java

```
package com.ssamz.jblog.controller.advice;

import java.util.HashMap;
```

```java
import java.util.Map;
import org.aspectj.lang.ProceedingJoinPoint;
import org.aspectj.lang.annotation.Around;
import org.aspectj.lang.annotation.Aspect;
import org.springframework.http.HttpStatus;
import org.springframework.stereotype.Component;
import org.springframework.validation.BindingResult;
import org.springframework.validation.FieldError;
import com.ssamz.jblog.dto.ResponseDTO;

@Component
@Aspect
public class ValidationCheckAdvice {
    @Around("execution(* com.ssamz..controller.*Controller.*(..))")
    public Object validationCheck(ProceedingJoinPoint jp) throws Throwable {
        Object[] args = jp.getArgs();

        for (Object arg : args) {
            // 인자 목록에 BindingResult의 객체가 있다면
            if (arg instanceof BindingResult) {
                BindingResult bindingResult = (BindingResult) arg;
                if (bindingResult.hasErrors()) {
                    Map<String, String> errorMap = new HashMap<>();
                    // 에러 메시지를 Map에 저장한다.
                    for (FieldError error : bindingResult.getFieldErrors()) {
                        errorMap.put(error.getField(),
                            error.getDefaultMessage());
                    }
                    return new ResponseDTO<>(HttpStatus.BAD_REQUEST.value(),
                        errorMap);
                }
            }
        }

        return jp.proceed();
    }
}
```

validationCheck() 메소드는 기존의 UserController 클래스의 insertUser() 메소드와 PostController 클래스의 insertPost() 메소드가 가지고 있던 유효성 검사 코드를 복사해서 작성한다. 이제 모든 Controller 클래스의 메소드에 대해서 ValidationCheckAdvice 객체의 validationCheck() 메소드가 동작하여 사용자가 입력한 값의 유효성을 검사할 것이다.

웹 애플리케이션을 개발할 때 필터와 인터셉터, 그리고 AOP의 역할에 대해 혼동하여 사용하는 경우가 있다. 간단하게 정리해보면, 필터는 서블릿이 수행되기 전에 동작하여 서블릿에 대한 사전/사후 처리를 담당한다. 그리고 인터셉터는 컨트롤러가 수행되기 전에 동작하여 컨트롤러에 대한 사전/사후 처리를 담당하며, AOP는 컨트롤러나 서비스 클래스 모두에서 동작하도록 적용할 수 있다.

컨트롤러 수정

이제, UserController 클래스의 insertUser() 메소드에서 유효성 검사와 관련된 코드를 모두 제거한다.

```
src/main/java/com/ssamz/jblog/controller/UserController.java
~ 생략 ~

@Controller
public class UserController {

    ~ 생략 ~

    @PostMapping("/auth/insertUser")
    public @ResponseBody ResponseDTO<?> insertUser(
    @Valid @RequestBody UserDTO userDTO, BindingResult bindingResult) {
        // UserDTO -> User 객체로 변환
        User user = modelMapper.map(userDTO, User.class);
        User findUser = userService.getUser(user.getUsername());

        if(findUser.getUsername() == null) {
            userService.insertUser(user);
```

```
                return new ResponseDTO<>(HttpStatus.OK.value(),
                    user.getUsername() + " 가입 성공.");
            } else {
                return new ResponseDTO<>(HttpStatus.BAD_REQUEST.value(),
                    user.getUsername() + "님은 이미 회원입니다.");
            }
        }
    }
}
```

PostController 클래스의 insertPost( ) 메소드에서도 역시 유효성 검사와 관련된 코드를 제거한다.

```
                            src/main/java/com/ssamz/jblog/controller/PostController.java
~ 생략 ~

@Controller
public class PostController {

    ~ 생략 ~

    @PostMapping("/post")
    public @ResponseBody ResponseDTO<?> insertPost(
    @Valid @RequestBody PostDTO postDTO, BindingResult bindingResult,
    HttpSession session) {
        // PostDTO -> Post 객체로 변환
        Post post = modelMapper.map(postDTO, Post.class);
        // Post 객체를 영속화 하기 전에 연관된 User 엔티티를 설정한다.
        User principal = (User) session.getAttribute("principal");
        post.setUser(principal);
        post.setCnt(0);

        postService.insertPost(post);

        return new ResponseDTO<>(HttpStatus.OK.value(),
```

```
            "새로운 포스트를 등록했습니다.");
    }

    ~ 생략 ~
```

6.2.6 다국어 설정

프레임워크에서 다국어를 지원하기 전에는 언어별로 JSP 파일을 따로 만들어야 했기 때문에 매우 불편했다. 이제는 다국어 기능을 지원하기에 JSP 화면에 출력되는 메시지 외에도 예외나 로그 메시지까지 모두 다국어 처리할 수 있다.

메시지 파일 작성

사용자가 원하는 언어로 메시지를 출력하려면, 가장 먼저 각 언어에 해당하는 메시지 파일을 작성해야 한다. 기본적으로 메시지 파일의 확장자는 properties이고 파일명은 언어에 해당하는 로케일(locale) 정보를 결합하여 지정한다. 우선, resources 폴더 하위에 message 폴더를 생성한 후 영어와 한글 언어를 서비스하기 위한 messageSource_en.properties 파일과 messageSource_ko.properties 파일을 만든다.

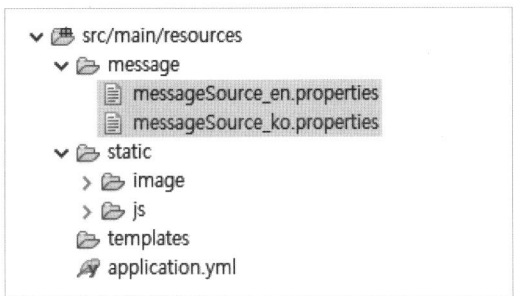

그리고 messageSource_en.properties 파일에 다음과 같은 영어 메시지를 등록한다.

src/main/resources/message/messageSource_en.properties
user.login.form.username=Username user.login.form.password=Password user.login.form.login_btn=LOGIN

messageSource_ko.properties 파일에는 다음과 같이 한글 메시지를 등록한다.

src/main/resources/message/messageSource_ko.properties
```
user.login.form.username=아이디
user.login.form.password=비밀번호
user.login.form.login_btn=로그인하기
```

이렇게 작성된 2개의 메시지 파일을 모두 메모리에 로딩한 후 메시지의 키를 이용하여 JSP 파일을 작성하면 브라우저의 로케일에 따라 해당하는 메시지가 제공된다.

앞에서도 언급했지만 프로퍼티 파일에 한글을 작성하면 자동으로 유니코드로 변환된다. 따라서 1장을 진행하면서 PropertiesEditor라는 플러그인을 설치하지 않았다면 이번에 설치하기 바란다.

다국어 처리

웹 애플리케이션에 다국어를 적용하기 위해서는 스프링에서 제공하는 2가지 객체가 필요하다. 첫 번째는 방금 작성한 메시지 파일을 로딩하는 MessageSource 객체고, 두 번째는 브라우저에서 전송한 로케일 정보를 추출하여 유지하는 LocaleResolver 객체다.

따라서 JBlogWeb 프로젝트의 설정 클래스인 JBlogWebMvcConfiguration 클래스에 이 2가지 객체를 등록한다.

src/main/java/com/ssamz/jblog/config/JBlogWebMvcConfiguration.java
```java
~ 생략 ~
import org.springframework.context.MessageSource;
import org.springframework.context.support.ResourceBundleMessageSource;
import org.springframework.web.servlet.LocaleResolver;
import org.springframework.web.servlet.i18n.SessionLocaleResolver;

@Configuration
public class JBlogWebMvcConfiguration implements WebMvcConfigurer {
    @Bean("messageSource")
    public MessageSource messageSource() {
```

```
    ResourceBundleMessageSource messageSource =
    new ResourceBundleMessageSource();
    messageSource.setBasename("message/messageSource");
    return messageSource;
}

@Bean
public LocaleResolver localeResolver() {
    return new SessionLocaleResolver();
}

~ 생략 ~
```

먼저, ResourceBundleMessageSource 객체는 messageSource로 시작하는 2개의 메시지 파일(messageSource_en.properties, messageSource_ko.properties)에 등록된 메시지를 메모리에 로딩한다. 그리고 SessionLocaleResolver 객체는 브라우저로부터 전송된 로케일을 추출하여 세션에 등록하고, 세션이 종료될 때까지 해당 로케일을 유지시킨다. 참고로, 스프링은 SessionLocaleResolver 외에도 AcceptHeaderLocaleResolver, CookieLocaleResolver, FixedLocaleResolver도 제공한다.

JSP 파일 수정

JSP에서 다국어 메시지를 출력하기 위해 스프링에서 제공하는 태그 라이브러리를 header.jsp 파일에 선언한다.

```
                        src/main/webapp/WEB-INF/jblog/layout/header.jsp
<%@ page language="java" contentType="text/html; charset=UTF-8" pageEncoding="UTF-8"%>
<%@ taglib uri="http://java.sun.com/jsp/jstl/core" prefix="c"%>
<%@ taglib uri="http://www.springframework.org/tags" prefix="spring" %>

<!DOCTYPE html>
<html lang="en">
<head>
<title>Bootstrap Example</title>

~ 생략 ~
```

그리고 login.jsp 파일에 다국어 메시지를 적용한다.

```
                                   src/main/webapp/WEB-INF/jblog/system/login.jsp
<%@ page language="java" contentType="text/html; charset=UTF-8" pageEncoding="UTF-8"%>
<%@ include file="../layout/header.jsp"%>


<div class="container mt-3">
    <form>
        <div class="mb-3">
            <label for="username">
                <spring:message code="user.login.form.username"/> :</label>
            <input type="text" class="form-control" id="username"
                placeholder="Enter username">
        </div>
        <div class="mb-3">
            <label for="password">
                <spring:message code="user.login.form.password"/> :</label>
            <input type="password" class="form-control" id="password"
                placeholder="Enter password">
        </div>
    </form>

    <button id="btn-login" class="btn btn-secondary">
        <spring:message code="user.login.form.login_btn"/>
    </button>
</div>

<script src="/js/login.js"></script>
<%@ include file="../layout/footer.jsp"%>
```

JSP 파일에서 다국어를 출력할 때는 〈spring:message〉 태그를 사용하며 code 속성의 속성값으로 메시지 파일에 등록된 메시지의 키를 등록한다. 지금까지 작성한 모든 파일을 저장하고 로그인 화면을 실행해보면 다음과 같이 한글로 구성된 화면을 볼 수 있다.

물론, 현재 사용 중인 브라우저의 로케일이 영어권이라면 영어 메시지가 적용되었을 것이다.

로케일 변경

지금까지 브라우저의 로케일에 따라 자동으로 알맞은 언어의 메시지가 적용되도록 기능을 추가해보았다. 그러나 브라우저의 로케일과 상관없이 다른 언어로 메시지를 변경하고 싶은 경우도 있을 것이다.

JBlogWebMvcConfiguration 설정 클래스에 인터셉터를 추가로 등록한다.

```
src/main/java/com/ssamz/jblog/config/JBlogWebMvcConfiguration.java
```

```java
~ 생략 ~
import org.springframework.web.servlet.i18n.LocaleChangeInterceptor;

@Configuration
public class JBlogWebMvcConfiguration implements WebMvcConfigurer {

    ~ 생략 ~

    @Bean
    public LocaleChangeInterceptor localeChangeInterceptor() {
        LocaleChangeInterceptor localeChangeInterceptor =
            new LocaleChangeInterceptor();
        localeChangeInterceptor.setParamName("lang");
        return localeChangeInterceptor;
    }

    @Override
    public void addInterceptors(InterceptorRegistry registry) {
```

```
        registry.addInterceptor(
            new AuthenticateInterceptor()).addPathPatterns("/", "/post/**");
        registry.addInterceptor(localeChangeInterceptor());
    }
}
```

추가된 LocaleChangeInterceptor 객체에서는 setParamName() 메소드가 로케일 정보를 전달받을 인자를 지정한다. 이제, lang이라는 인자로 로케일 정보가 전달되면 LocaleChangeInterceptor 객체가 기존의 로케일을 전송받은 로케일로 변경해줄 것이다.

다음과 같이, 태극기에 해당하는 korean.png 이미지 파일과 성조기에 해당하는 english.png 이미지 파일을 image 폴더에 저장한다.

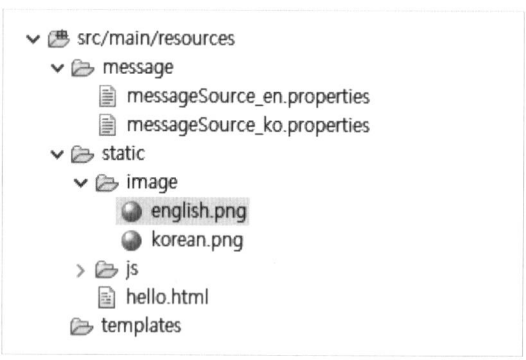

그리고 footer.jsp 파일에 다음과 같이 언어를 변경하는 이미지 링크를 추가한다.

```
                                              src/main/webapp/WEB-INF/jblog/layout/footer.jsp
<%@ page language="java" contentType="text/html; charset=UTF-8" pageEncoding="UTF-8"%>

    <br>
    <div class="mt-5 p-4 text-center">
        <p>Created by Gurum</p>
        <p>연락처: 010-1234-1234, 주소지: 서울시 강남구 대치동</p>
        <a href="/auth/login?lang=ko">
```

```
                <img height="38px" src="/image/korean.png"></a>  
                <a href="/auth/login?lang=en">
                <img height="38px" src="/image/english.png"></a>
            </div>
    </body>
</html>
```

이제, 로그인 화면을 새로고침하면 화면 하단에 2개의 이미지가 출력된다. 그리고 각 이미지를 클릭하는 순간 이미지에 지정된 언어로 화면이 변경된다.

이제 나머지 화면에도 다국어를 적용할 수 있을 것이다.

마무리하며

이번 학습에서는 포스트에 대한 댓글 기능을 구현했다. 특히 회원가입과 포스트 등록 화면에는 유효성 검사 기능을 추가했는데, 반복되는 유효성 검사 코드를 제거하기 위해 AOP를 적용하기도 했다. 마지막으로 브라우저의 로케일에 따라 다양한 언어로 메시지를 출력하는 다국어 기능도 추가해보았다.

다음 학습에서는 스프링의 시큐리티를 적용하여 블로그 시스템에 대한 인증과 인가를 처리할 것이다. 스프링 시큐리티는 서블릿의 필터와 스프링의 인터셉터 기술을 기반으로 제공되며 스프링으로 작성된 대부분의 애플리케이션에서 이러한 스프링 시큐리티를 사용하고 있다.

07장

스프링 시큐리티 적용

7.1 스프링 시큐리티 기초

스프링 시큐리티는 애플리케이션의 인증(authentication)과 인가(authorization)를 일관된 형태로 처리하는 모듈이다. 애플리케이션에서는 인증을 통해서 사용자를 식별하고 인가로 시스템 자원에 대한 접근을 통제한다. 이번 학습에서는 웹 애플리케이션에서 스프링 시큐리티가 인증과 인가를 어떻게 처리하는지 확인하고 실제 블로그 시스템에 적용해본다.

7.1.1 소스코드 정리

JBlogWeb 시스템은 세션(HttpSession) 기반 로그인에 성공한 사용자만 포스트 관련 기능을 사용할 수 있도록 구현했다. 이제, 스프링 시큐리티를 적용하여 인증과 인가에 대한 부분을 다시 구현할 것이다.

우선, 기존에 작성했던 인증과 인가 관련 파일들을 삭제한다.

- src/main/java/com/ssamz/jblog/config/AuthenticationInterceptor.java 삭제
- src/main/java/com/ssamz/jblog/controller/LoginController.java 삭제
- src/main/resources/static/js/login.js 삭제

인증 여부를 확인하는 AuthenticationInterceptor 클래스를 삭제한 후에는 JBlogWeb MvcConfiguration 클래스에서도 AuthenticationInterceptor 객체를 등록하는 코드를 삭제하거나 주석 처리한다.

```
src/main/java/com/ssamz/jblog/config/JBlogWebMvcConfiguration.java
~ 생략 ~

@Configuration
public class WebMvcConfiguration {

    ~ 생략 ~

    @Override
    public void addInterceptors(InterceptorRegistry registry) {
        //registry.addInterceptor(
        //new AuthenticateInterceptor()).addPathPatterns("/", "/post/**");
        registry.addInterceptor(localeChangeInterceptor());
    }
}
```

7.1.2 스프링 시큐리티 적용

스프링에서 제공하는 시큐리티를 적용하기 위해 가장 먼저 시큐리티 라이브러리를 추가한다. 그리고 스프링 시큐리티가 제공하는 자동설정을 JBlogWeb 시스템에 맞게 커스터마이징한다.

라이브러리 추가

Security 항목에서 [Spring Security]에 체크하여 스타터를 추가한다.

```
▼ Security
  ☑ Spring Security
  ☐ OAuth2 Client
  ☐ OAuth2 Resource Server
  ☐ Spring LDAP
```

시큐리티 스타터를 추가하면, pom.xml 파일에 테스트 관련 라이브러리 의존성도 동시에 추가된다.

```xml
JBlogWeb/pom.xml
    ~ 생략 ~

    <!-- ModelMapper -->
    <dependency>
        <groupId>org.modelmapper</groupId>
        <artifactId>modelmapper</artifactId>
        <version>2.3.9</version>
    </dependency>

    <!-- Spring Security 라이브러리 -->
    <dependency>
        <groupId>org.springframework.boot</groupId>
        <artifactId>spring-boot-starter-security</artifactId>
    </dependency>
    <dependency>
        <groupId>org.springframework.security</groupId>
        <artifactId>spring-security-test</artifactId>
        <scope>test</scope>
    </dependency>
</dependencies>
    ~ 생략 ~
```

기본 인증 확인

이제, 애플리케이션을 재실행하면 시큐리티 관련 자동설정 클래스가 동작하여 다양한 객체가 생성된다. 이제부터는 JBlogWeb 애플리케이션의 모든 페이지에 대한 접근이 인증에 성공한 사용자에 한하여 제공된다.

인덱스 페이지를 요청하면 다음과 같은 로그인 화면이 출력되는데, 이 화면이 스프링 시큐리티가 제공하는 기본 로그인 화면이다.

인덱스 페이지를 보기 위해서는 반드시 로그인 인증에 성공해야 한다. 이때, 인증에 사용할 아이디와 비밀번호는 스프링에서 제공한다. 아이디는 user이고 비밀번호는 애플리케이션 실행 순간 콘솔에 출력된다.

```
2021-12-30 15:57:50.265  INFO 28580 --- [  restartedMain] j.LocalContainerEntityManagerFactoryBean
2021-12-30 15:57:50.852  INFO 28580 --- [  restartedMain] o.s.b.a.w.s.WelcomePageHandlerMapping
2021-12-30 15:57:51.060  INFO 28580 --- [  restartedMain] .s.s.UserDetailsServiceAutoConfiguration

Using generated security password: cc0e5da2-f3bc-4d61-ab96-dd17406c08eb

2021-12-30 15:57:51.229  INFO 28580 --- [  restartedMain] o.s.s.web.DefaultSecurityFilterChain
2021-12-30 15:57:51.306  INFO 28580 --- [  restartedMain] o.s.b.d.a.OptionalLiveReloadServer
2021-12-30 15:57:51.357  INFO 28580 --- [  restartedMain] o.s.b.w.embedded.tomcat.TomcatWebServer
```

로그인에 실패했을 때는 실패 메시지를 보여주고 로그인 화면을 다시 제공한다.

로그인 인증에 성공하면 정상적으로 인덱스 페이지를 볼 수 있다.

인증에 성공하면 정상적으로 인덱스 페이지를 볼 수 있다. 하지만 상단에 출력된 메뉴(로그인, 회원가입)는 여전히 인증되지 않은 상태인 것처럼 보인다. 인증에 성공한 경우에 출력할 메뉴를 다르게 구성하기 위해서는 인증 상태를 세션 기반으로 유지해야 한다.

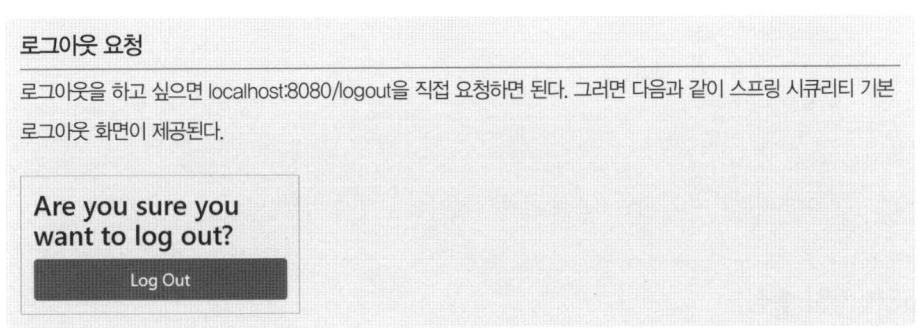

7.1.3 인증 상태 유지

스프링 시큐리티는 인증에 성공한 사용자의 정보를 자동으로 세션에 등록한다. 이렇게 세션에 등록된 사용자 정보를 JSP 파일에서 사용하기 위해서는 시큐리티가 제공하는 커스텀 태그를 사용해야 한다.

라이브러리 추가

스프링에서 제공하는 커스텀 태그를 JSP 파일에서 사용하기 위해, 다음과 같이 pom.xml 파일에 라이브러리 의존성을 추가한다.

```
                                                                    JBlogWeb/pom.xml
    ~ 생략 ~

    <dependency>
        <groupId>org.springframework.security</groupId>
        <artifactId>spring-security-test</artifactId>
        <scope>test</scope>
    </dependency>

    <!-- JSP용 스프링 시큐리티 라이브러리 -->
```

```xml
        <dependency>
            <groupId>org.springframework.security</groupId>
            <artifactId>spring-security-taglibs</artifactId>
        </dependency>

    </dependencies>

    ~ 생략 ~
```

새로운 라이브러리가 추가되었으므로 애플리케이션을 다시 실행한다.

JSP 파일 수정

이제, 시큐리티가 제공하는 커스텀 라이브러리에 대한 태그 라이브러리 설정을 header.jsp 파일에 추가한다.

```jsp
// src/main/webapp/WEB-INF/jblog/layout/header.jsp
<%@ page language="java" contentType="text/html; charset=UTF-8" pageEncoding="UTF-8"%>
<%@ taglib uri="http://java.sun.com/jsp/jstl/core" prefix="c"%>
<%@ taglib uri="http://www.springframework.org/tags" prefix="spring"%>
<%@ taglib uri="http://www.springframework.org/security/tags" prefix="sec"%>

<!-- 로그인 인증에 성공한 브라우저만 접근할 수 있는 영역 -->
<sec:authorize access="isAuthenticated()">
    <!-- principal은 로그인 성공한 사용자(User) 객체에 접근할 수 있는 변수다. -->
    <sec:authentication var="principal" property="principal"/>
</sec:authorize>

<!DOCTYPE html>
<html lang="en">

~ 생략 ~

<div class="collapse navbar-collapse" id="mynavbar">
<c:if test="${principal == null}">
    <ul class="navbar-nav">
        <li class="nav-item"><a class="nav-link" href="/auth/login">로그인</a></li>
```

```
            <li class="nav-item"><a class="nav-link" href="/auth/insertUser">회원가입</a></li>
        </ul>
</c:if>
<c:if test="${principal != null}">
        <ul class="navbar-nav">
            <li class="nav-item"><a class="nav-link" href="/user/updateUser">회원 상세</a></li>
            <li class="nav-item"><a class="nav-link"
            href="/post/insertPost">포스트 등록</a></li>
            <li class="nav-item"><a class="nav-link" href="/auth/logout">로그아웃</a></li>
        </ul>
</c:if>
</div>

~ 생략 ~
```

스프링 시큐리티에서 제공하는 〈sec:authorize〉 태그를 사용하여 인증에 성공했을 때 principal이라는 변수에 사용자 정보가 저장된 principal 객체가 할당되도록 한다. 이를 통해, principal 변수에 할당된 사용자 정보를 화면에 출력할 수 있으며 principal 객체의 존재 여부를 기준으로 메뉴 구성을 다르게 나타낼 수도 있다.

이제, 현재 화면을 새로고침하거나 새로운 브라우저에서 user 계정으로 로그인하면 다음과 같은 화면을 볼 수 있다.

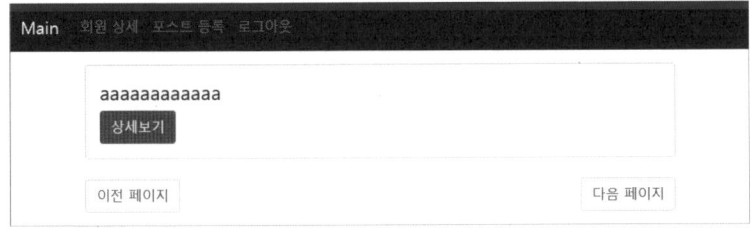

7.1.4 시큐리티 커스터마이징

스프링이 제공하는 시큐리티는 환경 설정 클래스나 외부 프로퍼티(application.yml)를 이용하여 커스터마이징할 수 있다.

환경 설정 클래스 등록

기존의 환경설정 클래스인 JBlogWebMvcConfiguration 클래스를 재사용할 수도 있지만, 코드가 너무 복잡해지는 것을 막기 위해 스프링 시큐리티만을 위한 새로운 환경 설정 클래스를 작성한다.

```
src/main/java/com/ssamz/jblog/config/JBlogWebSecurityConfiguration.java
```

```java
package com.ssamz.jblog.config;

import org.springframework.context.annotation.Configuration;
import org.springframework.security.config.annotation.web.configuration.EnableWebSecurity;

@Configuration
@EnableWebSecurity
public class JBlogWebSecurityConfiguration {

}
```

먼저, JBlogWebSecurityConfiguration 클래스에 @EnableWebSecurity 어노테이션을 추가한다. @EnableWebSecurity 어노테이션이 추가된 설정 클래스를 저장하는 순간 다음과 같은 메시지가 콘솔에 출력된다.

```
~ 생략 ~

Negative matches:
-----------------

   WebSecurityEnablerConfiguration:
~ 생략 ~

      Matched:
         - @ConditionalOnClass found required class 'org.springframework.security.config.annotation.web.configuration.EnableWebSecurity' (OnClassCondition)
         - found 'session' scope (OnWebApplicationCondition)
~ 생략 ~
```

위 메시지는 클래스 패스에 @EnableWebSecurity 어노테이션이 사용된 설정 클래스가 존재하면 WebSecurityEnablerConfiguration이라는 자동설정 클래스는 더 이상 동작하지 않음을 의미한다. 이는 사용자가 원하는 방향으로 시큐리티를 커스터마이징할 수 있다는 것을 뜻하기도 한다.

이번에는 JBlogWebSecurityConfiguration 클래스가 WebSecurityConfigurerAdapter 클래스를 상속하도록 해보자.

```
src/main/java/com/ssamz/jblog/config/JBlogWebSecurityConfiguration.java
~ 생략 ~
import org.springframework.security.config.annotation.web.configuration.WebSecurityConfigurerAdapter;

@Configuration
@EnableWebSecurity
public class JBlogWebSecurityConfiguration extends WebSecurityConfigurerAdapter {

}
```

수정된 설정 클래스를 저장하는 순간 콘솔에 다음과 같은 메시지가 출력된다.

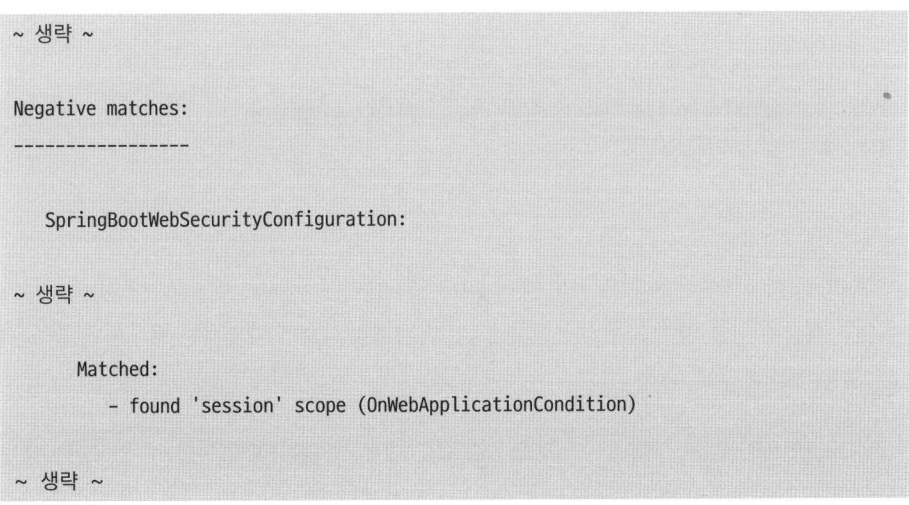

```
~ 생략 ~

Negative matches:
-----------------

   SpringBootWebSecurityConfiguration:

~ 생략 ~

      Matched:
         - found 'session' scope (OnWebApplicationCondition)

~ 생략 ~
```

이렇게 환경 설정 클래스가 @EnableWebSecurity를 가지고 WebSecurityConfigurerAdapter 클래스를 상속하면, 자동설정 클래스에 의해 제공되던 시큐리티 관련 객체들이 더 이상 제공되지 않는다.

시큐리티 권한 제어

시큐리티 환경 설정 클래스인 JBlogWebSecurityConfiguration을 통해 특정 경로에 대한 요청을 제어한다.

```
src/main/java/com/ssamz/jblog/config/JBlogWebSecurityConfiguration.java
```
```java
~ 생략 ~
import org.springframework.security.config.annotation.web.builders.HttpSecurity;



@Configuration
@EnableWebSecurity
public class JBlogWebSecurityConfiguration extends WebSecurityConfigurerAdapter {
    @Override
    protected void configure(HttpSecurity http) throws Exception {
        // 인증 없이 접근을 허용하는 경로
        http.authorizeRequests().antMatchers("/webjars/**", "/js/**", "/image/**",
        "/", "/auth/**").permitAll();

        // 나머지 경로는 인증이 필요하다.
        http.authorizeRequests().anyRequest().authenticated();
    }
}
```

antMatchers() 메소드를 이용하여 /webjars/**, /js/**, /image/**, /, /auth/** 경로에 대한 접근은 인증 없이 모두 허용한다. 그리고 나머지 경로에 대해서는 반드시 인증을 거치도록 설정한다.

이제, 로그인하지 않은 상태에서 인덱스 화면(localhost:8080)까지는 볼 수 있으나 〈상세 보기〉 버튼을 클릭하면 다음과 같이 403 접근 에러가 발생할 것이다.

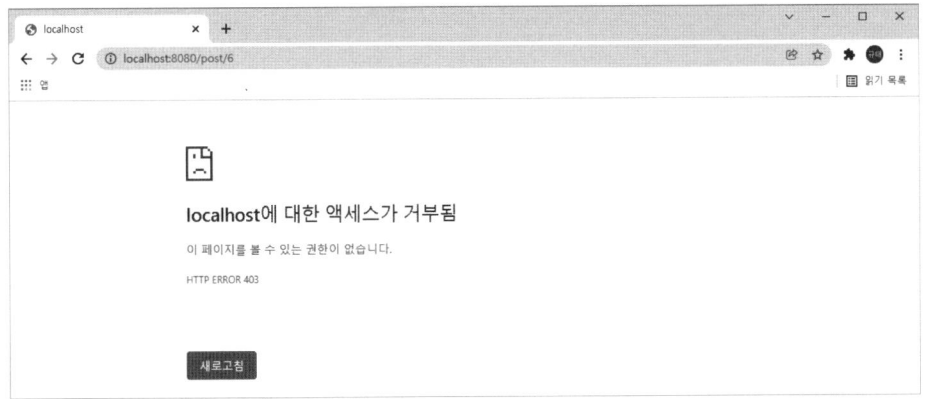

로그인 화면 설정

사용자가 인덱스 화면에서 포스트 상세 화면으로 이동하기 위해서는 반드시 인증에 성공해야 한다. 이때, 스프링 시큐리티에서 제공하는 로그인 화면을 이용하기 위해 환경 설정 클래스를 다음과 같이 수정한다.

```
src/main/java/com/ssamz/jblog/config/JBlogWebSecurityConfiguration.java
```

```java
~ 생략 ~
import org.springframework.security.config.annotation.web.builders.HttpSecurity;

@Configuration
@EnableWebSecurity
public class JBlogWebSecurityConfiguration extends WebSecurityConfigurerAdapter {
    @Override
    protected void configure(HttpSecurity http) throws Exception {
        http.authorizeRequests().antMatchers("/webjars/**", "/js/**", "/image/**",
            "/", "/auth/**").permitAll();
        http.authorizeRequests().anyRequest().authenticated();
        // 기본 로그인 화면 제공
        http.formLogin();
    }
}
```

이제 〈상세보기〉 버튼을 클릭하면 시큐리티에서 제공하는 로그인 화면이 출력될 것이다. 그리고 시큐리티에서 제공하는 계정(user/콘솔에 출력된 비밀번호)으로 인증에 성공하면 정상적으로 상세 화면으로 이동한다.

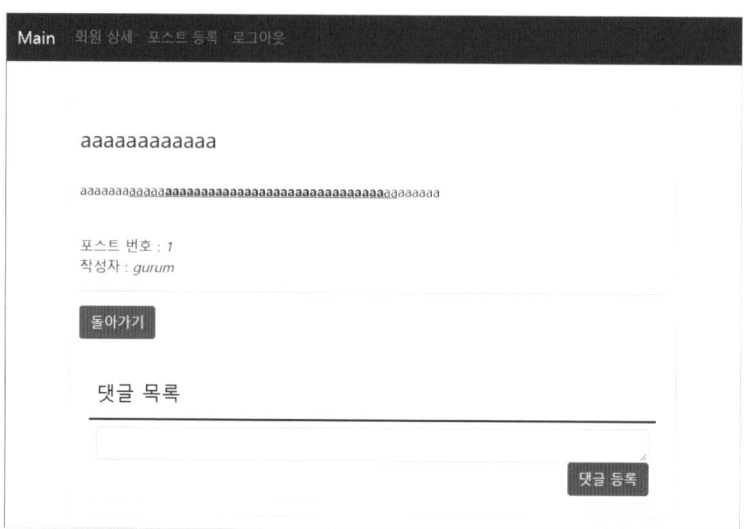

7.1.5 사용자 정의 로그인

이제, 스프링에서 제공하는 기본 로그인 화면이 아닌 사용자가 직접 구성한 로그인 화면을 적용해보자.

환경 설정 클래스 수정

가장 먼저 JBlogWebSecurityConfiguration 클래스를 수정한다.

```
src/main/java/com/ssamz/jblog/config/JBlogWebSecurityConfiguration.java
~ 생략 ~

@Configuration
@EnableWebSecurity
public class JBlogWebSecurityConfiguration extends WebSecurityConfigurerAdapter {
    @Override
    protected void configure(HttpSecurity http) throws Exception {
```

```
        http.authorizeRequests().antMatchers("/webjars/**", "/js/**", "/image/**",
        "/", "/auth/**").permitAll();
        http.authorizeRequests().anyRequest().authenticated();

        // CSRF 토큰을 받지 않음
        http.csrf().disable();

        // 사용자 정의 로그인 화면 제공
        http.formLogin().loginPage("/auth/login");
    }
}
```

HTTP 요청에서 사이트 간 요청 위조(Cross Site Request Forgery, CSRF) 토큰을 받지 않기 위한 설정을 추가한다. 이를 통해 CSRF 토큰이 없는 HTTP 요청에 대해서도 로그인 인증이 동작할 것이다. 또한, 로그인 요청에 대해 사용자 정의 로그인 화면이 실행될 수 있도록 로그인 페이지 요청(/auth/login)을 매핑한다.

> **CSRF 공격이란?**
>
> 관리자가 시스템에 로그인하여 Q&A 목록을 확인하다가 다음과 같은 제목의 게시물을 확인하고 해당 링크를 클릭했다고 가정하자.
>
> ```
> 관리자님! 급합니다!!!
> ```
>
> 관리자는 링크만 클릭했을 뿐 자신이 무슨 일을 했는지 알지 못한다. 하지만 이는 다음과 같이 관리자의 링크 클릭을 유도하여 특정 회원의 포인트를 수정하도록 지시한 게시글일 수도 있다.
>
> ```
> <a href="http://ssamz.com/admin/point?id=gurum&point=10000">관리자님! 급합니다!!!</a>
> ```
>
> 이렇게 관리자의 의도와 상관없이 시스템의 데이터를 조작하도록 만드는 것을 CSRF 공격이라고 한다. 이러한 문제를 방지하는 방법으로 CSRF 토큰을 사용한다. 사용자로부터 요청이 들어오면 CSRF 토큰을 생성하여 세션에 저장하는 것이다.
>
> ```
> session.setAttribute("CSRF_TOKEN", UUID.randomUUID().toString());
> ```
>
> 그리고 이후 모든 요청에 대해서 CSRF 토큰을 전송하도록 하면 CSRF 토큰 없이 외부로부터 들어오는 모든 요청을 차단할 수 있다.
>
> ```
> <input type="hidden" name="_csrf" value="${CSRF_TOKEN}"/>
> ```

컨트롤러 수정

UserController 클래스에 /auth/login 요청에 대한 컨트롤 메소드를 추가한다.

```
src/main/java/com/ssamz/jblog/controller/UserController.java
~ 생략 ~

@Controller
public class UserController {

    @Autowired
    private UserService userService;

    @GetMapping("/auth/login")
    public String login() {
        return "system/login";
    }

    ~ 생략 ~
```

JSP 파일 수정

이제, login.jsp 파일을 다음과 같이 수정한다.

```
src/main/webapp/WEB-INF/jblog/layout/system/login.jsp
<%@ page language="java" contentType="text/html; charset=UTF-8" pageEncoding="UTF-8"%>
<%@ include file="../layout/header.jsp"%>

<div class="container mt-3">
    <form action="/auth/login" method="post">
        <div class="mb-3">

            <label for="username">
            <spring:message code="user.login.form.username"/> :</label>
            <input type="text" class="form-control" name="username"
            placeholder="Enter username" value="test">
```

```
            </div>
            <div class="mb-3">
                <label for="password">
                <spring:message code="user.login.form.password"/> :</label>
                <input type="password" class="form-control" name="password"
                    placeholder="Enter password" value="test123">
            </div>

            <button id="btn-login" class="btn btn-secondary">로그인</button>
        </form>
</div>

<%@ include file="../layout/footer.jsp"%>
```

스프링 시큐리티에 인증을 요청하기 위해 〈form〉 태그의 action 속성을 /auth/login으로 지정하고 요청 방식은 POST로 설정한다. 여기에서 중요한 것은 스프링 시큐리티가 사용자 정보를 추출할 때 id 속성을 인지하지 못하므로 기존의 id 속성 이름을 name으로 변경했다는 점이다.

마지막으로 로그인 버튼을 〈form〉 태그 안으로 이동시키고 자바스크립트 설정(〈script src="js/login.js"〉)은 삭제한다. 이제 포스트 목록에서 〈상세보기〉 버튼을 클릭하면 사용자 정의 로그인 화면이 출력되고, 스프링에서 제공하는 계정을 이용하여 로그인에 성공하면 정상적으로 상세 화면이 제공된다.

로그인 URI 변경

스프링 시큐리티에게 로그인을 요청하려면 로그인 〈form〉 태그의 action 속성값을 /auth/securitylogin으로 지정해야 한다. 요청 경로를 이와 같이 변경하기 위해 로그인 화면을 수정한다.

```
                    src/main/webapp/WEB-INF/jblog/layout/system/login.jsp

~ 생략 ~

<div class="container mt-3">
```

```html
<form action="/auth/securitylogin" method="post">
    <div class="mb-3">
        <spring:message code="user.login.form.username"/> :</label>
        <input type="text" class="form-control" name="username"
        placeholder="Enter username" value="test">
    </div>

    ~ 생략 ~
```

시큐리티 환경 설정 클래스는 다음과 같이 수정한다.

src/main/java/com/ssamz/jblog/config/JBlogWebSecurityConfiguration.java

```java
~ 생략 ~

@Configuration
@EnableWebSecurity
public class JBlogWebSecurityConfiguration extends WebSecurityConfigurerAdapter {

    @Override
    protected void configure(HttpSecurity http) throws Exception {
        http.authorizeRequests().antMatchers("/webjars/**", "/js/**", "/image/**", "/",
        "/auth/**").permitAll();
        http.authorizeRequests().anyRequest().authenticated();
        http.csrf().disable();
        http.formLogin().loginPage("/auth/login");

        // 로그인 요청 URI를 변경한다.
        http.formLogin().loginProcessingUrl("/auth/securitylogin");
    }
}
```

이제 로그인 화면에서 〈로그인〉 버튼을 클릭했을 때 /auth/securitylogin 요청이 전달되어 정상적으로 로그인 인증이 처리된다.

로그아웃 처리

로그아웃 요청을 처리하기 위해 시큐리티 환경 설정 클래스를 수정한다.

```
src/main/java/com/ssamz/jblog/config/JBlogWebSecurityConfiguration.java
~ 생략 ~

@Configuration
@EnableWebSecurity
public class JBlogWebSecurityConfiguration extends WebSecurityConfigurerAdapter {

    @Override
    protected void configure(HttpSecurity http) throws Exception {
        http.authorizeRequests().antMatchers("/webjars/**", "/js/**", "/image/**", "/",
            "/auth/**").permitAll();
        http.authorizeRequests().anyRequest().authenticated();
        http.csrf().disable();
        http.formLogin().loginPage("/auth/login");
        http.formLogin().loginProcessingUrl("/auth/securitylogin");

        // 로그아웃 설정
        http.logout().logoutUrl("/auth/logout").logoutSuccessUrl("/");
    }
}
```

사용자가 [로그아웃] 메뉴를 클릭하면 /auth/logout 요청을 서버에 전송한다. 로그아웃 이후에는 인덱스 페이지("/")로 이동하도록 설정했다.

7.2 JPA 연동

지금까지 스프링 시큐리티가 제공하는 계정으로 인증을 처리했다. 하지만 미리 구축해놓은 데이터베이스의 테이블을 활용할 수 있어야 한다. 따라서 JPA를 연동하여 USERS 테이블에 등록된 회원 정보로 로그인 인증이 처리되도록 해보자.

7.2.1 스프링 시큐리티 아키텍처

스프링 시큐리티와 JPA를 연동하려면 시큐리티 아키텍처를 이해해야 한다. 다음 그림과 함께 그 과정을 자세히 살펴보자.

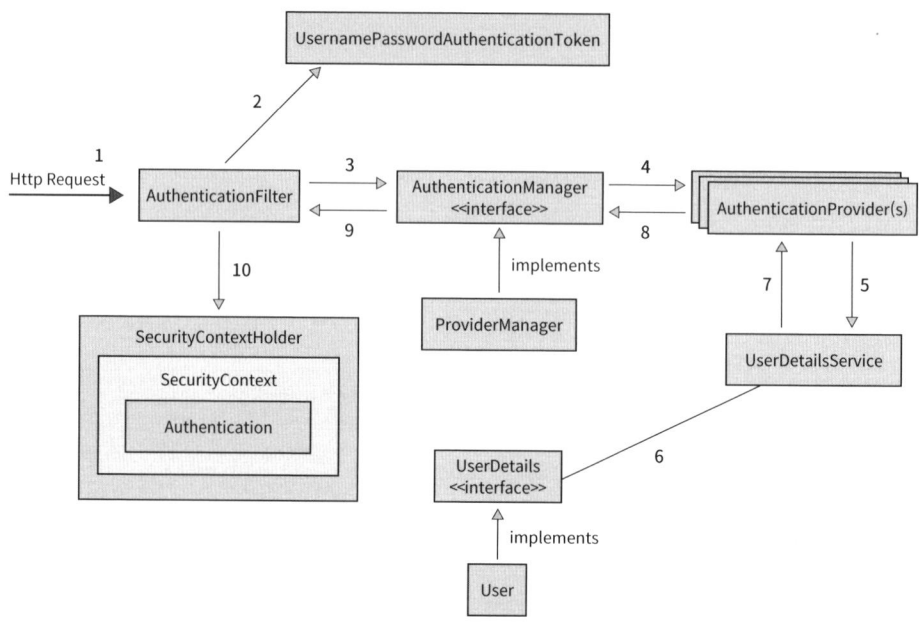

(출처: https://springbootdev.com)

1. 사용자가 아이디와 비밀번호를 입력하고 로그인 요청(/auth/securitylogin)을 전송한다.

2. AuthenticationFilter가 사용자의 요청을 가로채서 username과 password를 기반으로 UsernamePaswordAuthenticationToken 객체를 생성한다.

3. AuthenticationFilter는 AuthenticationManager를 구현한 ProviderManager의 authenticate() 메소드를 호출할 때, UsernamePasswordAuthenticationToken을 인자로 전달하면서 인증을 요청한다.

4. ProviderManager는 AuthenticationProvider 객체 중 하나를 이용하여 실질적인 인증을 처리하고, 그 결과로 Authentication 객체를 반환한다.

5. AuthenticationProvider는 UserDetailsSerivce 객체를 이용하여 데이터베이스에 있는 회원 정보를 검색한다.

6. UserDetailsSerivce는 검색 결과를 바탕으로 UserDetails를 구현한 User 객체를 생성한다.

스프링이 제공하는 시큐리티를 커스터마이징하여 JPA와 연동하기 위해 2개의 클래스를 추가로 작성해야 한다. 첫 번째는 검색한 사용자 정보를 저장할 UserDetails 클래스이고, 두 번째는 사용자가 입력한 정보를 바탕으로 UserDetails 타입의 객체를 생성하는 UserDetailsService 클래스다.

7.2.2 UserDetails 구현

com.ssamz.jblog.security 패키지에 UserDetailsImpl.java 파일을 작성한다. 이때, 다음과 같이 implements 키워드를 사용하여 바로 UserDetails 인터페이스를 구현한다.

src/main/java/com/ssamz/jblog/security/UserDetailsImpl.java

```java
package com.ssamz.jblog.security;

import java.util.ArrayList;
import java.util.Collection;
import org.springframework.security.core.GrantedAuthority;
import org.springframework.security.core.userdetails.UserDetails;
import com.ssamz.jblog.domain.User;
import lombok.Getter;
import lombok.Setter;

@Getter
@Setter
public class UserDetailsImpl implements UserDetails {
    private static final long serialVersionUID = 1L;
    private User user; // USERS 테이블과 매핑된 엔티티

    public UserDetailsImpl(User user) {
        this.user = user;
    }

    @Override
    public String getPassword() {
        // noop: 암호화하지 않기 위한 설정
```

```java
        return "{noop}" + user.getPassword();
    }

    @Override
    public String getUsername() {
        return user.getUsername();
    }

    // 계정이 만료되지 않았는지 반환
    @Override
    public boolean isAccountNonExpired() {
        return true;
    }

    // 계정이 잠겨있는지 반환
    @Override
    public boolean isAccountNonLocked() {
        return true;
    }

    // 비밀번호가 만료되지 않았는지 반환
    @Override
    public boolean isCredentialsNonExpired() {
        return true;
    }

    // 계정이 활성화되었는지 반환
    @Override
    public boolean isEnabled() {
        return true;
    }

    // 계정이 가지고 있는 권한 목록 저장하여 반환
    @Override
    public Collection<? extends GrantedAuthority> getAuthorities() {
        // 권한 목록
        Collection<GrantedAuthority> roleList = new ArrayList<>();
```

```
        // 권한 목록 설정
        roleList.add(new GrantedAuthority() {
            private static final long serialVersionUID = 1L;

            @Override
            public String getAuthority() {
                return "ROLE_" + user.getRole();
            }
        });

        return roleList;
    }
}
```

UserDetailsImpl 클래스에서 UserDetails 인터페이스를 구현했으므로 UserDetails의 추상 메소드를 모두 오버라이딩한다. 이때, 생성자 매개변수로 받은 com.ssamz.jblog.domain.User 객체의 설정값을 적절히 이용하여 오버라이딩된 메소드들을 구현한다.

권한을 설정하는 getAuthorities() 메소드가 다소 복잡한데, 다음과 같이 람다식을 이용하면 쉽게 처리할 수 있다.

```
                        src/main/java/com/ssamz/jblog/security/UserDetailsImpl.java
~ 생략 ~

@Getter
@Setter
public class UserDetailsImpl implements UserDetails {

    ~ 생략 ~

    // 계정이 가지고 있는 권한 목록 저장하여 반환
    @Override
    public Collection<? extends GrantedAuthority> getAuthorities() {
        // 권한 목록
        Collection<GrantedAuthority> roleList = new ArrayList<>();

        // 권한 목록 설정
```

```
            roleList.add(()-> {
                return "ROLE_" + user.getRole();
            });

            return roleList;
    }
}
```

7.2.3 서비스 클래스 구현

이제, 사용자가 입력한 아이디 정보로 실질적인 DB 연동이 처리되도록 UserDetailsService 인터페이스를 작성한다.

src/main/java/com/ssamz/jblog/security/UserDetailsServiceImpl.java

```
package com.ssamz.jblog.security;

import org.springframework.beans.factory.annotation.Autowired;
import org.springframework.security.core.userdetails.UserDetails;
import org.springframework.security.core.userdetails.UserDetailsService;
import org.springframework.security.core.userdetails.UsernameNotFoundException;
import org.springframework.stereotype.Service;
import com.ssamz.jblog.domain.User;
import com.ssamz.jblog.persistence.UserRepository;

@Service
public class UserDetailsServiceImpl implements UserDetailsService {
    @Autowired
    private UserRepository userRepository;

    @Override
    public UserDetails loadUserByUsername(String username)
    throws UsernameNotFoundException {
        User principal = userRepository.findByUsername(username).orElseThrow(()->{
            return new UsernameNotFoundException(username +
                " 사용자가 없습니다.");
        });
```

```
            return new UserDetailsImpl(principal);
    }
}
```

UserDetailsServiceImpl 클래스로 UserDetailsService 인터페이스를 구현하고 loadUserByUsername( ) 메소드를 오버라이딩한다. loadUserByUsername( ) 메소드는 매개변수로 받은 사용자 아이디를 이용하여 com.ssamz.jblog.domain.User 엔티티를 검색한다. 그리고 검색 결과를 바탕으로 앞서 작성한 UserDetailsImpl 객체를 생성하여 반환한다.

7.2.4 서비스 객체 적용

이제, 환경 설정 클래스를 수정하여 스프링 시큐리티가 기본적으로 사용하던 UserDetailsService 객체가 아닌 UserDetailsServiceImpl 객체를 이용하도록 한다.

```
src/main/java/com/ssamz/jblog/config/JBlogWebMvcConfiguration.java
~ 생략 ~
import org.springframework.beans.factory.annotation.Autowired;
import org.springframework.security.config.annotation.authentication.builders.
AuthenticationManagerBuilder;
import com.ssamz.jblog.security.UserDetailsServiceImpl;

@Configuration
@EnableWebSecurity
public class JBlogWebSecurityConfiguration extends WebSecurityConfigurerAdapter {
    @Autowired
    private UserDetailsServiceImpl userDetailsService;

    // 사용자가 입력한 username으로 User 객체를 검색하고 password를 비교한다.
    @Override
    protected void configure(AuthenticationManagerBuilder auth) throws Exception {
        auth.userDetailsService(userDetailsService);
    }

    ~ 생략 ~
```

AuthenticationManagerBuilder가 AuthenticationManager를 생성할 때 UserDetailsService를 이용하도록 설정했다. 이제 더 이상 스프링에서 기본 계정을 제공하지 않는다. 따라서 이제부터는 로그인이 필요한 경우 USERS 테이블에 등록된 회원 정보를 이용해야 한다.

7.3 비밀번호 암호화

H2 콘솔에서 USERS 테이블을 조회해보면 비밀번호가 암호화되지 않고 평문으로 저장되어 있다. 이는 보안상으로도 매우 치명적이며 개인정보 보호법에도 어긋난다.

7.3.1 회원가입 처리

현재 개발 중인 블로그 시스템에서 암호화가 필요한 기능은 2가지다. 첫 번째는 회원가입 기능으로서 사용자가 입력한 비밀번호에 대해서다. 그리고 두 번째는 로그인 인증을 처리할 때 사용자가 입력한 비밀번호에 대해서다. 먼저, 회원가입 기능에서 입력된 비밀번호부터 암호화 처리를 해보자.

DTO 클래스 수정

먼저 User 엔티티와 매핑되는 UserDTO 클래스에 비밀번호를 확인하는 코드를 추가한다.

```
                            src/main/java/com/ssamz/jblog/dto/UserDTO.java
~ 생략 ~

@Data
@NoArgsConstructor
@AllArgsConstructor
public class UserDTO {
    @NotNull(message = "Username이 전달되지 않았습니다.")
    @NotBlank(message = "Username은 필수 입력 항목입니다.")
    @Size(min = 1, max = 20, message = "Username은 한 글자 이상 20자 미만으로 입력하세요.")
    private String username;
```

```
    @NotNull(message = "Password 파라미터가 전달되지 않았습니다.")
    @NotBlank(message = "Password은 필수 입력 항목입니다.")
    @Size(min = 1, max = 20, message = "Password은 한 글자 이상 20자 미만으로 입력하세요.")
    private String password;

    @NotNull(message = "Email이 전달되지 않았습니다.")
    @NotBlank(message = "Email은 필수 입력 항목입니다.")
    @Email(message = "이메일 형식이 아닙니다.")
    private String email;
}
```

BCryptPasswordEncoder 적용

스프링 시큐리티에서는 비밀번호에 대한 암호화 기능을 제공한다. 다음은 암호화 기능으로 가장 많이 사용하는 BCryptPasswordEncoder를 테스트하는 간단한 예제다.

```
                    src/test/java/com/ssamz/jblog/JBlogWebApplicationTests.java
~ 생략 ~
import org.springframework.security.crypto.bcrypt.BCryptPasswordEncoder;

@SpringBootTest
class JBlogWebApplicationTests {
    @Test
    void contextLoads() {
    }

    @Test
    public void passwordEncode() {
        BCryptPasswordEncoder encoder = new BCryptPasswordEncoder();
        String rawPassword = "abc123@@";
        String encodedPassword = encoder.encode(rawPassword);
        System.out.println("암호화 전 비밀번호: " + rawPassword);
        System.out.println("암호화 이후 비밀번호: " + encodedPassword);
        System.out.println("비밀번호 비교: " + encoder.matches(rawPassword,
            encodedPassword));
    }
}
```

BCryptPasswordEncoder가 제공하는 메소드 중 encode( ) 메소드가 암호화 처리의 핵심이며 matches( ) 메소드는 평문과 암호화된 비밀번호를 비교할 때 사용한다. 실행 결과는 다음과 같다.

```
암호화 전 비밀번호: abc123@@
암호화 이후 비밀번호: $2a$10$0xFC1USvZ1xHjIPOMLd6h.0TIIkFNf5j8a35wPRz8VSntAtEr5Fiu
비밀번호 비교: true
```

PasswordEncoder 적용

USERS 테이블에 비밀번호를 암호화하여 저장하고, 암호화된 비밀번호를 이용하여 인증을 처리해보자. 시큐리티 환경 설정 클래스인 JBlogWebSecurityConfiguration을 다음과 같이 수정한다.

```
                src/main/java/com/ssamz/jblog/config/JBlogWebSecurityConfiguration.java
~ 생략 ~
import org.springframework.context.annotation.Bean;
import org.springframework.security.crypto.bcrypt.BCryptPasswordEncoder;
import org.springframework.security.crypto.password.PasswordEncoder;

@Configuration
@EnableWebSecurity
public class JBlogWebSecurityConfiguration extends WebSecurityConfigurerAdapter {

    // 사용자가 입력한 username으로 사용자 인증하는 객체
    @Autowired
    private UserDetailsServiceImpl userDetailsService;

    @Bean
    public PasswordEncoder passwordEncoder() {
        return new BCryptPasswordEncoder();
    }

    ~ 생략 ~
```

BCryptPasswordEncoder 객체를 생성하는 passwordEncoder( ) 메소드를 추가한다.

서비스 클래스 수정

그리고 UserService 클래스를 수정하여 사용자가 입력한 비밀번호를 암호화한다.

```java
// src/main/java/com/ssamz/jblog/service/UserService.java
~ 생략 ~
import org.springframework.security.crypto.password.PasswordEncoder;

@Service
public class UserService {
    @Autowired
    private UserRepository userRepository;

    @Autowired
    private PasswordEncoder passwordEncoder;

    ~ 생략 ~

    @Transactional
    public void insertUser(User user) {
        // 비밀번호를 암호화하여 설정한다.
        user.setPassword(passwordEncoder.encode(user.getPassword()));

        user.setRole(RoleType.USER);
        userRepository.save(user);
    }
}
```

현재까지 수정된 모든 파일을 저장하고 H2 콘솔에 접속하여 REPLY, POST, USERS 테이블에 등록된 데이터를 순차적으로 삭제한다.

```
DELETE REPLY;
DELETE POST;
DELETE USERS;
```

이제 블로그 시스템에서 다시 회원가입을 한 후 H2 콘솔에서 USERS 테이블에 저장된 회원 정보를 조회해보자. 다음과 같이 PASSWORD의 값이 암호화되어 저장된 것을 확인할 수 있다.

7.3.2 로그인 인증 처리

회원가입에서 비밀번호를 암호화하여 저장했다면, 이제 로그인 인증할 때 사용자가 입력한 비밀번호를 암호화하여 비교해야 한다.

UserDetailsImpl 클래스 수정

UserDetailsImpl 클래스에서 비밀번호를 반환하는 getPassword( ) 메소드를 수정한다.

```
src/main/java/com/ssamz/jblog/security/UserDetailsImpl.java

~ 생략 ~

@Getter
@Setter
public class UserDetailsImpl implements UserDetails {
    private static final long serialVersionUID = 1L;

    private User user;

    public UserDetailsImpl(User user) {
        this.user = user;
    }

    @Override
    public String getPassword() {
        return user.getPassword();
    }

    ~ 생략 ~
```

getPassword( ) 메소드에서 비밀번호 암호화를 막는 "{noop}"이라는 문자열을 제거한다.

환경 설정 클래스 수정

마지막으로 시큐리티 환경 설정 클래스인 JBlogWebSecurityConfiguration을 다음과 같이 수정한다.

```
src/main/java/com/ssamz/jblog/config/JBlogWebSecurityConfiguration.java
~ 생략 ~

@Configuration
@EnableWebSecurity
public class JBlogWebSecurityConfiguration extends WebSecurityConfigurerAdapter {

    ~ 생략 ~

    @Override
    protected void configure(AuthenticationManagerBuilder auth) throws Exception {
        auth.userDetailsService(userDetailsService).passwordEncoder(passwordEncoder());
    }

    ~ 생략 ~
```

configure( ) 메소드에서 UserDetailsService 객체로 인증을 처리할 때 BCryptPasswordEncoder를 이용하도록 추가한다. 이제, 로그인 기능을 실행해보면 암호화된 비밀번호로 정상적으로 인증에 성공할 것이다.

7.4 회원 정보 수정과 회원 탈퇴

현재 JBlogWeb 시스템에는 회원 정보와 관련된 기능 중 회원가입만 제공되며 회원 정보 수정이나 탈퇴 기능이 구현되어 있지 않다. 관리자 화면을 따로 작성하지 않았기 때문에 회원 탈퇴 기능은 구현할 수 없지만, 회원 정보 수정 기능은 제공할 수 있다.

7.4.1 회원 정보 수정

회원 정보 수정 기능을 제공하기 위해 화면부터 구성한다.

컨트롤러 수정

사용자가 회원 정보 수정 화면으로 이동할 수 있도록 UserController 클래스에 updateUser() 메소드를 추가한다.

```
                    src/main/java/com/ssamz/jblog/controller/UserController.java
~ 생략 ~

@Controller
public class UserController {

    ~ 생략 ~

    @GetMapping("/user/updateUser")
    public String updateUser() {
        return "user/updateUser";
    }
}
```

JSP 파일 수정

회원의 상세 정보를 제공해야 하므로 insertUser.jsp 파일을 복사해서 updateUser.jsp 파일을 작성한다. 그리고 header.jsp 파일에서 선언한 principal 변수를 이용하여 세션에 저장된 회원 상세 정보를 출력한다.

```
                        src/main/webapp/WEB-INF/jblog/user/updateUser.jsp
<%@ page language="java" contentType="text/html; charset=UTF-8" pageEncoding="UTF-8"%>
<%@ include file="../layout/header.jsp"%>

<div class="container mt-3">
    <form>
        <input type="hidden" id="id" value="${principal.user.id}">
```

```
        <div class="mb-3">
            <label for="username">Username:</label>
            <input type="text" class="form-control" id="username"
            value="${principal.user.username}">
        </div>
        <div class="mb-3">
            <label for="password">Password:</label>
            <input type="password" class="form-control" id="password"
            placeholder="Enter password">
        </div>
        <div class="mb-3 mt-3">
            <label for="email">Email:</label>
            <input type="email" class="form-control" id="email"
            value="${principal.user.email}">
        </div>
    </form>

    <button id="btn-update" class="btn btn-secondary">회원 정보 수정</button>
</div>

<script src="/js/user.js"></script>

<%@ include file="../layout/footer.jsp"%>
```

id는 hidden으로 지정하고 username과 email 정보만 보이도록 한다. 참고로, 보안상 password는 보여주면 안 되기 때문에 출력하지 않는다.

자바스크립트 수정

그리고 user.js 파일을 다음과 같이 수정한다.

src/main/resources/static/js/user.js

```
let userObject = {
    init: function() {
        let _this = this;
        $("#btn-save").on("click", () => {
```

```javascript
            _this.insertUser();
        });
        $("#btn-update").on("click", () => {
            _this.updateUser();
        });
    },

    insertUser: function() {
        ~ 생략 ~
    },

    updateUser: function() {
        alert("회원 정보 수정 요청");
        let user = {
            id: $("#id").val(),
            username: $("#username").val(),
            password: $("#password").val(),
            email: $("#email").val()
        }
        $.ajax({
            type: "PUT",
            url: "/user",
            data: JSON.stringify(user),
            contentType: "application/json; charset=utf-8",
        }).done(function(response) {
            let message = response["data"];
            alert(message);
            location = "/";
        }).fail(function(error) {
            let message = error["data"];
            alert("문제 발생 : " + message);
        });
    },

}
```

추가된 updateUser() 함수에서 회원 정보 수정에 필요한 값(id, username, password, email)을 추출하여 user 객체를 생성한다. 그리고 생성된 객체를 회원 정보 수정 요청과 함께 전달한다.

서비스 클래스 수정

UserService 클래스에 회원 정보 수정과 관련된 updateUser() 메소드를 작성한다.

```java
// src/main/java/com/ssamz/jblog/service/UserService.java
~ 생략 ~

@Service
public class UserService {
    @Autowired
    private UserRepository userRepository;

    @Autowired
    private PasswordEncoder passwordEncoder;

    @Transactional
    public void updateUser(User user) {
        User findUser = userRepository.findById(user.getId()).get();
        findUser.setUsername(user.getUsername());
        findUser.setPassword(passwordEncoder.encode(user.getPassword()));
        findUser.setEmail(user.getEmail());
    }

    ~ 생략 ~
```

컨트롤러 수정

마지막으로 UserController 클래스에 UserService 객체를 호출하는 updateUser() 메소드를 작성한다.

```
src/main/java/com/ssamz/jblog/controller/UserController.java
```
```java
~ 생략 ~
import org.springframework.web.bind.annotation.PutMapping;

@Controller
public class UserController {
    @Autowired
    private UserService userService;

    @Autowired
    private ModelMapper modelMapper;

    @PutMapping("/user")
    public @ResponseBody ResponseDTO<?> updateUser(@RequestBody User user) {
        userService.updateUser(user);
        return new ResponseDTO<>(HttpStatus.OK.value(), user.getUsername() +
            " 수정 완료");
    }

    ~ 생략 ~
```

문제는 회원 정보 수정 기능을 실행했을 때 다음과 같이 데이터베이스의 회원 정보는 수정되지만, 세션이 갱신되지 않아 화면에는 여전히 수정되기 전 회원 정보가 출력된다는 것이다.

수정된 회원 정보를 회원 상세 화면에 출력하기 위해서는 로그아웃을 하고 다시 로그인해야 한다.

7.4.2 세션 갱신

회원 정보를 수정한 후에 수정된 회원 정보로 세션을 갱신하기 위해서는 스프링 시큐리티의 인증 처리 과정을 이해해야 한다. 스프링 부트 개발자 사이트(https://springbootdev.com)의 다음 그림을 보며 스프링 시큐리티의 인증 처리 과정을 알아보자.

스프링 시큐리티는 사용자가 입력한 정보를 바탕으로 회원을 조회하고, 조회된 정보를 이용하여 Authentication을 생성한다. 그리고 이렇게 생성된 Authentication이 자동으로 SecurityContext 객체에 등록되는데, 이때 Authentication을 포함하는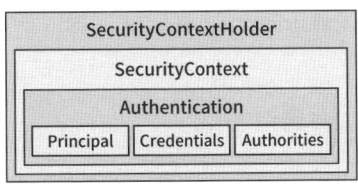
SecurityContext는 자동으로 HttpSession에 등록된다는 것이 중요하다. 이렇게 세션에 등록된 SecurityContext에는 컨트롤러에서 @AuthenticationPrincipal 어노테이션을 이용하여 접근할 수 있다.

서비스 클래스 수정

UpdateService 클래스의 updateUser( ) 메소드를 다음과 같이 수정한다.

```
src/main/java/com/ssamz/jblog/service/UserService.java

~ 생략 ~

@Service
public class UserService {

    @Autowired
    private UserRepository userRepository;

    @Autowired
    private PasswordEncoder passwordEncoder;

    @Transactional
    public User updateUser(User user) {
        User findUser = userRepository.findById(user.getId()).get();
        findUser.setUsername(user.getUsername());
        findUser.setPassword(passwordEncoder.encode(user.getPassword()));
        findUser.setEmail(user.getEmail());

        return findUser;
    }

    ~ 생략 ~
```

updateUser( ) 메소드의 반환 타입을 void에서 User 엔티티로 변경한다.

컨트롤러 수정

이제, UserController 클래스의 updateUser( ) 메소드를 수정한다.

```java
// src/main/java/com/ssamz/jblog/controller/UserController.java
~ 생략 ~
import org.springframework.security.core.annotation.AuthenticationPrincipal;
import com.ssamz.jblog.security.UserDetailsImpl;

@Controller
public class UserController {
    @Autowired
    private UserService userService;

    @Autowired
    private ModelMapper modelMapper;

    @PutMapping("/user")
    public @ResponseBody ResponseDTO<?> updateUser(@RequestBody User user,
    @AuthenticationPrincipal UserDetailsImpl principal) {
        // 회원 정보 수정과 동시에 세션 갱신
        principal.setUser(userService.updateUser(user));

        return new ResponseDTO<>(HttpStatus.OK.value(), user.getUsername() +
            " 수정 완료");
    }

    ~ 생략 ~
```

기존의 updateUser( ) 메소드는 회원 정보 수정만 처리했었지만, 이제는 회원 정보 수정과 동시에 세션을 갱신해야 한다. 따라서 updateUser( ) 메소드에서 회원 정보를 수정하고, UserService.updateUser( ) 메소드가 반환한 User 객체로 SecurityContext에 등록된 Authentication 객체의 User를 변경하도록 한다.

7.4.3 연관매핑 수정

추가로, 회원 정보 수정과 관련하여 포스트 등록 기능과 댓글 등록 기능을 어떻게 수정해야 할지 고민해야 한다. 앞에서 새로운 Post 객체나 Reply 객체를 등록할 때 연관관계에 있는 User 엔티티를 설정했다. 그래야 외래키 컬럼에 USERS의 PK 값이 적절히 설정되기 때문이다. 지금까지는 User 엔티티를 세션(HttpSession)으로부터 직접 추출했으나 이제는 HttpSession에 저장된 SecurityContext에서 가져와야 한다.

PostController 클래스 수정

PostController 클래스의 insertPost( ) 메소드에서 HttpSession 대신 @AuthenticationPrincipal 어노테이션이 설정된 UserDetailsImpl 객체를 이용하도록 수정한다.

```
src/main/java/com/ssamz/jblog/controller/PostController.java
```

```java
~ 생략 ~
import org.springframework.security.core.annotation.AuthenticationPrincipal;
import com.ssamz.jblog.security.UserDetailsImpl;

@Controller
public class PostController {

    ~ 생략 ~

    @PostMapping("/post")
    public @ResponseBody ResponseDTO<?> insertPost(
    @Valid @RequestBody PostDTO postDTO, BindingResult bindingResult,
    @AuthenticationPrincipal UserDetailsImpl principal) {
        // PostDTO -> Post 객체로 변환
        Post post = modelMapper.map(postDTO, Post.class);

        // Post 객체를 영속화하기 전에 연관된 User 엔티티 설정
        post.setUser(principal.getUser());
        post.setCnt(0);
```

```
            postService.insertPost(post);

            return new ResponseDTO<>(HttpStatus.OK.value(), "새로운 포스트를 등록했습니다.");
        }

        ~ 생략 ~
```

ReplyController 클래스 수정

이제, 댓글 기능을 처리할 ReplyController 클래스의 insertReply( ) 메소드도 다음과 같이 수정한다.

```
                        src/main/java/com/ssamz/jblog/controller/ReplyController.java
~ 생략 ~
import org.springframework.security.core.annotation.AuthenticationPrincipal;
import com.ssamz.jblog.security.UserDetailsImpl;

@Controller
public class ReplyController {
    @Autowired
    private ReplyService replyService;

    ~ 생략 ~

    @PostMapping("/reply/{postId}")
    public @ResponseBody ResponseDTO<?> insertReply(
    @PathVariable int postId, @RequestBody Reply reply,
    @AuthenticationPrincipal UserDetailsImpl principal) {
        replyService.insertReply(postId, reply, principal.getUser());
        return new ResponseDTO<>(HttpStatus.OK.value(), postId +
            "번 포스트에 대한 댓글이 등록됐습니다.");
    }
}
```

수정된 모든 파일을 저장한 후 회원 수정, 포스트 등록, 댓글 등록 기능을 모두 실행하고 결과를 확인해보자.

마무리하며

인증과 인가는 모든 웹 애플리케이션의 가장 기본이며 꼭 필요한 기능이다. 시스템에서는 인증으로 사용자를 식별하고 인가를 통해 시스템 자원에 대한 접근을 통제한다. 이번 학습에서는 스프링의 시큐리티를 적용하여 블로그 시스템의 인증과 인가를 처리했다. 그리고 마지막에는 보안을 위한 비밀번호 암호화도 적용했다.

다음 학습에서는 카카오 인증을 기반으로 OAuth(Open Authentication)의 개념을 이해하고 블로그 시스템에 적용해보려고 한다.

08장

OAuth의 개념과 카카오 인증 설정

8.1 OAuth 인증

OAuth는 오픈 소스 라이브러리를 이용하여 사용자 인증을 처리하는 것을 의미한다. OAuth를 이용하면 카카오나 구글에 저장되어 있는 사용자 정보를 활용하여 인증을 처리할 수 있기 때문에 사용자 정보를 중앙 집중적으로 관리할 수 있다.

8.1.1 OAuth 개념

웹 서핑을 하다가 우연히 어떤 광고를 보고 특정 쇼핑몰 사이트로 이동했다고 가정하자. 해당 쇼핑몰에서 상품을 구매하려면 인증에 성공해야 한다. 하지만 사용자 입장에서는 한 번만 이용할 쇼핑몰에 회원가입을 해야 한다는 것이 매우 귀찮고 부담스러울 수 있다. 이때, 카카오나 구글에 저장되어 있는 사용자 정보를 기반으로 인증을 처리하고, 더 나아가 회원가입까지 진행할 수 있다면 매우 편리할 것이다.

OAuth 구성 요소

OAuth의 개념과 동작 원리를 정확하게 이해하기 위해서는 OAuth를 구성하는 요소와 각 요소 간의 관계를 정확하게 이해해야 한다. 다음은 OAuth에 참여하는 요소들의 관계를 그림으로 정리한 것이다.

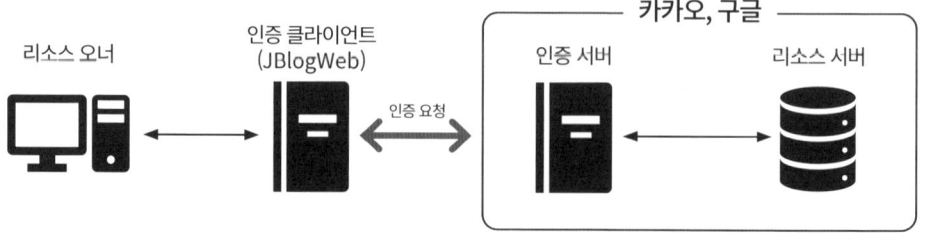

각 요소의 의미는 다음과 같다.

요소	의미
리소스 오너	인증을 요청하는 사용자
인증 클라이언트	인증 서버에 인증을 요청하는 애플리케이션 (인증 서버 입장에서는 인증을 요청하는 모든 대상이 인증 클라이언트다.)
인증 서버	실질적으로 인증을 처리하는 서버(카카오, 구글 등)
리소스 서버	인증에 필요한 사용자 정보가 저장된 서버(카카오나 구글의 데이터베이스 시스템)

OAuth 인증 과정에서 사용되는 각 요소의 역할을 명확하게 이해해야 웹 애플리케이션을 개발할 때 OAuth 인증을 적용할 수 있다.

OAuth 인증 프로세스

G마켓(Gmarket)의 카카오 인증 과정을 예로 들어보면, 가장 먼저 리소스 오너가 인증 클라이언트에게 로그인 화면을 요청한다. 인증 클라이언트가 리소스 오너에게 제공하는 로그인 화면에는 다음과 같이 일반 〈로그인〉 버튼도 있지만, 〈카카오로 시작하기〉 버튼도 있다.

리소스 오너가 〈카카오로 시작하기〉 버튼을 클릭하면 인증 요청이 카카오의 인증 서버에 전달되고, 카카오의 인증 서버는 리소스 오너에게 다음과 같은 카카오 로그인 화면을 제공한다. 물론, 이미 카카오에 로그인된 상태라면 이 과정은 생략된다.

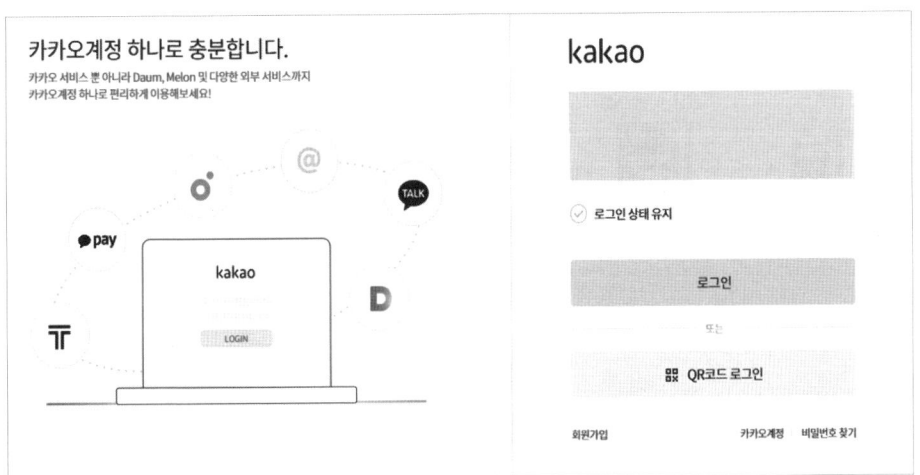

이제 리소스 오너가 인증에 필요한 정보를 입력하고 〈로그인〉 버튼을 클릭하면, 인증 서버는 사용자 인증을 처리하고 인증에 성공한 경우 다음과 같은 정보제공 동의화면으로 전환된다.

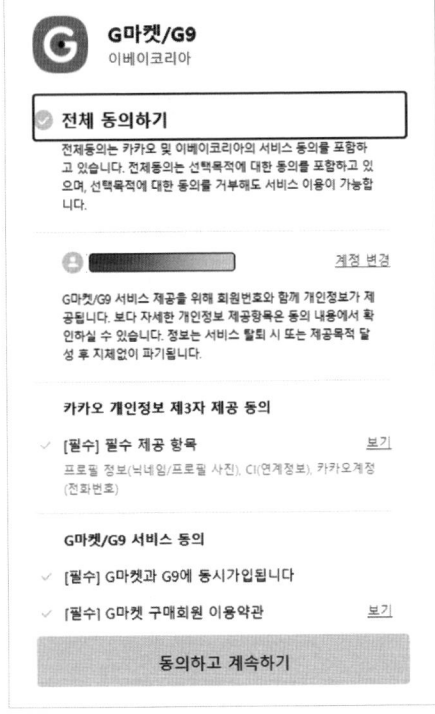

정보제공 동의화면에서 〈동의하고 계속하기〉 버튼을 클릭하면 인증 클라이언트는 인증 서버에 인증을 요청한다. 이때, 3개의 정보(redirect_uri, client_id, response_type)를 함께 전달한다.

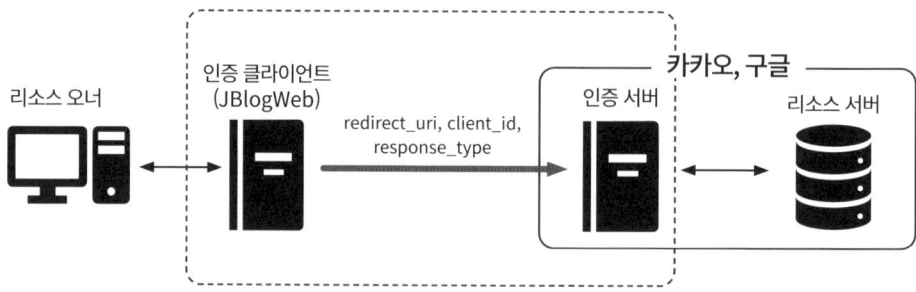

인증 서버는 인증을 처리한 후 인증 클라이언트에게 응답으로 redirect_uri를 통해 CODE 정보를 응답으로 전달한다.

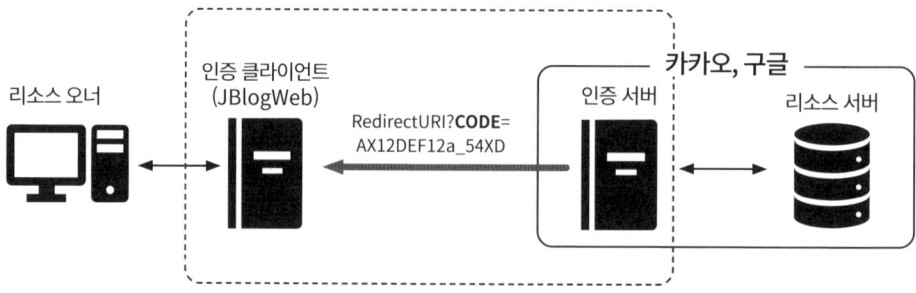

인증 클라이언트가 인증 서버로부터 CODE 정보를 받았다는 것은 클라이언트에 대한 인증이 완료됐다는 것을 의미한다. 즉, 인증을 요청한 인증 클라이언트는 인증에 성공한 것이다.

8.1.2 액세스 토큰

OAuth에서 단순히 인증만 처리할 때, 인증 클라이언트는 인증 서버로부터 CODE 정보만 받으면 된다. 하지만 리소스 서버(카카오, 구글의 데이터베이스)에 저장된 사용자 정보를 기반으로 회원가입까지 처리하고자 한다면 인증 서버로부터 액세스 토큰을 받아야 한다.

액세스 토큰의 개념

인증 서버로부터 CODE 정보를 받았으면 리소스 오너에 대한 인증은 성공한 것이다. 그러나 회원가입까지 처리하기 위해서는 리소스 서버에 저장되어 있는 리소스 오너의 다양한 정보(이메일, 전화번호, 주소 등)를 인증 클라이언트가 인증 서버로부터 받을 수 있어야 한다.

문제는 인증 클라이언트는 실질적인 리소스 오너가 아니기 때문에 인증 서버에 리소스 오너 정보를 요청할 수 없다는 것이다. 따라서 인증 클라이언트가 리소스 오너의 정보를 획득하기 위해서는 인증 서버로부터 증명서를 부여받아야 하는데 이 증명서에 해당하는 것이 바로 액세스 토큰이다.

이 과정을 쉽게 이해하기 위해 예를 살펴보자. 만약 여러분이 주민센터에 방문해서 아버지의 인감 증명서를 발급받으려고 하면 당연히 거부당할 것이다. 하지만 아버지에게 받은 인감증명서 발급 위임장을 주민센터에 가져가면 정상적으로 아버지의 인감 증명서를 발급받을 수 있을 것이다. CODE 정보가 이 위임장과 같은 역할을 한다. 하지만 인감 증명서 외의 다른 서류를 발급받으려면 또다시 아버지로부터 새로운 위임장을 받아야 한다. 이때, '내가 아버지를 대신한다'라는 것을 증명할 방법이 있다면 매우 효율적일 것이다. 액세스 토큰은 이러한 상황에서 아들이 아버지의 대리인이라는 것을 증명하는 대리인 인증서 역할을 한다.

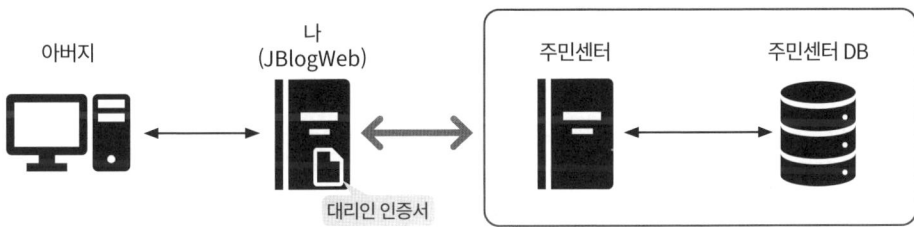

액세스 토큰 요청

인증 서버에게 액세스 토큰을 요청하기 위해서는 여러 가지 정보가 필요한데, 이 중에서 액세스 토큰을 수신할 redirect_uri와 인증 서버로부터 받은 CODE 정보가 가장 중요하다.

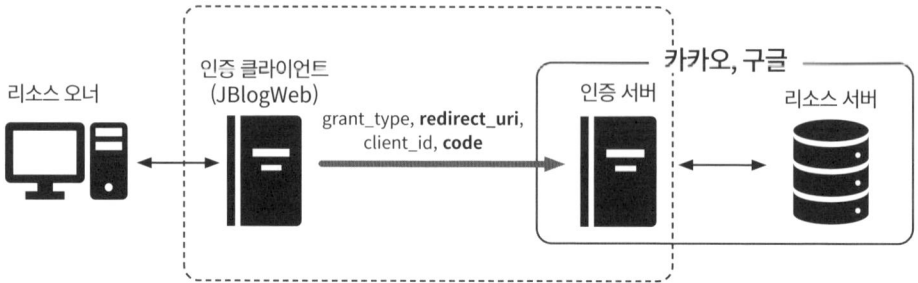

액세스 토큰 응답

인증 클라이언트가 전송한 CODE 정보가 합당하다면 인증 서버는 응답으로 access_token 을 전송해준다.

이렇게 인증 서버로부터 액세스 토큰을 받았다는 것은 인증 클라이언트가 리소스 오너를 대신해 리소스 서버에 접근할 수 있는 권한을 부여받았음을 의미한다. 즉, 대리인으로서 인증서를 부여받은 것이다.

리소스 오너 정보 요청

액세스 토큰을 받은 인증 클라이언트는 인증 서버에게 access_token 정보를 전달하면서 저장된 리소스 오너 정보를 요청할 수 있다.

그러면 리소스 서버에 저장된 리소스 오너의 정보(profile, email 등)가 응답으로 돌아온다. 카카오 개발자 사이트(https://developers.kakao.com)에서 제공하는 전체 인증 프로세스를 살펴보면 다음과 같다.

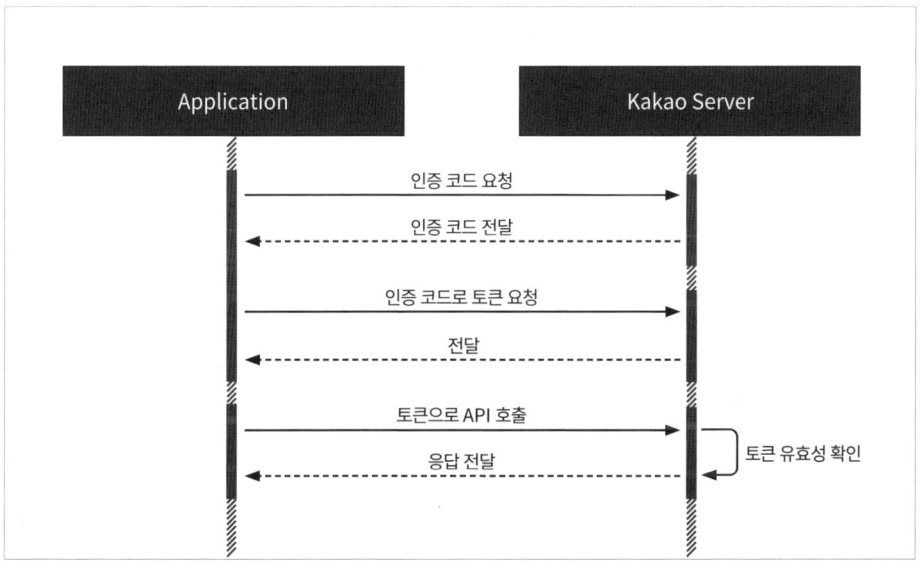

(출처: https://developers.kakao.com)

그림의 왼쪽에 있는 Application이 인증 클라이언트(JBlogWeb)이고, 오른쪽에 있는 Kakao Server가 인증 서버다.

08장 _ OAuth의 개념과 카카오 인증 설정 | 259

8.2 카카오 인증 설정

카카오 인증 설정을 진행하기 위해 카카오 개발자 사이트에서 제공하는 문서 중 REST API 페이지를 참고한다.

8.2.1 인증 클라이언트 등록

카카오 개발자 사이트 상단에 있는 [내 애플리케이션] 메뉴를 클릭한다.

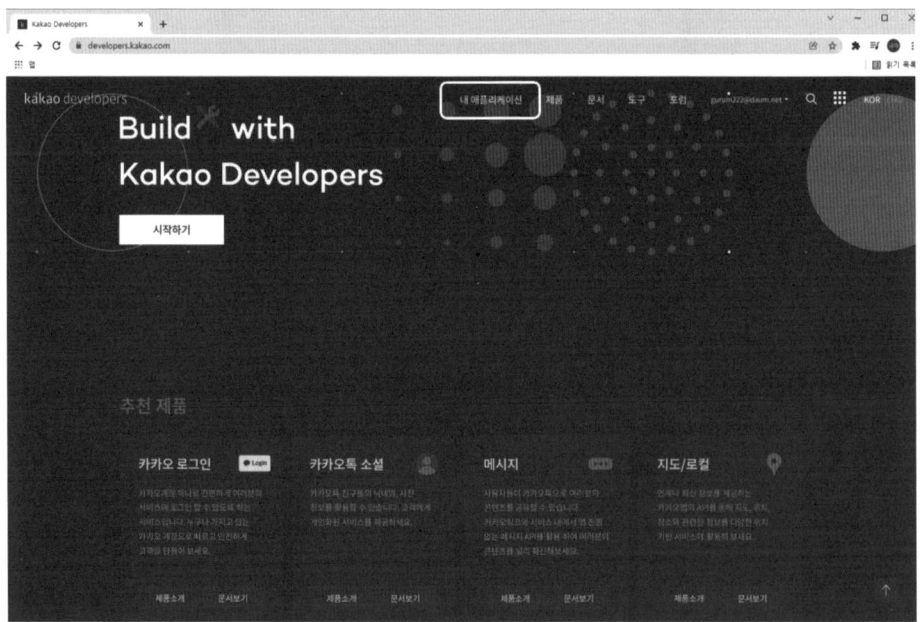

새로운 애플리케이션을 추가하기 위해 앱 아이콘에 적당한 이미지 파일을 지정하고 앱 이름에는 JBlogWeb을, 사업자명에는 이름을 작성한다. 〈저장〉 버튼을 클릭한다.

애플리케이션 목록에 JBlogWeb이 등록되었다. 이제 생성된 앱을 클릭해보자.

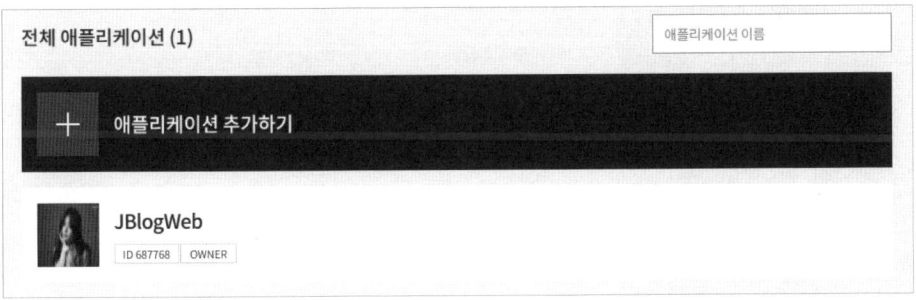

전환된 화면에서 다음과 같이 다양한 정보를 확인할 수 있는데, 이 중에서 REST API 키가 가장 중요하다. REST API 키는 이후에 활용할 수 있도록 메모장에 따로 저장해둔다.

앱 키	
네이티브 앱 키	3c15ee7ded147907ebf4931eb6fa709f
REST API 키	8c731e6f07cad89dcbfa1108bc249a89
JavaScript 키	c3327e1cc6d10746cb0066cb1269ff82
Admin 키	6f7fae724ffc09a2df69424e1bda38ce

그리고 아래에 있는 '플랫폼 설정하기' 링크를 클릭한다.

플랫폼

설정된 플랫폼 정보가 없습니다. 플랫폼 설정하기

다음 화면에서 〈Web 플랫폼 등록〉 버튼을 클릭하고, 사이트 도메인에 JBlogWeb의 주소 (http://localhost:8080)를 작성한 후 〈저장〉 버튼을 클릭한다.

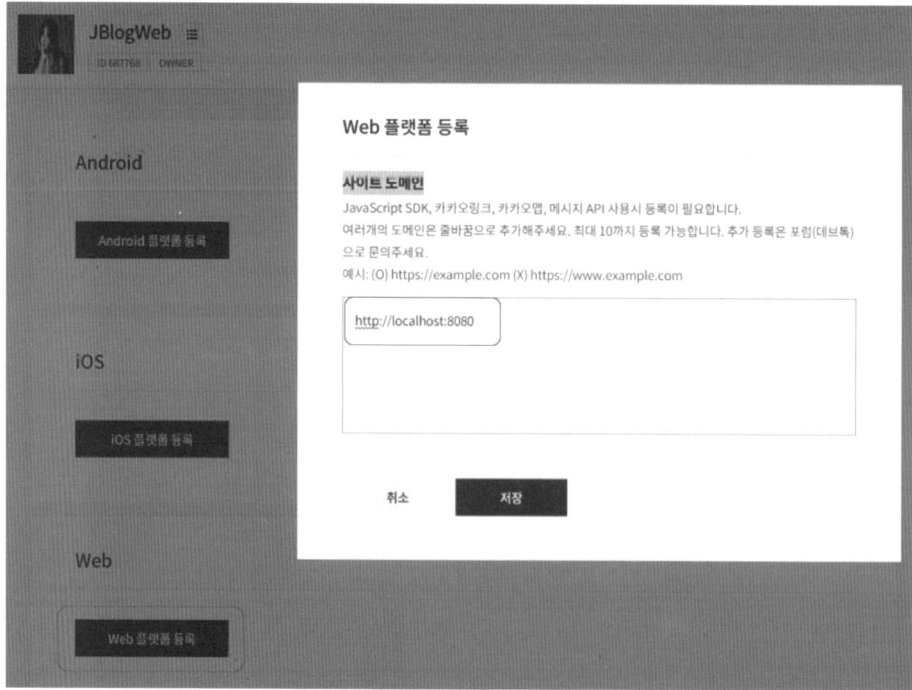

이렇게 애플리케이션 등록이 마무리되었다.

8.2.2 Redirect URI 등록

Web 플랫폼 등록이 완료되면 다음과 같이 설정 결과가 제공된다. 이제, Redirect URI를 등록하기 위해 아래쪽에 있는 '등록하러 가기' 링크를 클릭한다.

Redirect URI는 인증 서버로부터 CODE 정보나 액세스 토큰을 응답받을 주소다. 우선 카카오 로그인 기능을 활성화하기 위해 설정 상태를 'ON'으로 변경한다. 그리고 아래의 〈Redirect URI 등록〉 버튼을 클릭하여 사용할 URI를 http://localhost:8080/oauth/kakao로 등록한다.

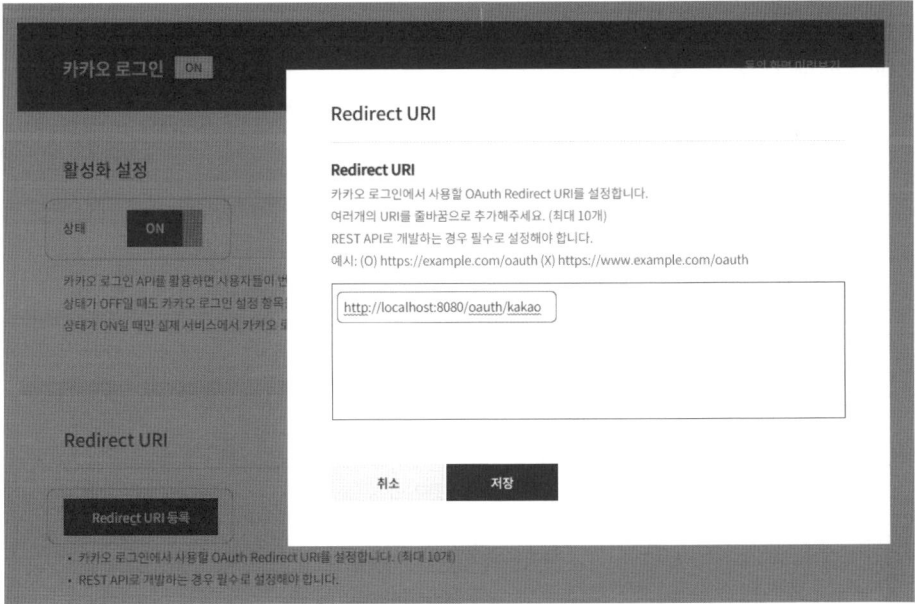

이제 메모장에 Redirect URI 정보도 추가한다.

- 클라이언트 키(REST API 키): 8c731e6f07cad89dcbfa1108bc249a89
- 사이트 도메인: http://localhost:8080
- Redirect URI: http://localhost:8080/oauth/kakao

이제 JBlogWeb 애플리케이션에 http://localhost:8080/oauth/kakao 요청을 받아줄 컨트롤러를 구현하면 된다.

8.2.3 동의 항목 설정

카카오 로그인 아래에 [동의 항목] 메뉴를 선택한다. 프로필 정보(닉네임/프로필 사진)는 필수 동의로 설정한다. 동의 목적은 적절하게 OAuth 테스트로 설정하면 된다.

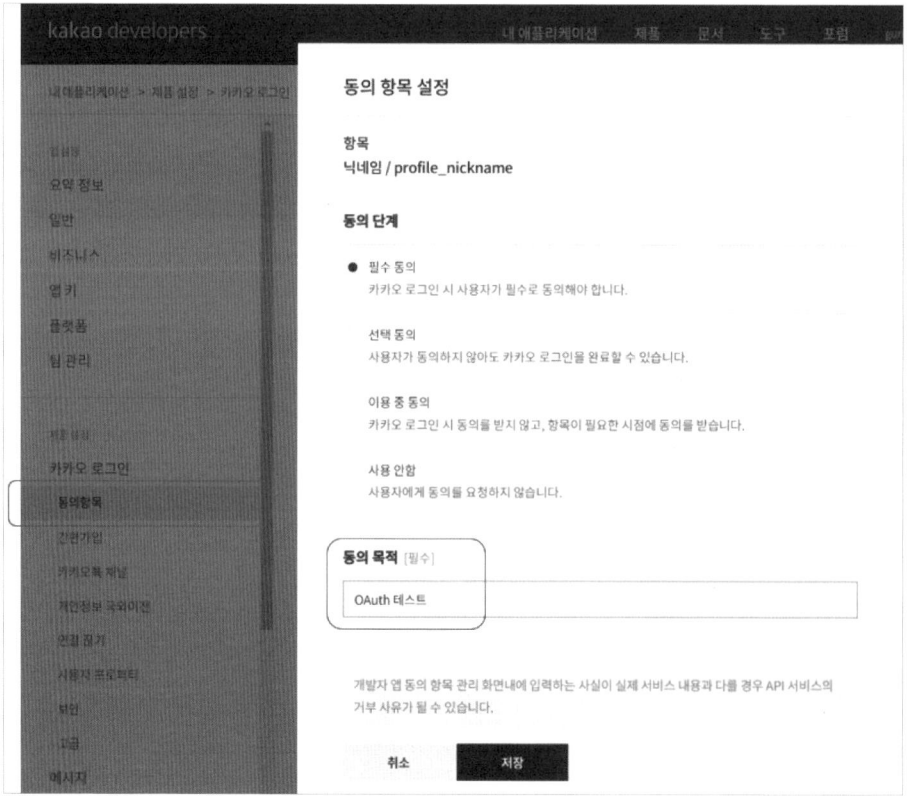

다음으로, 카카오계정(이메일)을 설정한다. 아직은 개발 단계이기 때문에 [필수 동의]에 체크할 수 없으므로 [선택 동의]에 체크하고 동의 목적을 작성한 후 〈저장〉 버튼을 클릭한다.

나머지 정보도 필요한 경우 추가할 수 있지만, 지금은 2가지 정보(profile_nickname, account_email)만으로도 충분하다. 오른쪽 위에 있는 '동의 화면 미리보기' 링크를 클릭하면 현재까지 처리된 동의 설정을 볼 수 있다.

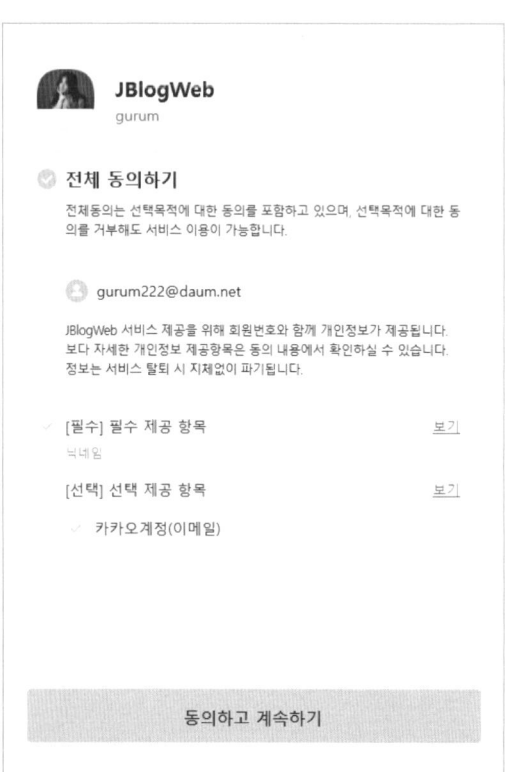

8.3 CODE 정보 수신

이제, 카카오 로그인을 구현하여 인증 서버에서 CODE 정보를 수신해보자.

8.3.1 로그인 화면 수정

CODE 정보를 수신해 카카오 인증을 적용하기 위해 먼저 화면부터 구성한다.

카카오 로그인 개발 가이드

카카오 개발자 사이트에서 [문서] 메뉴를 클릭한 후 '카카오 로그인'의 'REST API' 내용을 참조한다.

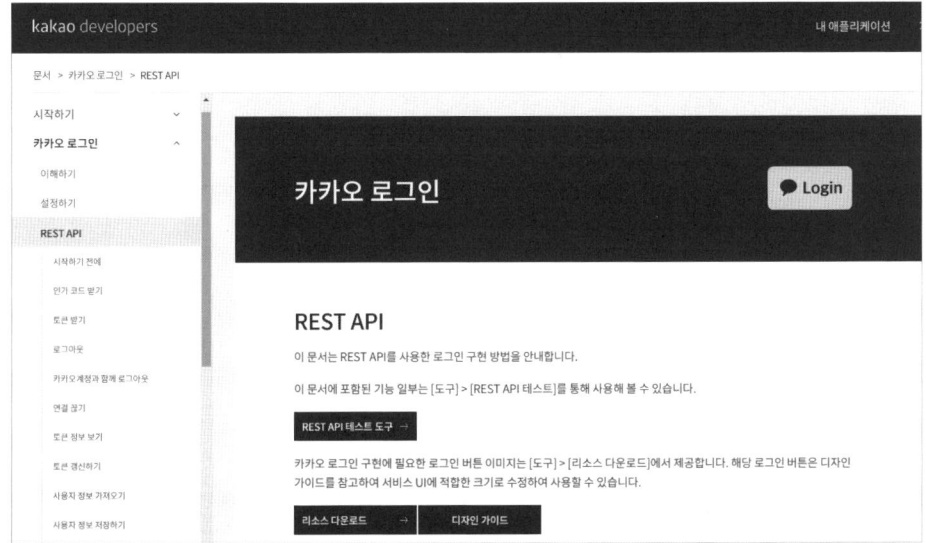

로그인 버튼 다운로드

카카오 로그인 버튼 이미지를 다운로드하기 위해 〈디자인 가이드〉 버튼을 클릭한다. 디자인 가이드에서 〈카카오 로그인 버튼 리소스 다운로드〉 버튼을 클릭한다. 그리고 〈다운로드(.png)〉 버튼을 클릭해 이미지를 다운로드한다.

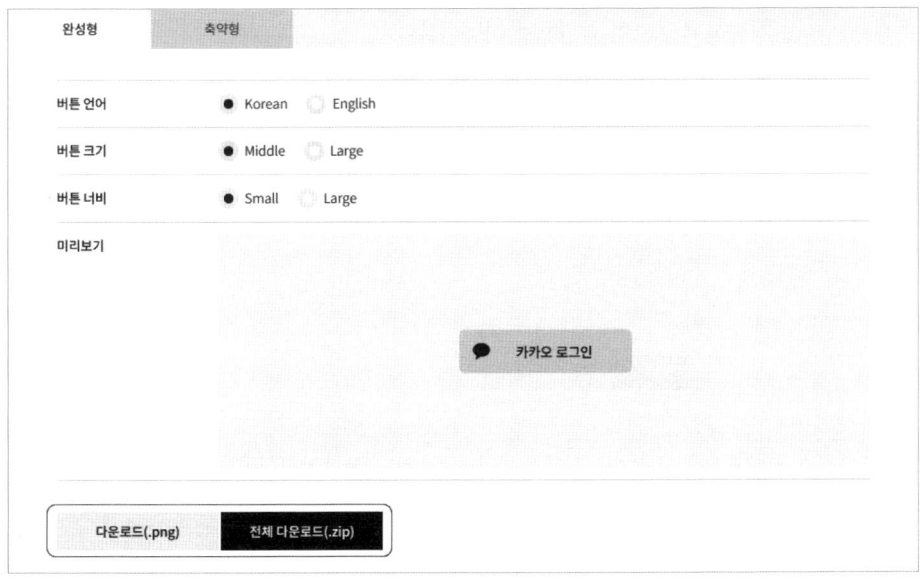

다운로드한 이미지의 이름을 kakao_login_btn.png로 변경하고 static 폴더 아래 image 폴더에 복사한다.

JSP 파일 수정

이제, login.jsp 파일을 다음과 같이 수정한다.

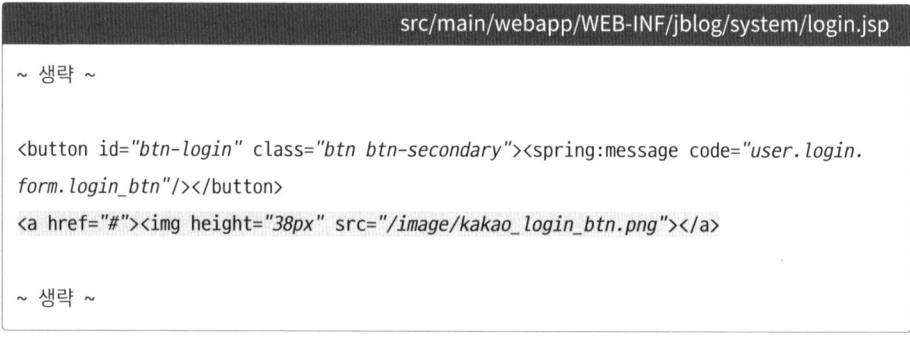

수정된 파일을 저장하고 로그인 화면으로 이동해본다.

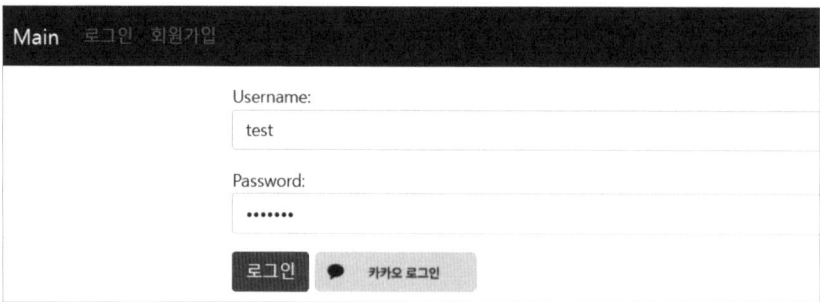

이제 [카카오 로그인] 버튼에 카카오에서 제공하는 링크를 부여한다.

8.3.2 로그인 기능 구성

카카오 인가 코드 확인

카카오 개발자 사이트에서 [카카오 로그인] 메뉴 하위의 [REST API] 메뉴를 클릭하고 Request 항목을 찾는다.

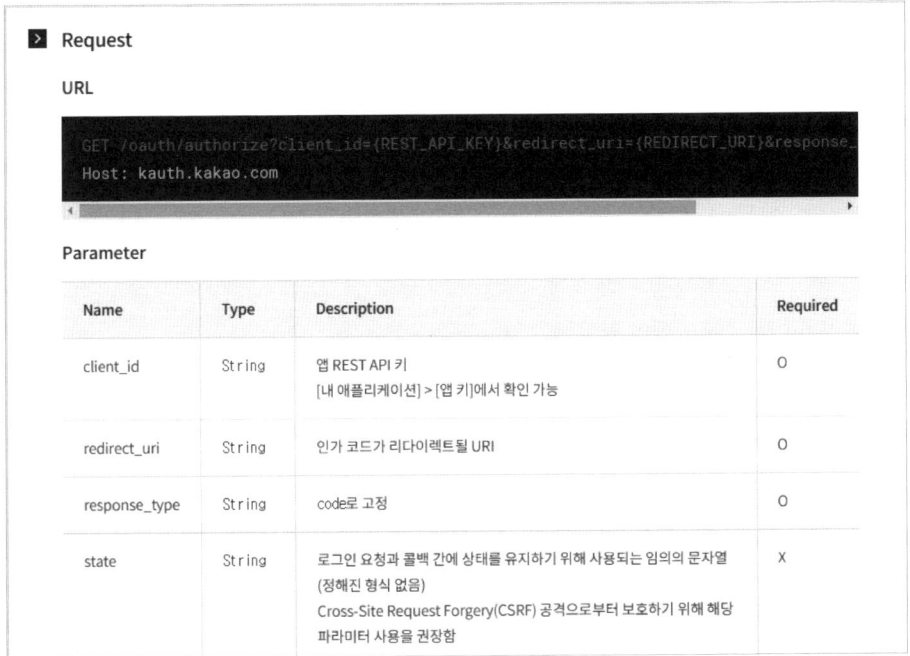

우선, Host 뒤에 GET 방식의 Request 경로를 추가한다. 그리고 REST API 키와 Redirect URI를 설정하여, CODE 정보를 요청할 카카오 로그인 요청 주소 URL을 완성한다.

- 클라이언트 키(REST API 키): 8c731e6f07cad89dcbfa1108bc249a89
- 사이트 도메인: http://localhost:8080
- Redirect URI: http://localhost:8080/oauth/kakao
- 카카오 로그인 요청 주소: https://kauth.kakao.com/oauth/authorize?client_id={REST_API_KEY}&redirect_uri={REDIRECT_URI}&response_type=code

JSP 파일 수정

이제, 앞서 추가한 카카오 로그인 버튼 이미지에 완성된 링크를 연결한다.

```
                        src/main/webapp/WEB-INF/jblog/system/login.jsp
~ 생략 ~

<button id="btn-login" class="btn btn-secondary"><spring:message code="user.login.
form.login_btn"/></button>
<a href="https://kauth.kakao.com/oauth/authorize?client_id=8c731e6f07cad89dcbfa1108b
c249a89&redirect_uri=http://localhost:8080/oauth/kakao&response_type=code"><img
height="38px" src="/image/kakao_login_btn.png"></a>

~ 생략 ~
```

이때 매개변수 설정에 공백이 없도록 주의한다.

컨트롤러 수정

이제, 카카오 인증 서버로부터 Redirect URI를 통해 전송된 CODE 정보를 받아줄 컨트롤러가 필요하다. KakaoLoginController 클래스를 다음과 같이 작성한다.

```
            src/main/java/com/ssamz/jblog/controller/KakaoLoginController.java
package com.ssamz.jblog.controller;

import org.springframework.stereotype.Controller;
import org.springframework.web.bind.annotation.GetMapping;
import org.springframework.web.bind.annotation.ResponseBody;

@Controller
public class KakaoLoginController {
    @GetMapping("/oauth/kakao")
    public @ResponseBody String kakaoCallback(String code) {
        return "카카오 서버로부터 받은 CODE 정보: " + code;
    }
}
```

kakaoCallback( ) 메소드에서 redirect_uri로 설정한 URI(http://localhost:8080/oauth/kakao)를 매핑한다. 따라서 인증 서버가 http://localhost:8080/oauth/kakao를 통해 CODE 정보를 매개변수에 콜백해줄 때, 해당 코드 정보를 수신할 수 있다.

환경 설정 클래스 수정

시큐리티 설정 클래스를 다음과 같이 수정하여 oauth로 시작하는 경로에 대한 접근을 로그인 없이 할 수 있도록 허용한다.

```
src/main/java/com/ssamz/jblog/config/JBlogWebSecurityConfiguration.java
```

```java
~ 생략 ~

@Configuration
@EnableWebSecurity
public class JBlogWebSecurityConfiguration extends WebSecurityConfigurerAdapter {

    ~ 생략 ~

    @Override
    protected void configure(HttpSecurity http) throws Exception {
        http.authorizeRequests().antMatchers("/webjars/**", "/js/**", "/image/**",
            "/", "/auth/**", "/oauth/**").permitAll();
        http.authorizeRequests().anyRequest().authenticated();
        http.csrf().disable();
        http.formLogin().loginPage("/auth/login");

        ~ 생략 ~
```

이제, 카카오 개발자 사이트에서 로그아웃한 후 JBlogWeb 시스템의 로그인 화면으로 이동하여 〈카카오 로그인〉 버튼을 클릭해본다. 그러면 다음과 같이 카카오 로그인 화면이 제공될 것이다.

CODE 정보 수신 확인

정보제공 동의화면에서 [전체 동의하기]에 체크하고 〈동의하고 계속하기〉 버튼을 클릭한다.

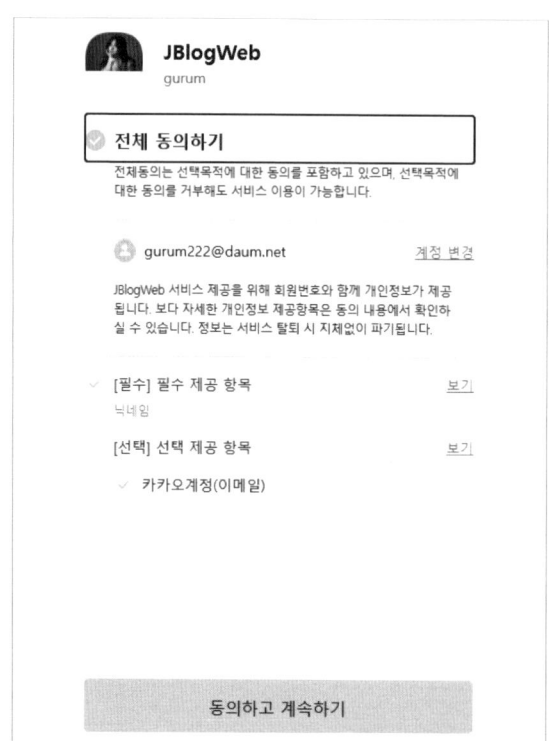

그러면 브라우저에 'CODE 수신 성공!'이라는 문자열이 출력되고 주소창에는 인증 서버에서 전달해준 CODE 정보가 출력될 것이다.

```
← → C   ⓘ localhost:8080/oauth/kakao?code=Izg-cvwkQaLMId2_EDJr_F7CiauHKBBaSpNGECh2Q0UKrNokNZIGwWH6H21CIyDEHpnZLAo9dJcAAAF-J-00dA
CODE 수신 성공!
```

인증 클라이언트(JBogWeb)가 인증 서버로부터 CODE를 수신했다는 것 자체가 인증에 성공했음을 의미한다. 참고로, 인증 서버에서 전달한 CODE는 인증 클라이언트가 CODE를 요청할 때마다 변경된다.

이제 인증에 성공한 사용자 정보를 SecurityContext의 Authentication으로 생성하여 등록해야 한다. 인증 클라이언트는 인증 서버에게 사용자 정보를 받을 수 있어야 하며, 이를 위해 인증 서버로부터 반드시 액세스 토큰을 수신해야 한다.

📑 마무리하며

이번 학습에서는 OAuth가 여러 사이트에 사용자 정보가 중복으로 저장되지 않도록 방지하고, 사용자 정보를 효율적으로 관리할 수 있게 한다는 것을 배웠다. OAuth를 적용하기 위해서는 인증 서버에 OAuth 인증이 필요한 인증 클라이언트를 등록해야 하는데, 이때 설정해야 할 정보는 OAuth를 지원하는 인증 서버마다 다르다.

다음 학습에서는 본격적으로 JBlogWeb 시스템에 카카오 인증 서비스와 회원가입 기능을 적용해 볼 것이다.

09장

카카오 인증 및 회원가입 처리

9.1 액세스 토큰 받기

8장에서 액세스 토큰을 대리인 인증서에 비유했다. 엑세스 토큰을 획득한 인증 클라이언트(JBlogWeb)는 리소스 오너를 대신하여 인증 서버에 사용자 정보를 요청할 수 있다. 이제, 직접 카카오 인증 서버로부터 액세스 토큰을 발급받아 회원가입을 처리해보자.

우선, 카카오 개발자 사이트의 [문서] 메뉴를 클릭한 후 '카카오 로그인'을 선택한다. 그리고 [REST API] → [토큰 받기] 메뉴에서 액세스 토큰 요청 URL에 대한 설명을 확인한다.

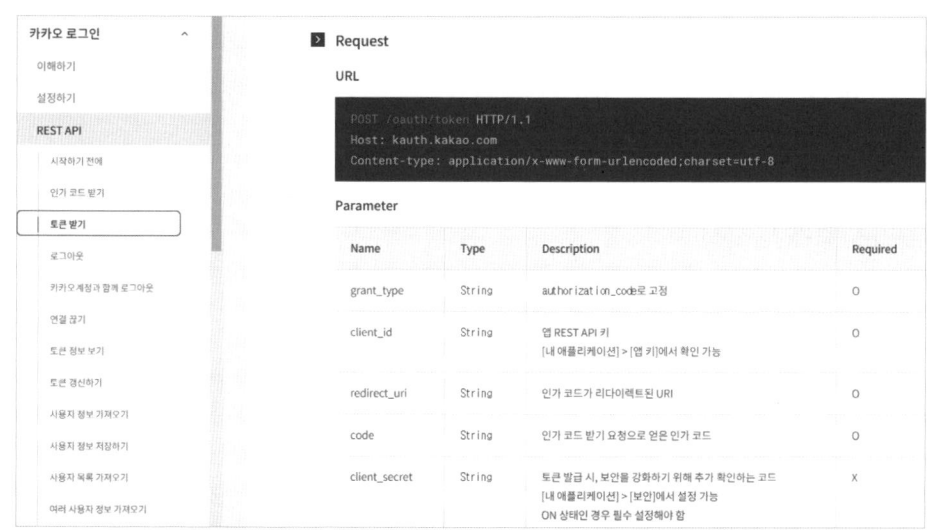

문서를 참고하여 액세스 토큰 발급 요청(POST)에 사용할 URL을 완성해보자. Host 주소를 URL 앞에 추가하면 액세스 토큰 발급을 요청할 주소는 https://kauth.kakao.com/oauth/token이 된다. 이때, 인터넷 프로토콜인 MIME의 종류는 'application/x-www-form-urlencoded;charset=utf-8'이며, 요청 URL 뒤에 4가지 매개변수 값을 필수로 추가해야 한다.

즉, 액세스 토큰 발급 요청에 사용할 URL은 다음과 같다.

- **요청 URL**: https://kauth.kakao.com/oauth/token

URL 뒤에 추가되어야 하는 4가지 매개변수의 값은 다음과 같다.

- **grant_type**: authorization_code(고정)
- **client_id**: 8c731e6f07cad89dcbfa1108bc249a89
- **redirect_uri**: http://localhost:8080/oauth/kakao
- **code**: 카카오로부터 받은 CODE

여기에서 주의할 점은 code의 값을 설정할 때 카카오로부터 받은 CODE 정보가 매번 변경되므로 반드시 실시간으로 인증 서버에서 전달받아 사용해야 한다는 것이다.

9.1.1 액세스 토큰 요청

이제, 카카오 인증 서버로부터 수신한 CODE 정보를 이용하여 다시 액세스 토큰 발급을 요청하는 서비스를 작성하고 해당 서비스를 호출해보자.

서비스 클래스 작성

KakaoLoginService 클래스를 다음과 같이 작성한다.

src/main/java/com/ssamz/jblog/service/KakaoLoginService.java

```java
package com.ssamz.jblog.service;

import org.springframework.http.HttpEntity;
import org.springframework.http.HttpHeaders;
import org.springframework.http.HttpMethod;
import org.springframework.http.ResponseEntity;
import org.springframework.stereotype.Service;
import org.springframework.util.LinkedMultiValueMap;
import org.springframework.util.MultiValueMap;
import org.springframework.web.client.RestTemplate;

@Service
public class KakaoLoginService {
    public String getAccessToken(String code) {
        // HttpHeaders 생성(MIME 종류)
        HttpHeaders header = new HttpHeaders();
        header.add("Content-type",
            "application/x-www-form-urlencoded;charset=utf-8");

        // HttpBody 생성(4개의 필수 매개변수 설정)
        MultiValueMap<String, String> body = new LinkedMultiValueMap<>();
        body.add("grant_type", "authorization_code");
        body.add("client_id", "8c731e6f07cad89dcbfa1108bc249a89");
        body.add("redirect_uri", "http://localhost:8080/oauth/kakao");
        body.add("code", code);

        // HttpHeaders와 HttpBody가 설정된 HttpEntity 객체 생성
        HttpEntity<MultiValueMap<String, String>> requestEntity =
            new HttpEntity<>(body, header);

        // RestTemplate을 이용하면 브라우저 없이 HTTP 요청을 처리할 수 있다.
        RestTemplate restTemplate = new RestTemplate();

        // HTTP 요청 및 응답받기
        ResponseEntity<String> responseEntity = restTemplate.exchange(
            "https://kauth.kakao.com/oauth/token",          // 액세스 토큰 요청 주소
```

```
                HttpMethod.POST,              // 요청 방식
                requestEntity,                // 요청 헤더와 바디
                String.class                  // 응답받을 타입
        );

        return responseEntity.getBody();
    }
}
```

RestTemplate을 이용하면, 브라우저가 서버에 HTTP 요청을 전송하는 것처럼 프로그램에서 HTTP 요청을 처리할 수 있다. 서버에 HTTP 요청을 전송하려면 헤더(header)와 본문(body)으로 구성된 HTTP 요청 프로토콜이 필요하다.

HttpEntity는 HTTP 요청 프로토콜에 해당하는 객체다. HttpHeaders와 MultiValueMap을 이용하여 HTTP 요청 프로토콜의 헤더와 본문에 해당하는 정보를 각각 설정한다. 그리고 인증 서버에 요청할 때 RestTemplate을 이용하여 HttpEntity 객체를 전달한다.

마지막으로, ResponseEntity는 HTTP 응답 프로토콜에 해당하는 객체다. ResponseEntity 객체에는 액세스 토큰 정보가 들어있다.

컨트롤러 수정

이제, 서비스 객체를 이용하여 실제 액세스 토큰을 요청하는 컨트롤러를 작성하자.

```
                    src/main/java/com/ssamz/jblog/controller/KakaoLoginController.java
~ 생략 ~
import org.springframework.beans.factory.annotation.Autowired;
import com.ssamz.jblog.service.KakaoLoginService;

@Controller
public class KakaoLoginController {
    @Autowired
    private KakaoLoginService kakaoLoginService;

    @GetMapping("/oauth/kakao")
```

```
    public @ResponseBody String kakaoCallback(String code) {
        // 1. 인증 서버로부터 받은 CODE를 이용하여 액세스 토큰을 얻는다.
        String accessToken = kakaoLoginService.getAccessToken(code);

        // 응답을 콘솔과 브라우저에서 출력한다.
        System.out.println(accessToken);
        return accessToken;
    }
}
```

다시 카카오 로그인을 실행하면 브라우저와 콘솔에서 다음과 같은 응답 결과를 확인할 수 있다.

```
{
    access_token: "Jawl94Af_B_J6HtdDQIFPrWEDjMALLU_TUculwopb1UAAAF-KCTNSQ",
    token_type: "bearer",
    refresh_token: "qUBZ8iECmk5XD_dgj1mHpORbSwPAG7Ioa7T2Nwopb1UAAAF-KCTNRw",
    expires_in: 21599,
    scope: "account_email profile_nickname",
    refresh_token_expires_in: 5183999,
}
```

응답으로 들어온 각 정보의 의미는 다음과 같다.

응답명	종류	설명
access_token	String	인증 서버가 전달한 액세스 토큰 값
token_type	String	토큰의 종류
refresh_token	String	만료된 access_token을 갱신하기 위해 사용하는 리프레시 토큰 값
expires_in	Integer	액세스 토큰 만료 시간(초)
scope	String	인증된 사용자의 정보 조회 권한 범위 (범위가 여러 개일 경우 공백으로 구분)
refresh_token_expires_in	Integer	리프레시 토큰 만료 시간(초)

9.1.2 액세스 토큰 추출

이제, 응답으로 전달받은 JSON 형태의 데이터에서 정확하게 액세스 토큰 정보만 추출하면 된다.

라이브러리 추가

액세스 토큰 정보를 추출하기 위해 구글에서 제공하는 Gson 라이브러리를 추가하자. 우선, 메이븐 리포지터리 사이트에서 Gson 라이브러리를 검색한다.

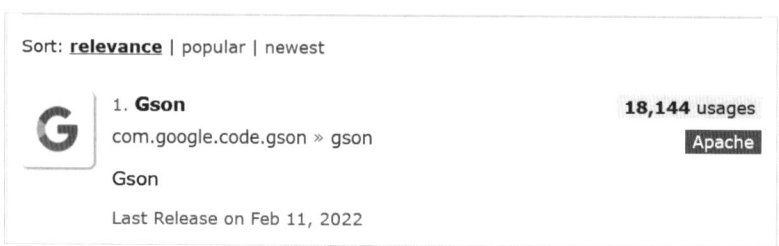

가장 최신 버전을 pom.xml 파일에 추가한다.

```xml
JBlogWeb/pom.xml
~ 생략 ~

<!-- JSP용 스프링 시큐리티 커스텀 태그 라이브러리 -->
<dependency>
    <groupId>org.springframework.security</groupId>
    <artifactId>spring-security-taglibs</artifactId>
</dependency>

<!-- gson 라이브러리 -->
<dependency>
    <groupId>com.google.code.gson</groupId>
    <artifactId>gson</artifactId>
</dependency>

</dependencies>

~ 생략 ~
```

서비스 클래스 수정

새로운 라이브러리가 추가됐으면 애플리케이션을 재실행한 후 KakaoLoginService 클래스를 다음과 같이 수정한다.

```java
                            src/main/java/com/ssamz/jblog/service/KakaoLoginService.java
~ 생략 ~
import java.util.Map;
import com.google.gson.Gson;

@Service
public class KakaoLoginService {
    public String getAccessToken(String code) {

        ~ 생략 ~

        // HTTP 요청 및 응답받기
        ResponseEntity<String> responseEntity = restTemplate.exchange(
            "https://kauth.kakao.com/oauth/token",   // 액세스 토큰 요청 주소
            HttpMethod.POST,                          // 요청 방식
            requestEntity,                            // 요청 헤더와 본문
            String.class                              // 응답받을 타입
        );

        // HTTP 응답 본문(body) 정보 반환
        String jsonData = responseEntity.getBody();

        // JSON 데이터에서 액세스 토큰 정보만 추출
        Gson gsonObj = new Gson();
        Map<?, ?> data = gsonObj.fromJson(jsonData, Map.class);

        return (String) data.get("access_token");
    }
}
```

Gson 라이브러리의 fromJson( ) 메소드를 이용하면 키:값 형태의 JSON 데이터를 java.util.Map 형식으로 변환할 수 있다.

9.2 사용자 정보 가져오기

카카오 인증 서버로부터 액세스 토큰을 발급받았으면, 리소스 서버에 저장된 리소스 오너의 정보를 액세스 토큰으로 요청할 수 있다.

9.2.1 리소스 오너 정보 요청

카카오 개발자 사이트에서 [사용자 정보 가져오기] 메뉴를 확인해보자.

카카오 문서 확인

액세스 토큰을 사용하여 사용자 정보를 요청하기 위해 인증 서버가 처리할 수 있는 HTTP 요청을 전송해야 한다.

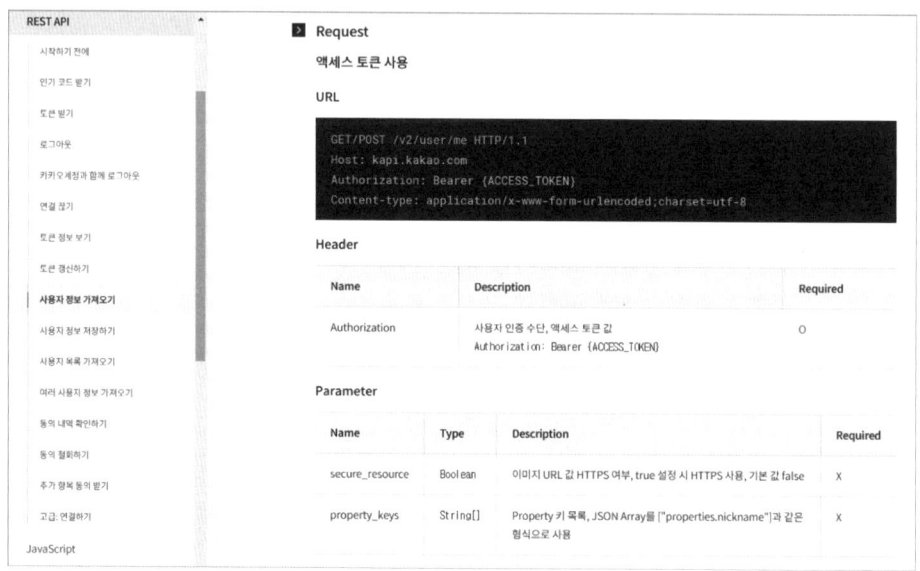

이전에 액세스 토큰 정보를 요청할 때와 비슷하다고 이해하면 된다. 사용자 정보를 요청할 때 필요한 HTTP 요청 정보는 다음과 같다.

- GET/POST /v2/user/me HTTP/1.1
- Host: kapi.kakao.com
- Authorization: Bearer {ACCESS_TOKEN} (공백에 주의한다.)
- Content-type: application/x-www-form-urlencoded;charset=utf-8

서비스 클래스 수정

KakaoLoginService 클래스에 회원 정보를 요청하는 getUserInfo( ) 메소드를 작성한다.

```
src/main/java/com/ssamz/jblog/service/KakaoLoginService.java
```

```java
~ 생략 ~

@Service
public class KakaoLoginService {

    ~ 생략 ~

    public String getUserInfo(String accessToken) {
        // HttpHeader 생성
        HttpHeaders header = new HttpHeaders();
        header.add("Authorization", "Bearer " + accessToken);
        header.add("Content-type",
            "application/x-www-form-urlencoded;charset=utf-8");

        // HttpHeader와 HttpBody를 하나의 객체에 담기(body 정보는 생략 가능)
        HttpEntity<MultiValueMap<String, String>> requestEntity =
            new HttpEntity<>(header);

        // RestTemplate을 이용하면 브라우저 없이 HTTP 요청을 처리할 수 있다.
        RestTemplate restTemplate = new RestTemplate();
```

```
        // HTTP 요청을 POST(GET) 방식으로 실행 -> 문자열로 응답이 들어온다.
        ResponseEntity<String> responseEntity = restTemplate.exchange(
                "https://kapi.kakao.com/v2/user/me",
                HttpMethod.POST,
                requestEntity,
                String.class
        );

        // 카카오 인증 서버가 반환한 사용자 정보
        return responseEntity.getBody();
    }
}
```

헤더의 정보만 다를 뿐, 액세스 토큰을 요청할 때 작성했던 getAccessToken() 메소드와 유사하다. HttpHeaders에 설정한 헤더 정보 중 Authorization의 값이 Bearer {ACCESS_TOKEN}인데, Bearer과 액세스 토큰 정보 사이에 반드시 공백이 있어야 한다는 점에 주의하자.

컨트롤러 수정

이제, KakaoLoginController 클래스를 수정하여 액세스 토큰이 발급되는 즉시 사용자 정보를 요청하도록 한다.

```
                        src/main/java/com/ssamz/jblog/service/KakaoLoginController.java
@Controller
public class KakaoLoginController {

    @Autowired
    private KakaoLoginService kakaoLoginService;

    @GetMapping("/oauth/kakao")
    public @ResponseBody String kakaoCallback(String code) {
        // 1. 인증 서버로부터 받은 CODE를 이용하여 액세스 토큰을 얻는다.
        String accessToken = kakaoLoginService.getAccessToken(code);
```

```
        // 2. 액세스 토큰을 이용하여 사용자 정보를 얻어온다.
        String userInfo = kakaoLoginService.getUserInfo(accessToken);
        return userInfo;
    }
}
```

카카오 로그인을 다시 실행해보면 다음과 같은 JSON 형식의 응답 데이터가 출력될 것이다.

```
{
    id: 2065483899,
    connected_at: "2022-01-05T02:50:08Z",
  - properties: {
        nickname: "채규태"
    },
  - kakao_account: {
        profile_nickname_needs_agreement: false,
      - profile: {
            nickname: "채규태"
        },
        has_email: true,
        email_needs_agreement: false,
        is_email_valid: true,
        is_email_verified: true,
        email: "gurum222@daum.net",
    },
}
```

이제, 응답으로 받은 사용자 정보를 이용하여 JBlogWeb 시스템에서 회원가입을 처리하면 된다.

카카오 비밀번호 설정

카카오 인증 서버로부터 전달받은 정보를 기반으로 회원가입을 처리하기 위해서는 임의의 비밀번호가 필요하다. 따라서 카카오 인증으로 로그인한 계정에 사용할 임시 비밀번호를 application.yml 파일에 등록한다.

src/main/resources/application.yml
```
~ 생략 ~

# 카카오 비밀번호
kakao:
  default:
    password: kakao123
```

서비스 클래스 수정

그리고 KakaoLoginService 클래스의 getUserInfo() 메소드로부터 받은 사용자 정보를 사용하여 User 객체를 반환하도록 수정한다.

src/main/java/com/ssamz/jblog/service/KakaoLoginService.java

```java
~ 생략 ~
import org.springframework.beans.factory.annotation.Value;
import com.ssamz.jblog.domain.RoleType;
import com.ssamz.jblog.domain.User;

@Service
public class KakaoLoginService {
    @Value("${kakao.default.password}")
    private String kakaoPassword;

    ~ 생략 ~

    public User getUserInfo(String accessToken) {
        // HttpHeader 생성
        HttpHeaders header = new HttpHeaders();
        header.add("Authorization", "Bearer " + accessToken);
        header.add("Content-type",
        "application/x-www-form-urlencoded;charset=utf-8");

        // HttpHeader와 HttpBody를 하나의 객체에 담기(body 정보는 생략 가능)
        HttpEntity<MultiValueMap<String, String>> requestEntity =
        new HttpEntity<>(header);

        // RestTemplate을 이용하면 브라우저 없이 HTTP 요청을 처리할 수 있다.
        RestTemplate restTemplate = new RestTemplate();

        // HTTP 요청을 POST(GET) 방식으로 실행하기 -> 문자열 응답이 들어온다.
        ResponseEntity<String> responseEntity = restTemplate.exchange(
            "https://kapi.kakao.com/v2/user/me",
            HttpMethod.POST,
            requestEntity,
```

```
            String.class
    );

    // 카카오 인증 서버가 반환한 사용자 정보
    String userInfo = responseEntity.getBody();

    // JSON 데이터에서 추출한 정보로 User 객체 설정
    Gson gsonObj = new Gson();
    Map<?, ?> data = gsonObj.fromJson(userInfo, Map.class);

    Double id = (Double) (data.get("id"));
    String nickname =
    (String) ((Map<?, ?>) (data.get("properties"))).get("nickname");
    String email =
    (String) ((Map<?, ?>) (data.get("kakao_account"))).get("email");

    User user = new User();
    user.setUsername(email);
    user.setPassword(kakaoPassword);
    user.setEmail(email);
    user.setRole(RoleType.USER);
    return user;
    }
}
```

getUserInfo() 메소드의 반환 타입을 String에서 User 객체로 변경한다. 이제, getUserInfo() 메소드에서는 액세스 토큰을 기반으로 인증 서버로부터 사용자 정보를 받아 User 객체를 생성한다. 이때 인증 서버로부터 카카오에 저장된 회원 정보 중 id, nickname, email 값을 추출한다. 지금은 email 정보 하나만 필요하므로 id와 nickname을 추출하는 자바 코드는 주석 처리해도 된다.

컨트롤러 수정

다시 한번 KakaoLoginController 클래스의 kakaoCallback() 메소드를 수정하고 브라우저에서 사용자 정보가 출력되는지 확인한다.

```
src/main/java/com/ssamz/jblog/service/KakaoLoginController.java
```
```java
~ 생략 ~
import com.ssamz.jblog.domain.User;

@Controller
public class KakaoLoginController {
    @Autowired
    private KakaoLoginService kakaoLoginService;

    @GetMapping("/oauth/kakao")
    public @ResponseBody User kakaoCallback(String code) {
        // 1. 인증 서버로부터 받은 CODE를 이용하여 액세스 토큰을 얻는다.
        String accessToken = kakaoLoginService.getAccessToken(code);


        // 2. 액세스 토큰을 이용하여 사용자 정보를 얻어온다.
        User userInfo = kakaoLoginService.getUserInfo(accessToken);
        return userInfo;
    }
}
```

다음과 같이 회원 정보가 User 객체에 설정된 것을 확인할 수 있을 것이다.

```
{
    id: 0,
    username: "gurum222@daum.net",
    password: "kakao123",
    email: "gurum222@daum.net",
    role: "USER",
    createDate: null,
}
```

9.2.2 회원가입 처리

인증 서버로부터 받은 정보를 이용하여 User 객체를 생성했다. 이제, User 객체로 JBlogWeb 시스템의 회원가입 기능이 자동으로 처리되도록 구현해보자.

환경 설정 클래스 수정

환경 설정 클래스(BlogWebMvcConfiguration)에 AuthenticationManager 객체를 생성하는 메소드를 추가한다.

```
src/main/java/com/ssamz/jblog/config/JBlogWebSecurityConfiguration.java
~ 생략 ~
import org.springframework.security.authentication.AuthenticationManager;

@Configuration
@EnableWebSecurity
public class JBlogWebSecurityConfiguration extends WebSecurityConfigurerAdapter {
    // 사용자가 입력한 username으로 사용자를 인증하는 객체.
    @Autowired
    private UserDetailsServiceImpl userDetailsService;

    @Bean
    public AuthenticationManager authenticationManagerBean() throws Exception {
        return super.authenticationManagerBean();
    }

~ 생략 ~
```

스프링 부트 개발자 사이트의 스프링 시큐리티의 아키텍처를 다시 한번 살펴보자. AuthenticationFilter는 사용자가 입력한 아이디와 비밀번호를 기반으로 UsernamePasswordAuthenticationToken을 생성하고, AuthenticationManager를 사용하여 인증을 요청할 때 인자로 전달한다. 그리고 그 결과로 Authentication 객체를 반환한다.

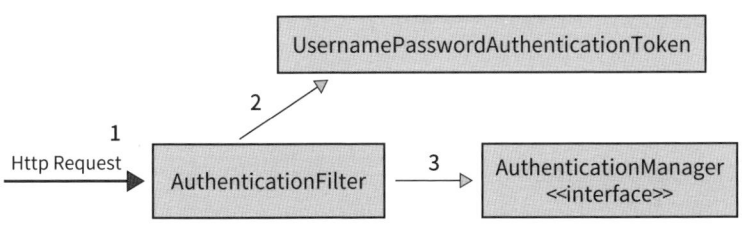

(출처: https://springbootdev.com)

컨트롤러 수정

이제, KakaoLoginController 클래스의 kakaoCallback( ) 메소드를 수정한다.

src/main/java/com/ssamz/jblog/controller/KakaoLoginController.java

```java
~ 생략 ~
import org.springframework.security.authentication.AuthenticationManager;
import org.springframework.security.authentication.UsernamePasswordAuthenticationToken;
import org.springframework.security.core.Authentication;
import org.springframework.security.core.context.SecurityContextHolder;
import org.springframework.beans.factory.annotation.Value;
import com.ssamz.jblog.service.UserService;

@Controller
public class KakaoLoginController {
    @Autowired
    private KakaoLoginService kakaoLoginService;

    @Autowired
    private UserService userService;

    @Autowired
    private AuthenticationManager authenticationManager;

    @Value("${kakao.default.password}")
    private String kakaoPassword;

    @GetMapping("/oauth/kakao")
    public String kakaoCallback(String code) {
        // 1. 인증 서버로부터 받은 CODE를 이용하여 액세스 토큰을 얻는다.
        String accessToken = kakaoLoginService.getAccessToken(code);

        // 2. 액세스 토큰을 이용하여 사용자 정보를 얻어온다.
        User kakaoUser = kakaoLoginService.getUserInfo(accessToken);

        // 3. 기존회원이 아니면 신규회원으로 등록한다.
        User findUser = userService.getUser(kakaoUser.getUsername());
```

```java
        if(findUser.getUsername() == null) {
            userService.insertUser(kakaoUser);
        }

        // 4. 카카오로부터 받은 사용자 정보를 기반으로 인증을 처리한다.
        UsernamePasswordAuthenticationToken authenticationToken =
        new UsernamePasswordAuthenticationToken(
        kakaoUser.getUsername(), kakaoPassword);

        Authentication authentication =
        authenticationManager.authenticate(authenticationToken);

        SecurityContextHolder.getContext().setAuthentication(authentication);

        return "redirect:/";
    }
}
```

kakaoCallback() 메소드 선언부의 @ResponseBody를 제거해야 인덱스 페이지로의 전환이 가능하다. 카카오의 사용자 정보로 회원가입한 후 H2 콘솔에서 USERS 테이블을 조회하면 다음과 같은 결과를 확인할 수 있다.

ID	CREATEDATE	EMAIL	PASSWORD	ROLE	USERNAME
33	2022-03-07 15:07:05.802	aaa@aaa.com	$2a$10$22IrDQ3vKPf.cFQig7qADuEn0uuvZ47uDTHRucpYG56VQQApjDe7i	USER	aaa
85	2022-03-08 12:28:54.854	gurum222@daum.net	$2a$10$ccDOg5Htg9Z8Cs/kvvYSgOXydVGle99EQ9tfskzEZvcMeFnW2ZeRq	USER	gurum222@daum.net

(2 행, 2 ms)

9.2.3 비밀번호 수정 방지

카카오 사용자 정보로 로그인하면 비밀번호는 YAML 파일에서 설정한 kakao123으로 고정된다. 이처럼, 수정과 세션 갱신을 처리하기 위해서는 비밀번호 설정이 반드시 필요하다. 여기에서 문제는 카카오로 로그인한 사용자가 비밀번호를 수정하면 다시 로그인할 수 없다는 것이다. 따라서 카카오로 로그인한 사용자는 회원 정보를 수정할 수 없도록 막아야 한다. 이를 위해, 로그인에 성공한 사용자가 카카오로 로그인한 사용자인지 일반 로그인 사용자인지 구분할 수 있어야 한다.

인증 종류 설정

우선, 다음과 같이 열거형을 사용하여 OAuth의 종류를 구분한다.

```
                                    src/main/java/com/ssamz/jblog/domain/OAuthType.java
package com.ssamz.jblog.domain;

public enum OAuthType {
    JBLOG, KAKAO, NAVER, GOOGLE;
}
```

OAuth 인증을 4가지 타입으로 제한했다. 일반적인 방식으로 회원가입한 사용자가 인증을 요청하는 경우 JBLOG로 지정할 것이다.

도메인 클래스 수정

User 클래스에 작성한 OAuthType 타입의 oauth 변수를 추가한다.

```
                                         src/main/java/com/ssamz/jblog/domain/User.java
~ 생략 ~

@Data
@NoArgsConstructor
@AllArgsConstructor
@Builder
@Entity
public class User {

    ~ 생략 ~

    @Enumerated(EnumType.STRING)         // 설정할 수 있는 값 제한
    private RoleType role;

    @CreationTimestamp                   // 현재 시간이 기본값으로 등록되도록 설정
    private Timestamp createDate;
```

```
    @Enumerated(EnumType.STRING)
    private OAuthType oauth;
}
```

@Enumberated을 EnumType.STRING으로 설정하면 enum 타입의 데이터를 문자열로 저장한다. 즉, OAuthType의 oauth 변수의 값이 OAuthType.KAKAO로 지정되면 KAKAO라는 문자열을 할당하는 것이다. 반면, @Enumberated을 EnumType.ORDINAL로 설정하면 enum에 등록된 순서에 해당하는 숫자를 할당한다.

서비스 클래스 수정

KakaoLoginService 클래스의 getUserInfo( ) 메소드를 다음과 같이 수정한다.

src/main/java/com/ssamz/jblog/service/KakaoLoginService.java

```java
~ 생략 ~
import com.ssamz.jblog.domain.OAuthType;

@Service
public class KakaoLoginService {

    ~ 생략 ~

    public User getUserInfo(String accessToken) {

        ~ 생략 ~

        User user = new User();
        user.setUsername(email);
        user.setPassword(kakaoPassword);
        user.setEmail(email);
        user.setRole(RoleType.USER);
        user.setOauth(OAuthType.KAKAO);
        return user;
    }
}
```

일반적인 회원가입 요청을 처리하기 위해 UserService 클래스의 oath 변숫값을 JBLOG로 설정한다.

```java
// src/main/java/com/ssamz/jblog/service/UserService.java
~ 생략 ~
import com.ssamz.jblog.domain.OAuthType;

@Service
public class UserService {

    ~ 생략 ~

    @Transactional
    public void insertUser(User user) {
        // 비밀번호를 암호화하여 설정한다.
        user.setPassword(passwordEncoder.encode(user.getPassword()));
        user.setRole(RoleType.USER);
        if(user.getOauth() == null) {
            user.setOauth(OAuthType.JBLOG);
        }
        userRepository.save(user);
    }
}
```

JSP 파일 수정

마지막으로, updateUser.jsp 파일을 수정한다.

```jsp
// src/main/webapp/jblog/user/updateUser.jsp
~ 생략 ~

<div class="container mt-3">
    <form>
        <input type="hidden" id="id" value="${principal.user.id}">
        <div class="mb-3">
```

```
            <label for="username">Username:</label>
            <input type="text" class="form-control" id="username"
                value="${principal.user.username}">
        </div>
        <c:if test="${principal.user.oauth == 'JBLOG'}">
        <div class="mb-3">
            <label for="password">Password:</label>
            <input type="password" class="form-control" id="password"
                placeholder="Enter password">
        </div>
        </c:if>

        ~ 생략 ~
```

updateUser.jsp 파일에서 로그인에 성공한 사용자가 일반 JBLOG 회원인지 확인한다. 소셜 인증에 해당하는 나머지 OAuth의 종류(KAKAO, GOOGLE, NAVER)에 대해서는 비밀번호 수정 화면을 제공하면 안 되기 때문이다.

컨트롤러 수정

이제, 다음과 같이 UserController 클래스를 수정한다.

src/main/java/com/ssamz/jblog/controller/UserController.java

```java
~ 생략 ~
import org.springframework.beans.factory.annotation.Value;
import com.ssamz.jblog.domain.OAuthType;

@Controller
public class UserController {
    @Autowired
    private UserService userService;

    @Autowired
    private ModelMapper modelMapper;

    @Value("${kakao.default.password}")
```

```java
private String kakaoPassword;

@PutMapping("/user")
public @ResponseBody ResponseDTO<?> updateUser(@RequestBody User user,
@AuthenticationPrincipal PrincipalDetails principal) {
    // 회원 정보 수정 전, 로그인에 성공한 사용자가 카카오 회원인지 확인
    if(principal.getUser().getOauth().equals(OAuthType.KAKAO)) {
        // 카카오 회원인 경우 비밀번호 고정
        user.setPassword(kakaoPassword);
    }

    // 회원 정보 수정 및 세션 갱신
    principal.setUser(userService.updateUser(user));
    return new ResponseDTO<>(HttpStatus.OK.value(), user.getUsername() +
    " 수정 완료");
}

~ 생략 ~
```

지금까지 작성한 모든 코드를 저장하고 테스트를 진행해보자. 먼저, H2 데이터베이스에 저장된 모든 정보를 삭제한다.

```
DELETE REPLY;
DELETE POST;
DELETE USERS;
```

그리고 일반적인 회원가입과 카카오 인증을 통한 회원가입을 각각 진행해본다

```
SELECT * FROM USER;
```

ID	CREATEDATE	EMAIL	PASSWORD	ROLE	USERNAME	OAUTH
86	2022-03-08 13:53:02.794	aaa@aaa.com	$2a$10$axVqHwT/oD8mta8Ou6irE.lesbby6F2DUvDaWxryJBUEPFNKJ4R7G	USER	aaa	JBLOG
87	2022-03-08 13:53:29.58	gurum222@daum.net	$2a$10$rN3o6DHEPN4.2IS.84WIBeevExMN7cisz820olCk6WiS0dK0zpCJe	USER	gurum222@daum.net	KAKAO

(2 행, 2 ms)

일반 회원으로 로그인한 후 회원 상세 화면으로 이동하면, 다음과 같이 비밀번호를 수정할 수 있다. 하지만 카카오로 로그인한 회원은 비밀번호 수정이 보이지 않는다.

📄 마무리하며

이번 학습에서는 카카오 인증을 통해 OAuth의 개념을 이해하고 JBlogWeb 시스템에 적용했다. 실습에서 테스트한 카카오 인증과 회원가입은 코드가 복잡하여 OAuth의 적용이 어렵다고 느꼈을 수도 있지만, OAuth의 개념과 동작 원리를 이해하기에는 좋은 예제가 되었을 것이다.

다음 학습에서는 JBlogWeb 시스템에 구글 인증을 적용해본다. 스프링 부트에서 구글 인증을 쉽게 처리할 수 있도록 OAuth2 Client라는 API를 제공하기 때문에 카카오 인증에 비해 쉽게 구현할 수 있을 것이다.

10장

구글 인증 및 회원가입 처리

10.1 구글 인증 설정

스프링 부트에서 제공하는 OAuth2 Client를 이용하여 JBlogWeb 시스템에 구글 인증을 적용해보자. 카카오 인증과 마찬가지로 인증 서버(구글)로부터 클라이언트 ID와 리디렉션 URI 정보를 받아야 한다.

10.1.1 새 프로젝트 생성

구글에 로그인한 상태에서 구글 클라우드 콘솔(https://console.cloud.google.com)에 접속하고, 상단에 있는 'FirstProject'를 선택한다.

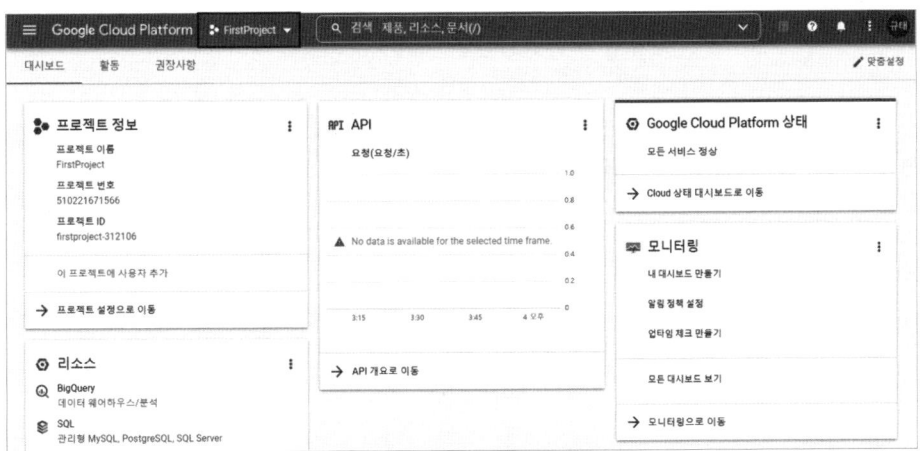

오른쪽 위에 〈새 프로젝트〉 버튼을 클릭한다.

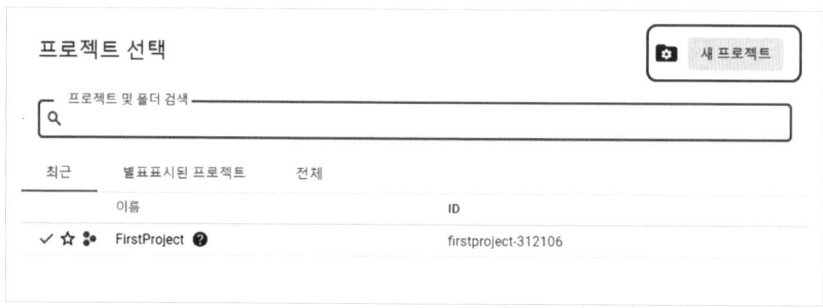

프로젝트 이름을 JBlogWeb-OAuth-Google로 설정하고 〈만들기〉 버튼을 클릭한다.

10.1.2 OAuth 동의 화면 설정

새로운 프로젝트의 대시보드를 선택한 후 왼쪽 위에 있는 탐색 메뉴(☰)를 클릭한다. 그리고 [API 및 서비스] 메뉴에 있는 [OAuth 동의 화면]이라는 서브 메뉴를 선택한다.

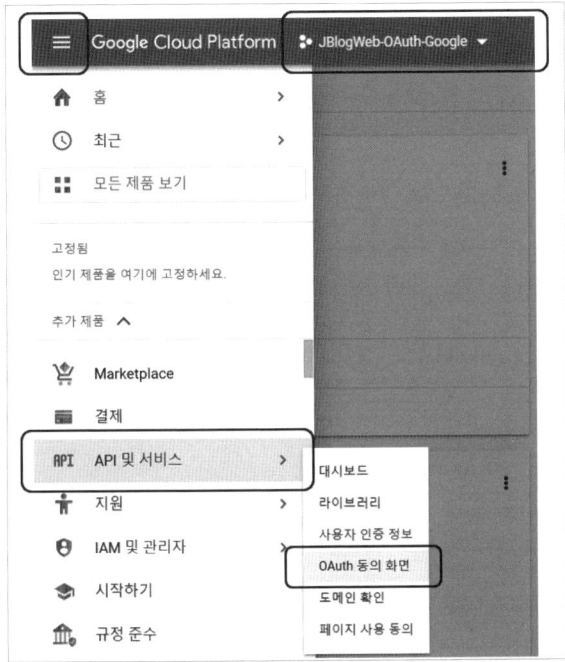

전환된 화면에서 User Type으로 [외부]를 선택하고 〈만들기〉 버튼을 클릭한다.

그리고 다음 화면에서 앱 이름에는 JBlogWeb이라고 작성하고 사용자 지원 이메일과 앱 로고를 적절한 값으로 설정한다. 그리고 페이지를 아래로 내려 '개발자 연락처 정보'에 이메일 주소를 입력한 후 〈저장 후 계속〉 버튼을 클릭한다.

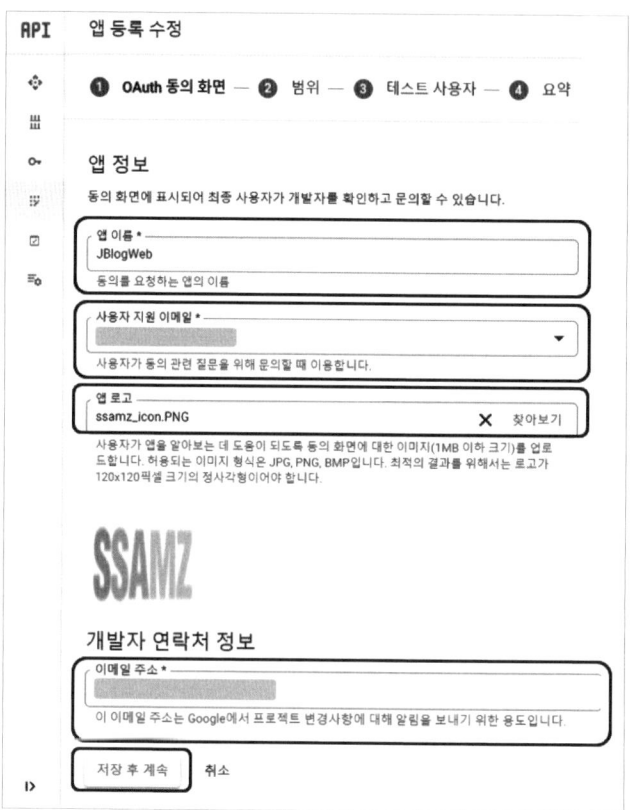

범위 설정과 테스트 사용자 설정에서는 특별히 지정할 것이 없으므로 〈저장 후 계속〉 버튼을 클릭한다.

최종적으로, 다음과 같은 화면에서 요약 정보를 확인할 수 있다.

10.1.3 사용자 인증 정보 설정

사용자 인증 정보를 설정하기 위해 왼쪽 메뉴에서 [사용자 인증 정보] 메뉴를 선택한다.

위쪽에 있는 [사용자 인증 정보 만들기] 메뉴를 클릭한다. 그리고 [OAuth 클라이언트 ID]를 선택한다.

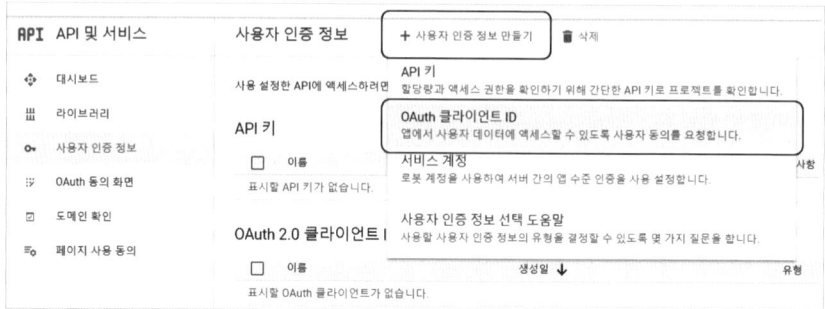

애플리케이션 유형은 '웹 애플리케이션'으로 선택하고, 이름에 개발 중인 시스템 이름 (JBlogWeb)을 입력한다. '승인된 리디렉션 URI'은 http://localhost:8080/login/oauth2/code/google로 등록하고 〈만들기〉 버튼을 클릭하여 설정을 마무리한다.

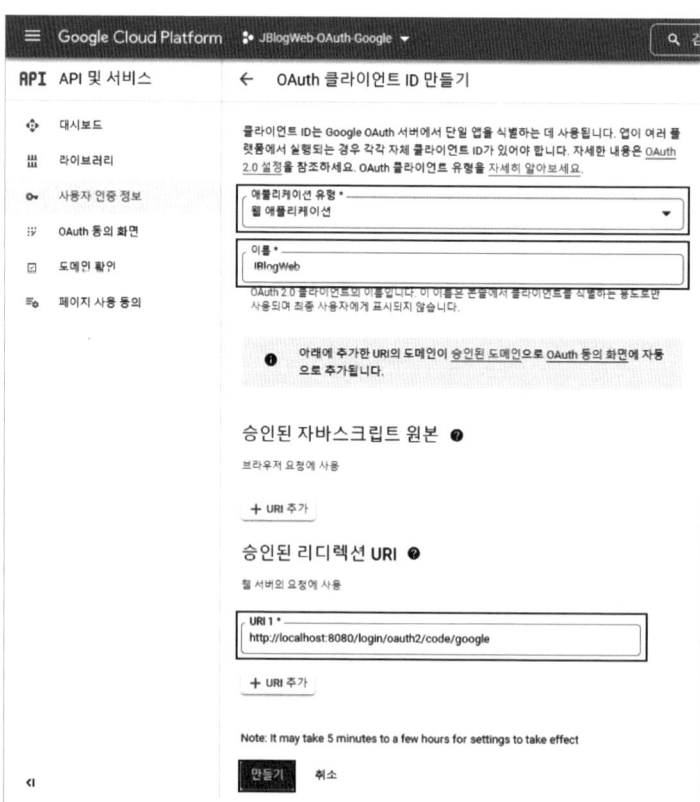

이전 학습에서 카카오 인증을 통해 확인했듯이, 리디렉션 URI는 인증에 성공했을 때 인증 서버(구글)가 인증 클라이언트(JBlogWeb)에게 CODE 정보나 액세스 토큰을 전달하기 위해 사용하는 콜백 URI다. 여기에서 리디렉션 URI는 다음과 같이 고정된다.

- 리디렉션 URI: http://localhost:8080/login/oauth2/code/google

구글 로그인이 카카오 로그인과 다른 점은 인증 서버로부터 콜백 요청을 받는 컨트롤러를 따로 구현할 필요가 없다는 것이다. 이는 OAuth2 Client에서 인증에 필요한 컨트롤러를 자동으로 제공하기 때문이며, 컨트롤러에서 사용할 리디렉션 URI는 위의 문자열로 고정시킨다.

모든 설정이 마무리되면 다음과 같은 화면이 출력된다. 이때, 클라이언트 ID와 클라이언트 보안 비밀번호는 메모장에 별도로 남겨놓기 바란다.

이제 [확인] 버튼을 클릭해 설정을 마무리한다.

10.2 OAuth2 Client 기반의 구글 로그인

스프링 부트는 기본적으로 OAuth2 Client를 통해 구글 인증과 트위터 인증을 쉽게 처리할 수 있도록 지원한다.

10.2.1 라이브러리 추가

API를 적용하기 위해 Security 항목에서 [OAuth2 Client]에 체크하여 스타터를 추가한다.

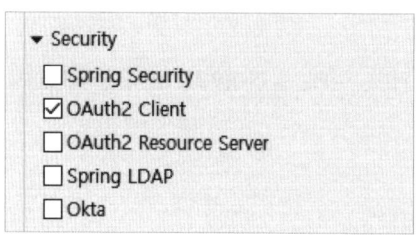

pom.xml 파일에서 추가된 라이브러리 설정을 확인한다.

```xml
                                                               JBlogWeb/pom.xml
    ~ 생략 ~

    <!-- gson 라이브러리 -->
    <dependency>
        <groupId>com.google.code.gson</groupId>
        <artifactId>gson</artifactId>
    </dependency>

    <!-- OAuth2 Client 스타터 -->
    <dependency>
        <groupId>org.springframework.boot</groupId>
        <artifactId>spring-boot-starter-oauth2-client</artifactId>
    </dependency>

</dependencies>

    ~ 생략 ~
```

10.2.2 구글 로그인 설정

application.yml 파일에도 OAuth2 Client를 사용하기 위한 설정을 추가한다.

```yaml
                                                      src/main/resources/application.yml
~ 생략 ~

spring:

~ 생략 ~

  jpa:

~ 생략 ~

  security:
    oauth2:
      client:
        registration:
          google:
            client-id: 495695315841-24011tnm7ovoda133o5t1ekesch5a4cu.apps.googleusercontent.com
            client-secret: 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
            scope: email, profile


# 카카오 임시 비밀번호
kakao:
  default:
    password: kakao123
```

client-id와 client-secret은 구글 API 콘솔 페이지에서 클라이언트 ID 링크를 클릭하면 언제든 확인할 수 있다.

10.2.3 로그인 화면 수정

로그인 화면을 수정하는 것부터 시작하여 본격적으로 구글 인증을 구현해보자.

로그인 버튼 다운로드

다음과 같은 구글 로그인 버튼을 다운로드하여 src/main/resources/static/image 폴더에 저장한다.

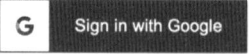

JSP 파일 수정

이제 login.jsp 파일에 구글 로그인 버튼을 추가한다. 앞서, 구글 로그인 요청과 관련된 URI는 고정했다.

```
                        src/main/webapp/WEB-INF/jblog/system/login.jsp
~ 생략 ~

<button id="btn-login" class="btn btn-secondary">
<spring:message code="user.login.form.login_btn"/></button>
<a href="https://kauth.kakao.com/oauth/authorize?client_id=8c731e6f07cad89dcbfa1108bc2
49a89&redirect_uri=http://localhost:8080/oauth/kakao&response_type=code">
```

```
<img height="38px" src="/image/kakao_login_btn.png"></a>
<a href="../oauth2/authorization/google">
<img height="38px" src="/image/google_login_btn.png"></a>

~ 생략 ~
```

구글 로그인 버튼을 카카오 로그인 버튼 오른쪽에 배치한다.

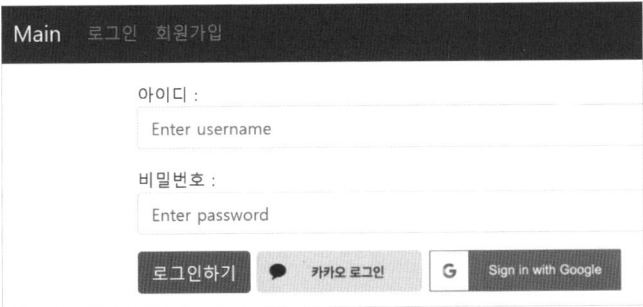

10.2.4 로그인 기능 구성

환경 설정 클래스 수정

시큐리티 환경 설정 클래스를 다음과 같이 수정한다.

```
                src/main/java/com/ssamz/jblog/config/JBlogWebSecurityConfiguration.java

~ 생략 ~

@Configuration
@EnableWebSecurity
public class JBlogWebSecurityConfiguration extends WebSecurityConfigurerAdapter {

    ~ 생략 ~

    @Override
    protected void configure(HttpSecurity http) throws Exception {
        http.authorizeRequests().antMatchers("/webjars/**", "/js/**", "/image/**",
            "/", "/auth/**", "/oauth/**").permitAll();
```

```
            http.authorizeRequests().anyRequest().authenticated();
            http.csrf().disable();
            http.formLogin().loginPage("/auth/login");
            http.formLogin().loginProcessingUrl("/auth/securitylogin");
            http.logout().logoutUrl("/auth/logout").logoutSuccessUrl("/");

            // 구글 로그인 설정
            http.oauth2Login();
    }
}
```

http.oauth2Login() 메소드로 지금부터 OAuth2 로그인 설정을 시작하겠다고 알린다. 해당 설정이 있어야 OAuth2 로그인 기능이 동작한다.

로그인 테스트

이제, 로그인 화면에서 구글 로그인 버튼을 클릭한다. 만약 현재 구글에 로그인이 되어있지 않은 상태라면 다음과 같은 화면이 제공될 것이다. 로그인에 사용할 구글 계정을 선택하면 인증이 처리된다.

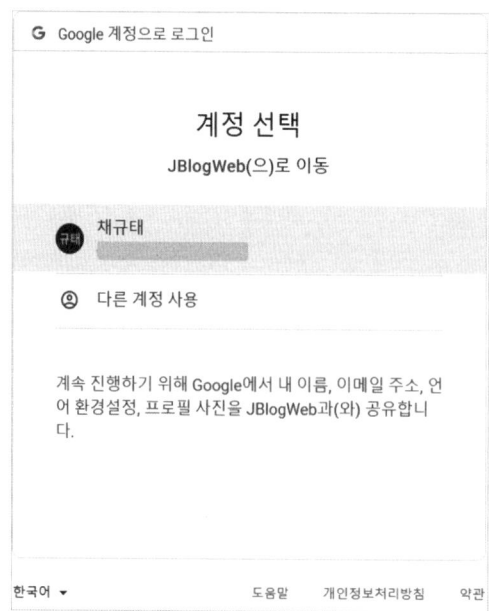

이처럼, 구글 로그인 처리는 YAML 파일에서의 3가지 프로퍼티 설정만으로 가능하다.

10.2.5 회원가입 처리

구글 인증에 성공했으면, 이제 인증 서버로부터 받은 정보로 회원가입 기능이 실행되도록 해보자.

UserDetails 수정

카카오 인증에서는 UserDetails 인터페이스를 구현한 클래스를 통해 인증을 처리하고 최종적으로 Authentication 객체를 얻었다. 구글 인증에서는 OAuth2 Client가 제공하는 OAuth2User 인터페이스가 구현된 클래스가 필요한데, UserDetailsImpl 클래스를 수정하여 적용할 것이다.

```
                            src/main/java/com/ssamz/jblog/security/UserDetailsImpl.java
~ 생략 ~
import java.util.Map;
import org.springframework.security.oauth2.core.user.OAuth2User;

@Getter
@Setter
public class UserDetailsImpl implements UserDetails, OAuth2User {
    private static final long serialVersionUID = 1L;
    private User user;

    // 구글에서 조회한 사용자 정보를 담을 컬렉션
    private Map<String, Object> attributes;

    public UserDetailsImpl(User user) {
        this.user = user;
    }

    // OAuth 로그인 시 사용할 생성자
    public UserDetailsImpl(User user, Map<String, Object> attributes) {
        this.user = user;
```

```
            this.attributes = attributes;
        }

        // 구글에서 조회한 사용자 정보가 저장된 컬렉션 반환
        @Override
        public Map<String, Object> getAttributes() {
            return attributes;
        }

        // 이름은 사용하지 않는 정보이므로 null을 반환한다.
        @Override
        public String getName() {
            return null;
        }

        ~ 생략 ~
```

OAuth에 사용할 UserDetails 객체는 반드시 OAuth2User 인터페이스를 구현해야 한다. 그리고 getAttributes() 메소드와 getName() 메소드를 오버라이딩해야 한다. 특히 getAttributes() 메소드가 반환하는 Map 컬렉션이 중요한데, 이 Map에 인증 서버가 인증 클라이언트에게 전달할 리소스 오너의 정보(nickname, email 등)가 저장된다. 따라서 UserDetailsImpl 객체가 생성될 때, Map 타입의 attributes 컬렉션이 주입되도록 생성자를 오버라이딩한다.

구글 비밀번호 설정

이제, YAML 파일에 구글 회원가입에서 사용할 비밀번호를 등록한다.

src/main/resources/application.yml

```
~ 생략 ~

# 카카오 비밀번호
kakao:
  default:
    password: kakao123
```

```
# 구글 비밀번호
google:
  default:
    password: google123
```

서비스 클래스 구현

카카오 회원가입을 처리할 때는 UserDetailsServiceImp 객체를 사용하여 실질적인 인증을 처리했다. 반면, OAuth2 Client를 이용하는 구글 인증은 OAuth2UserDetailsServiceImpl 객체를 사용한다.

먼저, OAuth2UserDetailsServiceImpl.java 파일을 다음과 같이 작성한다.

src/main/java/com/ssamz/jblog/security/OAuth2UserDetailsServiceImpl.java

```java
package com.ssamz.jblog.security;

import org.springframework.beans.factory.annotation.Autowired;
import org.springframework.beans.factory.annotation.Value;
import org.springframework.security.crypto.password.PasswordEncoder;
import org.springframework.security.oauth2.client.userinfo.DefaultOAuth2UserService;
import org.springframework.security.oauth2.client.userinfo.OAuth2UserRequest;
import org.springframework.security.oauth2.core.OAuth2AuthenticationException;
import org.springframework.security.oauth2.core.user.OAuth2User;
import org.springframework.stereotype.Service;
import com.ssamz.jblog.domain.OAuthType;
import com.ssamz.jblog.domain.RoleType;
import com.ssamz.jblog.domain.User;
import com.ssamz.jblog.persistence.UserRepository;

@Service
public class OAuth2UserDetailsServiceImpl extends DefaultOAuth2UserService {
    @Autowired
    private PasswordEncoder passwordEncoder;
```

```java
@Autowired
private UserRepository userRepository;

@Value("${google.default.password}")
private String googlePassword;

// 1. 사용자가 구글에 로그인 성공하면 구글은 인증 클라이언트에 CODE 정보를 전달한다.
// 2. OAuth2 Client는 CODE 정보를 기반으로 액세스 토큰을 요청하고,
//    액세스 토큰이 저장된 OAuth2UserRequest를 받는다.
// 3. OAuth2 Client가 OAuth2UserRequest를 인자로 넘기면서 loadUser() 메소드를 호출한다.
@Override
public OAuth2User loadUser(OAuth2UserRequest userRequest)
throws OAuth2AuthenticationException {
        // 액세스 토큰이 저장된 userRequest를 이용하여 구글로부터 회원 정보를 받아온다.
        OAuth2User oauth2User = super.loadUser(userRequest);

        // 구글이 전달해준 정보를 바탕으로 회원 정보를 구성한다.
        String providerId = oauth2User.getAttribute("sub");
        String email = oauth2User.getAttribute("email");
        String username = email + "_" + providerId;
        String password = passwordEncoder.encode(googlePassword);

        // 회원가입이 되어있는 사용자인지 확인한다.
        User findUser = userRepository.findByUsername(username).orElseGet(()->{
            return new User();
        });

        if(findUser.getUsername() == null) {
            findUser = User.builder()
                    .username(username)
                    .password(password)
                    .email(email)
                    .role(RoleType.USER)
                    .oauth(OAuthType.GOOGLE)
                    .build();
            userRepository.save(findUser);
        }
        // OAuth2 Client가 UserDetailsImpl에 설정된 정보로
```

```
            // Authencation 객체를 SecurityContext에 자동으로 등록한다.
            return new UserDetailsImpl(findUser, oauth2User.getAttributes());
    }
}
```

OAuth2UserDetailsServiceImpl 클래스의 loadUser( ) 메소드를 오버라이딩하여 사용자 정보를 검색하고 OAuth2User 인터페이스가 구현된 객체를 반환한다. 또한, loadUser( ) 메소드가 반환한 UserDetailsImpl 객체의 정보를 바탕으로 세션에 Authen cation 객체를 자동으로 등록한다.

서비스 객체 적용

마지막으로 시큐리티 환경 설정 클래스를 수정한다.

```
                    src/main/java/com/ssamz/jblog/config/JBlogWebSecurityConfiguration.java
~ 생략 ~
import com.ssamz.jblog.security.OAuth2UserDetailsServiceImpl;

@Configuration
@EnableWebSecurity
public class JBlogWebSecurityConfiguration extends WebSecurityConfigurerAdapter {
    @Autowired
    private UserDetailsServiceImpl userDetailsService;

    @Autowired
    private OAuth2UserDetailsServiceImpl oauth2DetailsService;

    ~ 생략 ~

    @Override
    protected void configure(HttpSecurity http) throws Exception {
        http.authorizeRequests().antMatchers("/webjars/**", "/js/**", "/image/**",
            "/", "/auth/**", "/oauth/**").permitAll();
        http.authorizeRequests().anyRequest().authenticated();
        http.csrf().disable();
```

```
            http.formLogin().loginPage("/auth/login");
            http.formLogin().loginProcessingUrl("/auth/securitylogin");
            http.logout().logoutUrl("/auth/logout").logoutSuccessUrl("/");


            // OAuth2 로그인 설정을 시작한다.
            http.oauth2Login()
            // OAuth2로 사용자 정보를 가져온다.
            .userInfoEndpoint()
            // userInfoEndpoint()로 가져온 사용자 정보를 이용해서
            // auth2DetailsService 객체로 사후 처리한다.
            .userService(oauth2DetailsService);
    }
}
```

이제 수정된 모든 파일을 저장하고 애플리케이션을 다시 실행해보자. 현재 상태에서는 다음과 같은 에러가 출력될 것이다.

```
***************************
APPLICATION FAILED TO START
***************************

Description:

The dependencies of some of the beans in the application context form a cycle:


┌─────┐
|  JBlogWebSecurityConfiguration (field private com.ssamz.jblog.security.Oauth2UserDetailsServiceImpl com.ssamz.jblog.config.JBlogWebSecurityConfiguration.oauth2DetailsService)
↑     ↓
|  oauth2UserDetailsServiceImpl (field private org.springframework.security.crypto.password.PasswordEncoder com.ssamz.jblog.security.Oauth2UserDetailsServiceImpl.passwordEncoder)
└─────┘
```

```
Action:

Relying upon circular references is discouraged and they are prohibit-
ed by default. Update your application to remove the dependency cycle
between beans. As a last resort, it may be possible to break the cycle
automatically by setting spring.main.allow-circular-references to true.
```

이 에러는 객체 사이에 순환 참조가 형성될 때 발생한다. 즉, JBlogWebSecurityConfiguration과 OAuth2UserDetailsServiceImpl 객체 사이에 순환 참조가 형성되어 해당 에러가 발생한 것이다.

OAuth2UserDetailsServiceImpl에서 PasswordEncoder 객체를 사용하고 있는데, PasswordEncoder는 JBlogWebSecurityConfiguration에서 생성한다. 문제는, JBlogWebSecurityConfiguration 객체가 생성되기 위해서는 PasswordEncoder를 사용하는 OAuth2UserDetailsServiceImpl 객체가 먼저 생성되어야 한다는 것이다. 이렇게 프로젝트 내에서 순환 참조를 하고 있을 때는 공통으로 사용하는 객체를 위한 별도의 설정 클래스를 만들어 해결한다.

다음과 같이 PasswordEncoder 객체를 위한 별도의 설정 클래스를 만들어보자.

src/main/java/com/ssamz/jblog/config/JBlogWebCommonConfiguration.java
```java
package com.ssamz.jblog.config;

import org.springframework.context.annotation.Bean;
import org.springframework.context.annotation.Configuration;
import org.springframework.security.crypto.bcrypt.BCryptPasswordEncoder;
import org.springframework.security.crypto.password.PasswordEncoder;

@Configuration
public class JBlogWebCommonConfiguration {
    @Bean
    public PasswordEncoder passwordEncoder() {
        return new BCryptPasswordEncoder();
    }
}
```

이제, PasswordEncoder 객체를 생성했던 JBlogWebSecurityConfiguration 클래스를 수정한다.

```
src/main/java/com/ssamz/jblog/config/JBlogWebSecurityConfiguration.java

~ 생략 ~

@Configuration
@EnableWebSecurity
public class JBlogWebSecurityConfiguration extends WebSecurityConfigurerAdapter {

    ~ 생략 ~

//    @Bean
//    public PasswordEncoder passwordEncoder() {
//        return new BCryptPasswordEncoder();
//    }

    @Autowired
    private PasswordEncoder passwordEncoder;

    ~ 생략 ~

    // 사용자가 입력한 username으로 User 객체를 검색하고 password를 비교한다.
    @Override
    protected void configure(AuthenticationManagerBuilder auth) throws Exception {
        auth.userDetailsService(userDetailsService).passwordEncoder(passwordEncoder);
    }

    ~ 생략 ~
}
```

기존에 PasswordEncoder 객체를 생성했던 메소드는 주석 처리하고, JBlogWebCommonConfiguration 클래스가 생성한 PasswordEncoder에 의존성 주입한다. 그리고 PasswordEncoder 객체를 사용하던 configure( ) 메소드를 수정한다.

이제 로그인 화면에서 구글 로그인 버튼을 클릭하면, 다음과 같이 USERS 테이블에 구글 회원 정보가 등록된다.

SELECT * FROM USER;							
ID	CREATEDATE	EMAIL	PASSWORD	ROLE	USERNAME		OAUTH
86	2022-03-08 13:53:02.794	aaa@aaa.com	$2a$10$axVqHwT/oD8mta8Ou6irE.lesbby6F2DUvDaWxryJBUEPFNKJ4R7G	USER	aaa		JBLOG
87	2022-03-08 13:53:29.58	gurum222@daum.net	$2a$10$rN3o6DHEPN4.2IS.84WIBeevExMN7cisz820olCk6WiS0dK0zpCJe	USER	gurum222@daum.net		KAKAO
88	2022-03-09 10:55:55.088	gurum9423@gmail.com	$2a$10$1N9pbyQWaFg1.QYAnAcx9O4e4e9/71pNVPgEcp/Bl.0Mzr/IAB0f6	USER	gurum9423@gmail.com_109301842846445533630		GOOGLE

(3 행, 3 ms)

10.2.6 비밀번호 수정 방지

마지막으로, UserController 클래스를 수정하여 구글 회원 정보를 수정할 수 없도록 비밀번호를 고정한다.

```java
// src/main/java/com/ssamz/jblog/controller/UserController.java

~ 생략 ~

@Controller
public class UserController {

    ~ 생략 ~

    @Value("${google.default.password}")
    private String googlePassword;

    @PutMapping("/user")
    public @ResponseBody ResponseDTO<?> updateUser(@RequestBody User user,
    @AuthenticationPrincipal UserDetailsImpl principal) {
        // 회원 정보 수정 전, 카카오 회원 또는 구글 회원인지 확인
        if(principal.getUser().getOauth().equals(OAuthType.KAKAO)) {
            // 카카오 회원인 경우 비밀번호 고정
            user.setPassword(kakaoPassword);
        } else if(principal.getUser().getOauth().equals(OAuthType.GOOGLE)) {
            // 구글 회원인 경우 비밀번호 고정
            user.setPassword(googlePassword);
```

```
        }

        // 회원정보 수정과 동시에 세션 갱신
        principal.setUser(userService.updateUser(user));

        return new ResponseDTO<>(HttpStatus.OK.value(), user.getUsername() +
            " 수정 완료");
    }

    ~ 생략 ~
```

구글 회원으로 로그인하면 비밀번호는 YAML 파일에서 설정한 google123으로 고정된다. 구글로 로그인한 사용자가 비밀번호를 수정하면 다시 로그인할 수 없기에 회원 정보를 수정할 수 없도록 설정했다.

마무리하며

이번 학습에서는 스프링 부트에서 제공하는 OAuth2 Client API를 기반으로 구글 인증을 구현했다. 현재 OAuth2 Client가 지원하는 인증은 구글과 트위터밖에 없기 때문에, 다른 인증 서버를 이용하고 싶다면 카카오 인증을 구현했을 때와 같이 복잡한 코드가 필요하다. 구글 인증은 OAuth2 Client API를 이용하기에 카카오 인증에 비해 훨씬 쉽게 처리할 수 있지만 내부적으로 어떤 과정이 진행되어 인증이 처리되는지 정확하게 이해하기는 어렵다.

다음 학습에서는 인증 처리까지 마무리된 JBlogWeb 시스템을 클라우드 환경으로 전환해본다. 클라우드 컴퓨팅은 인공지능(AI), 빅데이터와 더불어 각광받고 있는 주제이며 IT 분야에서 전환점이 된 기술이다. JBlogWeb 시스템을 클라우드 환경으로 전환해보는 실습은 클라우드를 적용해보는 좋은 경험이 될 것이다.

11장

AWS 이용하기

> ※ 주의
> 11장 AWS 이용하기에서는 실습 예제 완료 후 삭제할 수 있는 테스트 계정을 사용하기를 바랍니다.
> AWS 계정 생성과 클라우드 서비스 삭제 과정도 담고 있지만 의도치 않게 요금이 발생할 수도 있습니다.
> 따라서 실습 완료 후에는 계정까지 완전히 삭제하기를 권장합니다.
> 저자와 출판사 루비페이퍼는 과금에 대해 책임지지 않습니다.

11.1 AWS 시작하기

이번 학습에서는 클라우드 컴퓨팅을 이해하고 우리가 구축한 웹 애플리케이션을 클라우드 환경에 배포해본다. 이를 통해 실제 사용자들이 클라우드에 배포된 시스템을 이용할 수 있도록 서비스하는 것을 목표로 한다.

11.1.1 클라우드 컴퓨팅

우리가 구축한 웹 애플리케이션을 클라우드에 배포하기에 앞서 먼저 클라우드 컴퓨팅의 개념과 특징에 대해서 살펴보자.

클라우드 컴퓨팅의 특징

클라우드 컴퓨팅은 네트워크나 서버 같은 컴퓨팅 자원을 인터넷 기반 플랫폼을 통해 제공하는 것을 의미한다. 사용자는 클라우드에서 제공하는 컴퓨팅 자원을 직접 관리하지 않으며, 단지 원하는 만큼 사용하고 그에 해당하는 비용만 지불하면 된다.

클라우드 컴퓨팅 기술을 이용하면 다음과 같은 장점을 얻을 수 있다.

- 프로젝트 초기에 애플리케이션에 대한 수요를 미리 예측하여 필요한 서버나 데이터베이스를 구매하는 것은 매우 어려운데, 클라우드 컴퓨팅을 이용하면 수요 예측과 장비 구매의 부담이 없어진다.
- 컴퓨터 인프라를 구축하는 데 드는 시간과 비용이 필요 없으므로 비즈니스를 개발하고 관리하는 데 더 많은 노력을 투자할 수 있다.
- 개발한 애플리케이션을 전 세계의 원하는 지역에 쉽고 빠르게 배포할 수 있다.

물론, 클라우드 컴퓨팅 기술에 장점만 있는 것은 아니다. 대표적인 단점으로 컴퓨팅 시스템의 운용 및 관리를 해당 클라우드 벤더에 전적으로 의존해야 한다는 점이 있다. 따라서 클라우드 벤더에 대한 전적인 신뢰가 없으면 클라우드로의 전환이 어려울 수 있다. 또한 클라우드가 제공하는 컴퓨팅 자원을 사용하기 위해서는 복잡한 설정이 필요한데, 이때 설정을 잘못해서 필요 이상의 비용이 청구될 수도 있다.

클라우드 벤더

전 세계적으로 아마존, 마이크로소프트, 구글에서 제공하는 클라우드가 많이 알려져 있다. 요즘에는 KT, 네이버, 다음과 같은 국내 IT 업체에서도 클라우드 서비스를 제공한다. 이렇게 다양한 기업에서 제공하는 클라우드 중, 가장 먼저 클라우드 서비스를 시작한 아마존 클라우드가 가장 높은 시장 점유율을 차지하고 있다.

다음 그림은 최근에 발표된 전 세계 클라우드 시장 점유율이다.

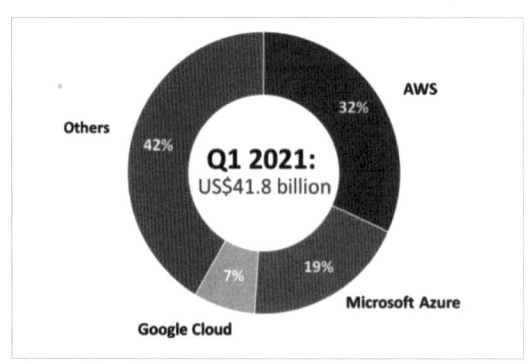

(출처: Canalys estimates, April 2021)

그림에서 확인할 수 있듯이 아마존의 클라우드 서비스인 아마존 웹 서비스(Amazon Web Services, AWS)가 가장 높은 점유율을 유지하고 있다. 그 다음으로 마이크로소프트의 애저(Azure), 구글의 구글 클라우드(Google Cloud, GC) 순이다. 우리는 이 중에서 AWS를 이용하여 지금까지 작성한 JBlogWeb 애플리케이션을 배포하고 서비스해볼 것이다.

11.1.2 엘라스틱 빈즈토크

엘라스틱 빈즈토크(Elastic Beanstalk)는 아마존 AWS에서 제공하는 수많은 서비스 중 하나다. 엘라스틱 빈즈토크를 이용하면 개발자가 작성한 웹 애플리케이션을 아파치(Apache)나 엔진엑스(Nginx) 같은 서버에 쉽게 배포하고 확장할 수 있다.

엘라스틱 빈즈토크의 특징

- **쉬운 시작**

  엘라스틱 빈즈토크는 AWS에 웹 애플리케이션을 배포하고 실행하는 가장 빠르고 쉬운 방법이다. 엘라스틱 빈즈토크를 이용하여 웹 애플리케이션을 배포하면 웹 용량 프로비저닝, 로드 밸런싱, 오토 스케일링 및 상태 모니터링을 자동으로 처리할 수 있다.

- **완벽한 리소스 제어**

  애플리케이션에 최적화된 AWS 리소스(컴퓨터, 네트워크, 서버, 데이터베이스)를 자유롭게 선택하고 제어할 수 있다.

- **완전관리형**

  엘라스틱 빈즈토크가 자동으로 웹 애플리케이션에 최신 플랫폼의 보안 및 패치를 적용하도록 자동 업데이트를 설정할 수 있다.

- **애플리케이션 상태 자동 모니터링**

  엘라스틱 빈즈토크는 40개가 넘는 주요 지표와 속성을 자동으로 수집하고 통합 인터페이스를 통해 웹 애플리케이션의 다양한 상태 정보를 제공한다.

- **요금**

  엘라스틱 빈즈토크에 대한 추가 비용은 없다. 웹 애플리케이션을 저장하고 실행하는 AWS 리소스에 대한 비용만 사용한 만큼 지불하면 된다.

11.1.3 AWS 계정 생성

아마존 클라우드 홈페이지(https://aws.amazon.com/ko)에 접속한다. 그리고 오른쪽 위에 있는 〈AWS 계정 생성〉 버튼을 클릭한다.

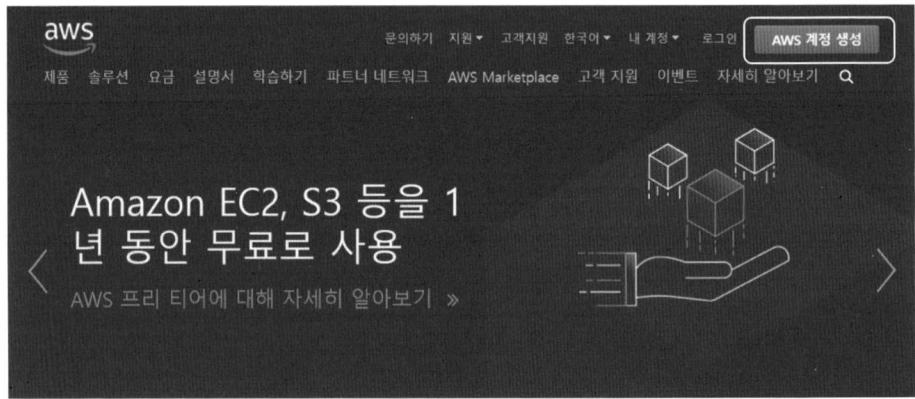

이제부터 AWS에 회원가입하기 위한 다양한 정보를 등록할 것이다. 첫 번째 단계에서는 이메일 주소, 암호, 암호 확인을 입력하고 아래에 있는 〈계속(1/5단계)〉 버튼을 클릭한다.

두 번째 단계에서는 '연락처 정보'를 입력한다. 먼저, AWS 사용 용도를 [개인]으로 지정하고 전체 이름을 작성한다. 전화 번호에는 국가 코드를 포함한 휴대전화 번호를 등록하고, 국가 또는 리전은 대한민국으로 설정한다. 마지막으로, 주소와 우편 번호를 등록한 후에 〈계속 (2/5단계)〉 버튼을 클릭한다.

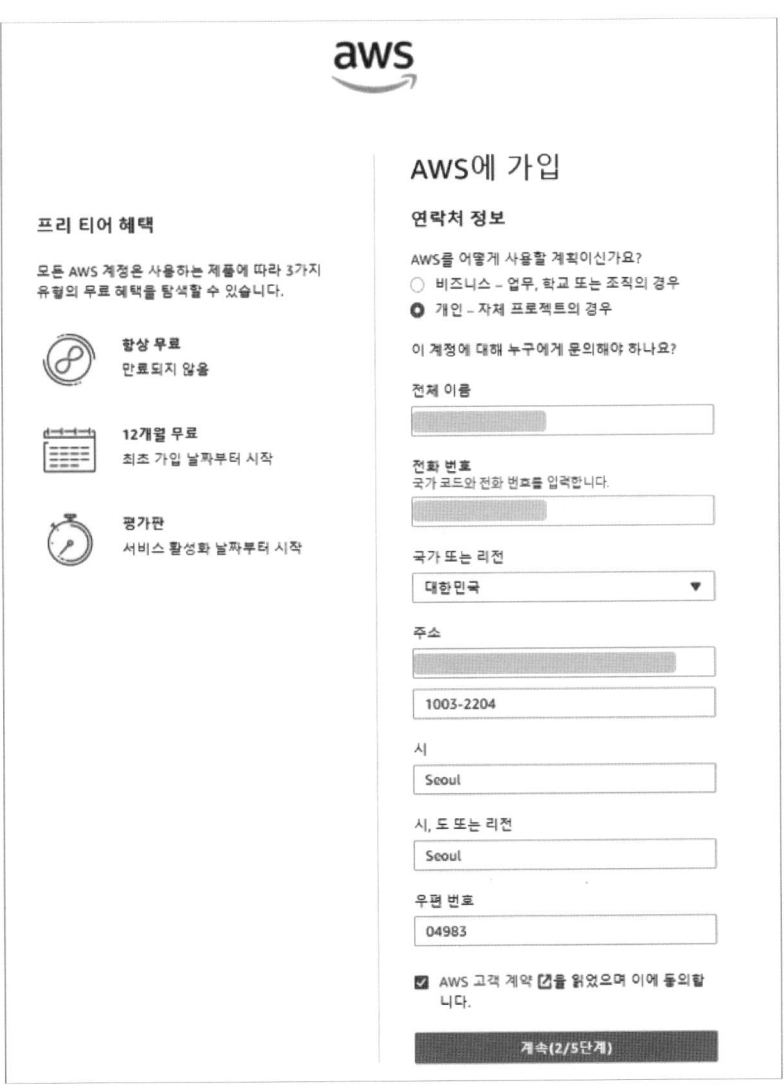

세 번째 단계에서는 신용카드 정보를 등록한다. 이 정보를 바탕으로 클라우드 요금이 청구되는데, 실습을 마친 후 클라우드 서비스를 삭제해야 과금되지 않는다.

신용카드 관련 정보를 설정한 후에 〈확인 및 계속(3/5단계)〉 버튼을 클릭한다.

카드 정보를 확인한 후 맨 아래에 있는 〈다음〉 버튼을 클릭한다.

'자격 증명 확인' 화면에서 [문자 메시지(SMS)]를 선택하고 휴대전화 번호를 등록한다. 그리고 아래 보안 문자를 입력하고 〈SMS 전송(4/5단계)〉 버튼을 클릭한다.

휴대전화로 전송된 코드를 입력하고 〈계속(4/5단계)〉 버튼을 클릭하여 회원가입을 마무리한다.

모든 절차가 마무리되면 다음과 같은 가입 환영 메시지가 출력된다.

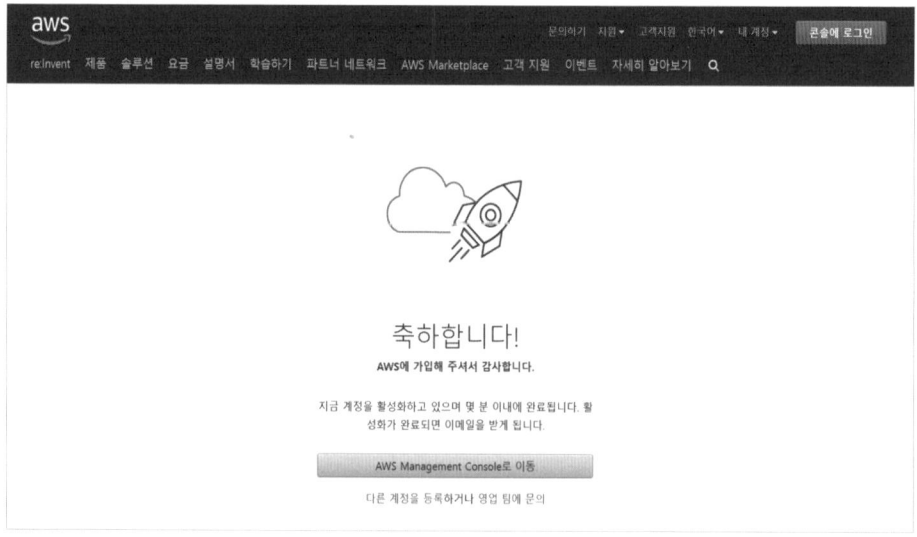

AWS 회원가입이 완료됐다. 이제 로그인하여 아마존 클라우드에 애플리케이션을 서비스해 보자.

11.2 AWS에 애플리케이션 배포하기

이제, 본격적으로 아마존 클라우드인 AWS에 웹 애플리케이션을 작성하여 등록해보자.

11.2.1 스프링 프로젝트 생성

이클립스 구동 후, [File] → [New] → [Project…] 메뉴를 순차적으로 클릭한다. 그리고 'Spring Boot' 폴더에 있는 'Spring Starter Project'를 선택하고 〈Next〉 버튼을 클릭한다.

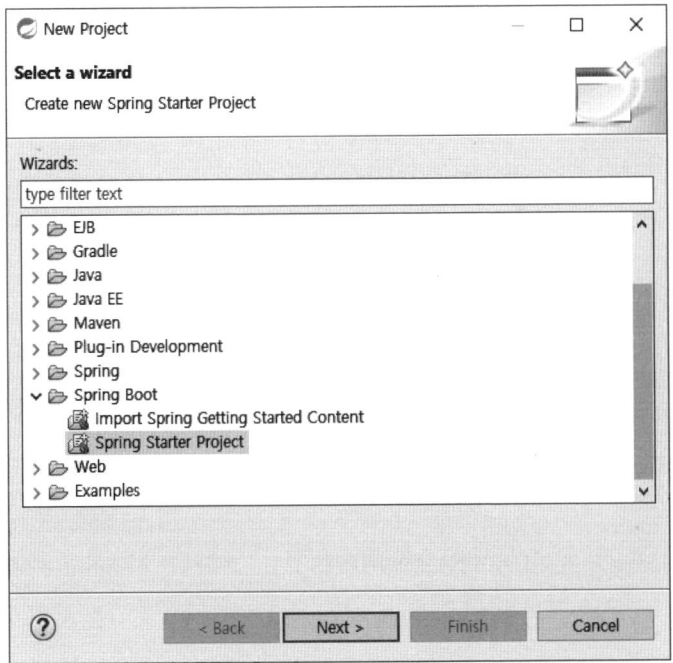

'Name'에 SampleWeb을 입력하고 'Package'를 com.ssamz.sample로 변경한다. 그리고 나머지는 JBlogWeb 프로젝트와 동일한 값으로 설정하고 〈Next〉 버튼을 클릭한다.

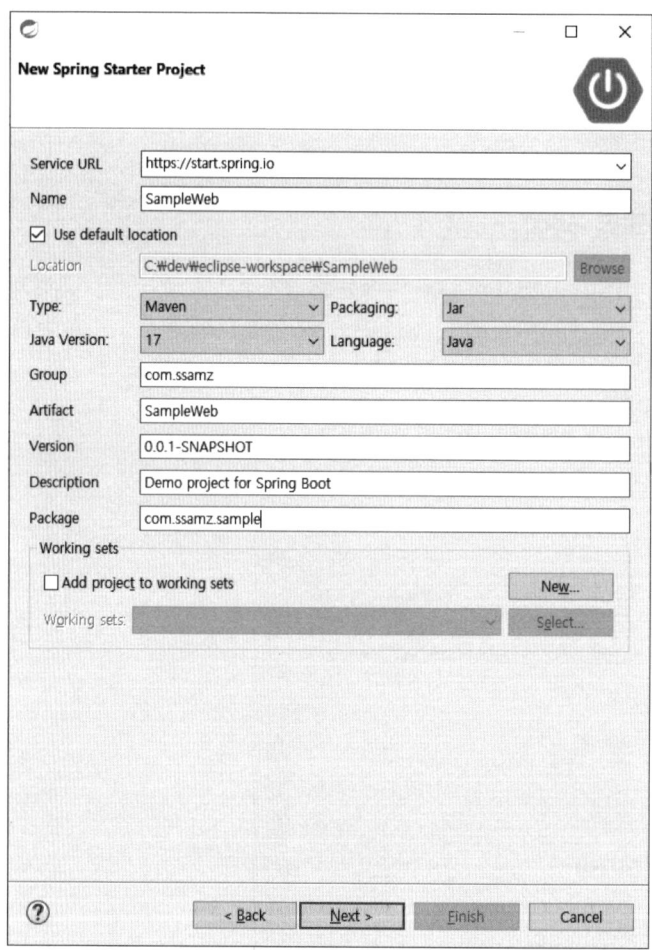

간단한 웹 애플리케이션을 작성할 것이므로 다음 화면에서 [Spring Web]만 선택하여 프로젝트를 생성한다.

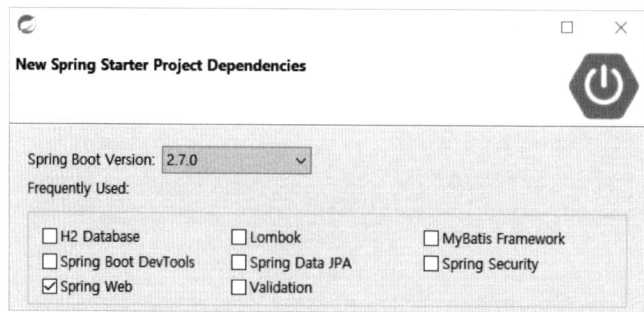

이클립스의 JRE 변경

스프링 부트 프로젝트가 생성됐으면, 이제 프로젝트에 설정되어 있는 자바 실행 환경(Java Runtime Environment, JRE)을 변경해야 한다. 개발을 진행하는 컴퓨터의 JRE와 실제 운용 컴퓨터의 JRE의 버전이 다르면 문제가 발생하기 때문이다. 참고로, 애플리케이션을 배포할 엘라스틱 빈즈토크는 현재 우리가 사용하고 있는 JRE보다 낮은 버전의 JRE를 사용한다.

현재 사용하고 있는 버전보다 낮은 버전의 Java를 다운로드하기 위해 아줄 시스템즈 홈페이지에 접속한다. 그리고 적절히 필터링하여 zulu11.56.19-ca-jdk11.0.15-win_x64.zip 파일을 다운로드한다. 다운로드 과정은 1장에서 자세히 설명하고 있으니 참고하기 바란다.

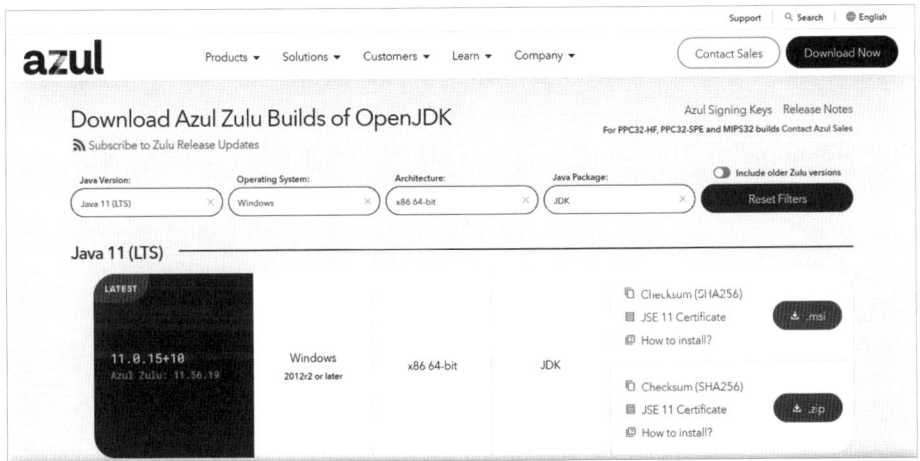

이제 다운로드한 zulu11.56.19-ca-jdk11.0.15-win_x64.zip 파일을 C:\DEV 위치에 압축 해제한다.

이제, 이클립스의 [Window] → [Preferences] 메뉴를 선택한다. 설정창이 뜨면 왼쪽에 있는 'Java'에 있는 'Installed JREs'를 클릭한다. 그리고 zulu17을 zulu11로 변경하기 위해 오른쪽에 있는 〈Edit…〉 버튼을 클릭한다.

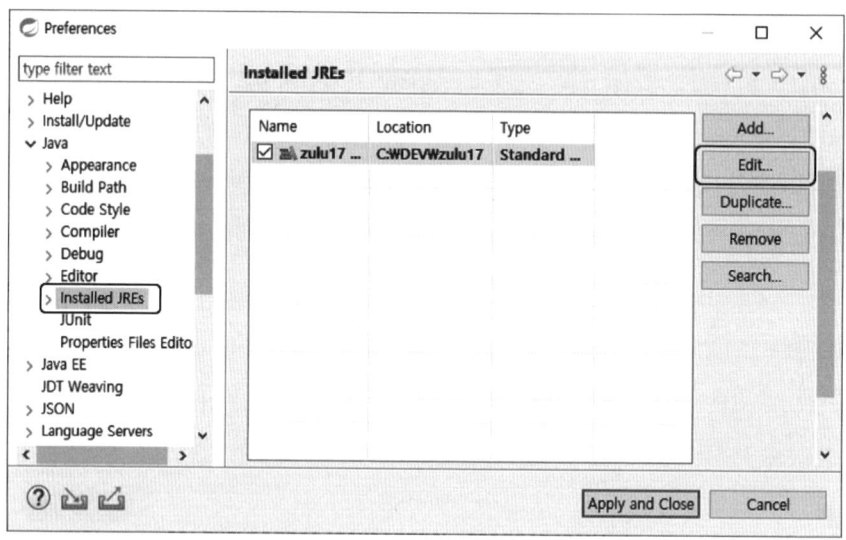

이제 'JRE home'과 'JRE name'을 둘 다 zulu11에 맞게 변경하고 〈Finish〉 버튼을 클릭한다.

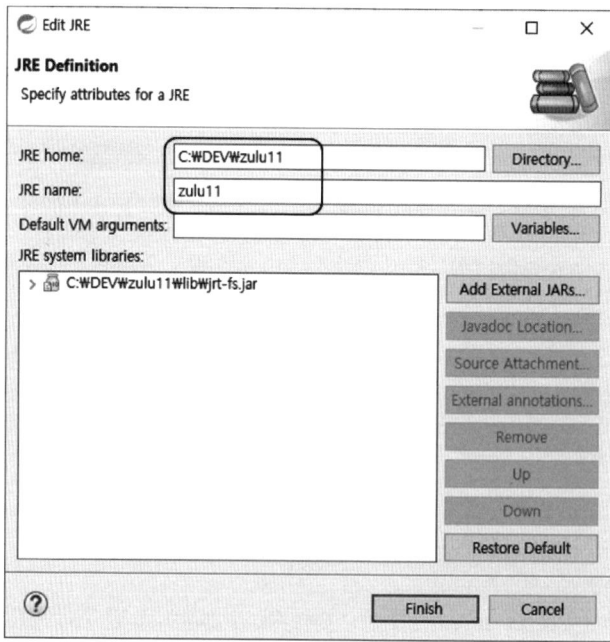

이클립스의 JRE home이 변경됐으면 〈Apply and Close〉 버튼을 클릭하여 설정을 종료한다.

애플리케이션의 JRE 변경

이제, 생성된 프로젝트의 JRE를 zulu11로 변경한다. 가장 먼저 SampleWeb 프로젝트를 선택하고 오른쪽 마우스로 클릭한 후 [Properties] 메뉴를 선택한다.

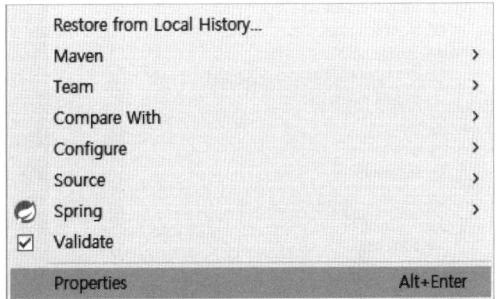

왼쪽에 있는 'Project Facets' 항목을 선택하고, Java 버전을 11로 변경한다. 마지막으로, 오른쪽에 있는 [Runtimes] 탭을 선택하고 zulu11로 변경한 후, 〈Apply and Close〉 버튼을 클릭한다.

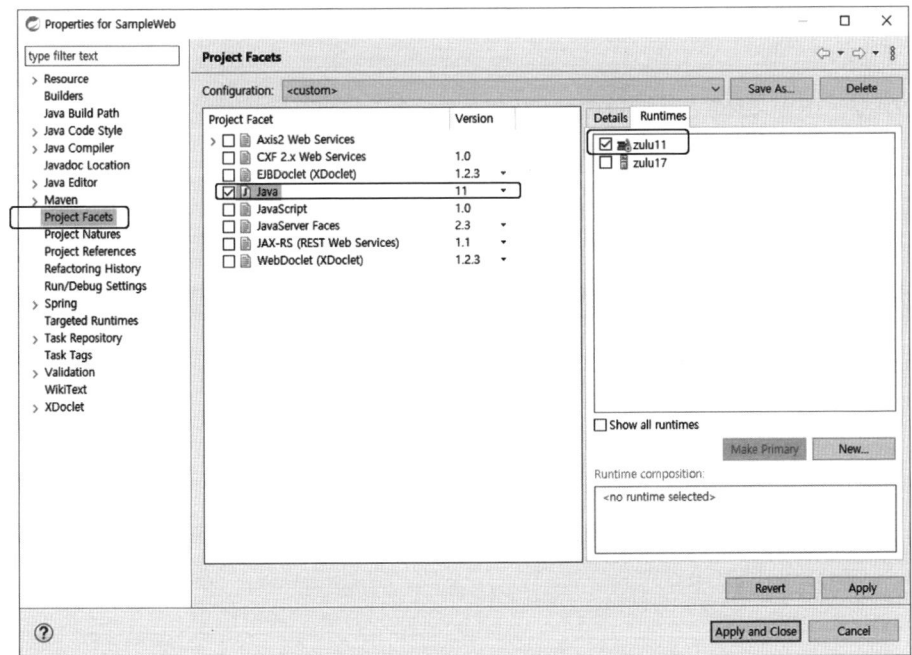

최종적으로 SampleWeb 프로젝트의 JRE 버전이 변경된 것을 확인한다.

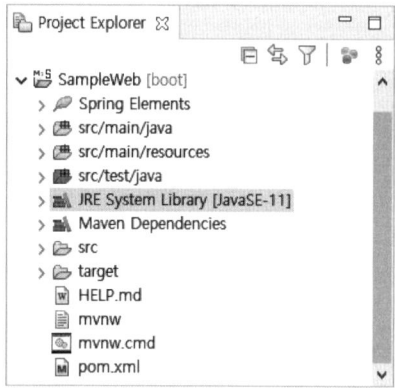

지금은 SampleWeb 프로젝트만 JRE 설정을 변경했지만, JBlogWeb 프로젝트도 AWS에 배포하려면 동일한 절차를 진행해야 한다.

11.2.2 웹 애플리케이션 구현

이제, AWS에 서비스할 간단한 테스트 웹 애플리케이션을 작성해보자.

YAML 파일 작성

src/main/resources 소스 폴더에 있는 application.properties 파일의 확장자를 yml로 변경하고 다음과 같이 설정한다.

```
# 서버 설정
server:
  port: 5000
  servlet:
    context-path: /
    encoding:
      charset: UTF-8
```

엘라스틱 빈즈토크는 내부적으로 엔진엑스라는 웹 서버를 이용하는데, 엔진엑스는 80 포트로 외부의 HTTP 요청을 받아 5000 포트를 사용하여 웹 애플리케이션에 포워딩한다. 따라서 웹 애플리케이션이 실행되는 내장 톰캣의 포트를 5000으로 설정해야 한다.

컨트롤러 작성

이제, com.ssamz.sample.controller 패키지에 HelloController 클래스를 생성하고 매개변수로 받은 사용자 이름을 반환하는 hello( ) 메소드를 작성한다.

```
src/main/java/com/ssamz/sample/controller/HelloController.java
```

```java
package com.ssamz.sample.controller;

import org.springframework.web.bind.annotation.GetMapping;
import org.springframework.web.bind.annotation.RestController;

@RestController
public class HelloController {
    @GetMapping("/hello")
    public String hello(String name) {
        return "Hello: " + name;
    }
}
```

애플리케이션 테스트

SampleWeb 애플리케이션의 메인 클래스인 SampleWebApplication을 실행하고 브라우저에서 다음과 같이 요청하여 HelloController 클래스를 테스트한다.

http://localhost:5000/hello?name=Gurum

내장 톰캣의 포트 번호를 5000으로 설정했으므로 애플리케이션을 요청할 때 URL의 포트 번호를 확인한다.

애플리케이션 빌드

작성한 웹 애플리케이션을 실제 운용 서버에 배포하기 위해 WAR 파일이나 JAR 파일로 패키징해야 한다. 스프링 부트에서는 웹 애플리케이션을 JAR 파일로 패키징하여 배포할 수 있으며 Spring Starter Project 템플릿에서도 JAR 파일 패키징을 제공한다. 지금은 JAR 파일로 패키징 할 것이므로 그대로 진행하면 되지만, 만약 WAR 파일로 설정하고 싶다면 pom.xml 파일을 다음과 같이 수정해야 한다.

```xml
1  <?xml version="1.0" encoding="UTF-8"?>
2  <project xmlns="http://maven.apache.org/POM/4.0.0" xmlns:xsi="http://www.w3.org/2001/XM
3      xsi:schemaLocation="http://maven.apache.org/POM/4.0.0 https://maven.apache.org/xsd/
4      <modelVersion>4.0.0</modelVersion>
5      <parent>
6          <groupId>org.springframework.boot</groupId>
7          <artifactId>spring-boot-starter-parent</artifactId>
8          <version>2.6.4</version>
9          <relativePath/> <!-- lookup parent from repository -->
10     </parent>
11     <groupId>com.ssamz</groupId>
12     <artifactId>SampleWeb</artifactId>
13     <version>0.0.1-SNAPSHOT</version>
14     <name>SampleWeb</name>
15     <packaging>war</packaging>
16     <description>Demo project for Spring Boot</description>
17     <properties>
18         <java.version>11</java.version>
19     </properties>
```

프로젝트를 빌드할 때 파일명을 지정하지 않으면, pom.xml 파일의 〈artifactId〉 태그와 〈version〉 태그 설정을 기반으로 자동으로 파일명이 결정된다. 따라서 현재 상태에서 프로젝트를 빌드하면 파일명은 SampleWeb-0.0.1.SNAPSHOT.jar가 된다.

파일명을 변경하려면 다음과 같이 pom.xml 파일에서 〈build〉 태그 하위에 〈finalName〉 태그로 지정해주어야 한다.

```
33   <build>
34       <finalName>SampleWeb</finalName>
35       <plugins>
36           <plugin>
37               <groupId>org.springframework.boot</groupId>
38               <artifactId>spring-boot-maven-plugin</artifactId>
39           </plugin>
40       </plugins>
41   </build>
42
43 </project>
```

이제, 애플리케이션을 패키징하기 위해 프로젝트에서 마우스 오른쪽을 클릭하고 [Run As] → [Maven build…] 메뉴를 순차적으로 선택한다.

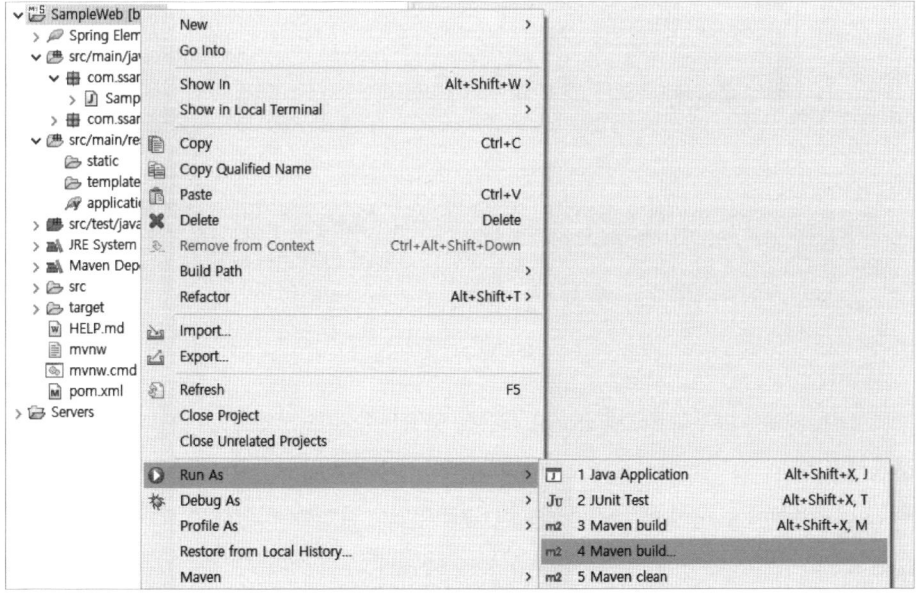

그리고 다음과 같은 창에서 'Goals'를 clean package로 지정한다. 이때, clean은 빌드 과정에서 생성된 파일과 폴더들을 제거하라는 의미이고 package는 SampleWeb 프로젝트를 pom.xml 설정대로 패키징하라는 의미다.

마지막으로 [Skip Tests] 항목에 체크하는데, 이는 빌드 과정에서 테스트와 관련된 클래스는 실행하지 말라는 의미다. 만약 [Skip Tests] 항목에 체크하지 않으면 빌드 작업에 더 많은 시간이 소요될 수 있다.

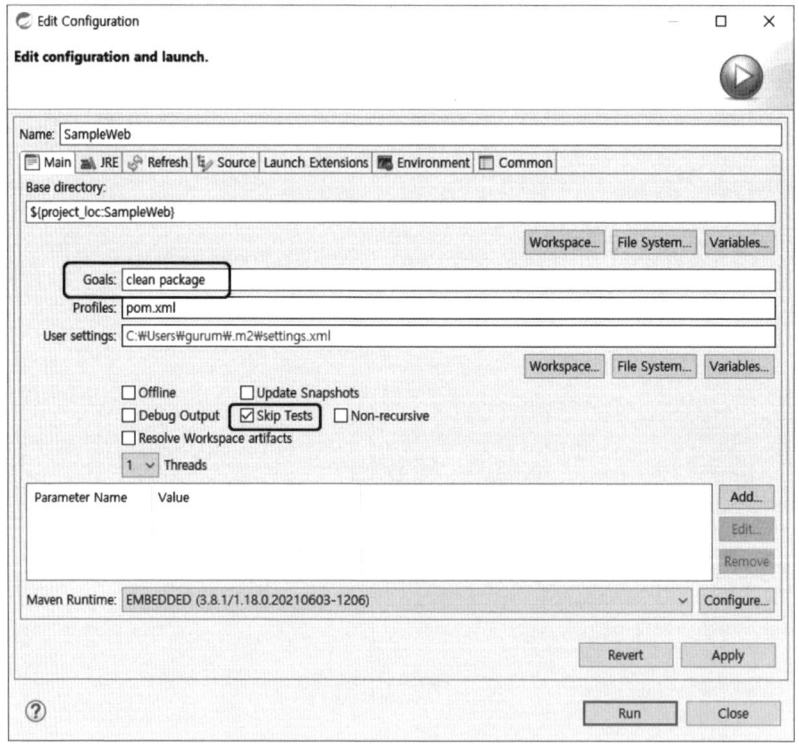

빌드 관련 설정이 마무리됐으면 〈Run〉 버튼을 클릭해서 빌드 작업을 실행한다. 이클립스 콘솔창에 실행 결과로 BUILD SUCCESS라는 메시지가 출력된 후, 프로젝트를 새로고침해보면 target 폴더에 SampleWeb.jar 파일이 생성된 것을 확인할 수 있다.

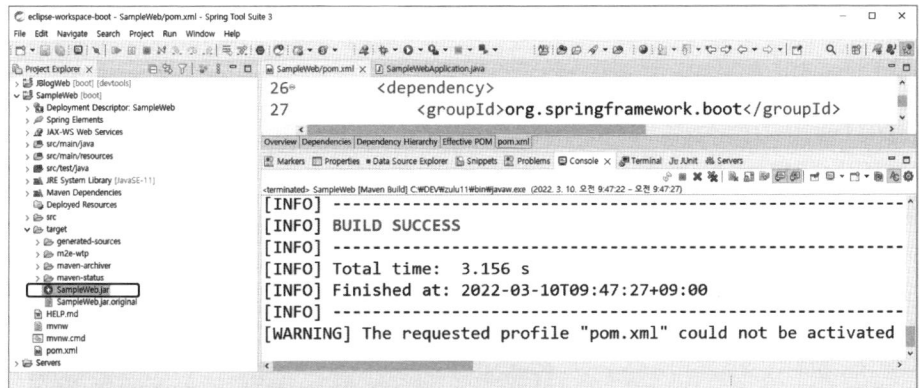

이렇게 생성된 SampleWeb.jar 파일을 AWS의 엘라스틱 빈즈토크에 업로드하면 된다.

11.2.3 애플리케이션 업로드

이제, AWS를 이용하여 외부의 사용자가 지금까지 작성한 SampleWeb 애플리케이션에 접근할 수 있도록 서비스해보자.

AWS 로그인

아마존 클라우드 홈페이지의 메인 화면 오른쪽 위에 있는 〈콘솔에 로그인〉 버튼을 클릭한다.

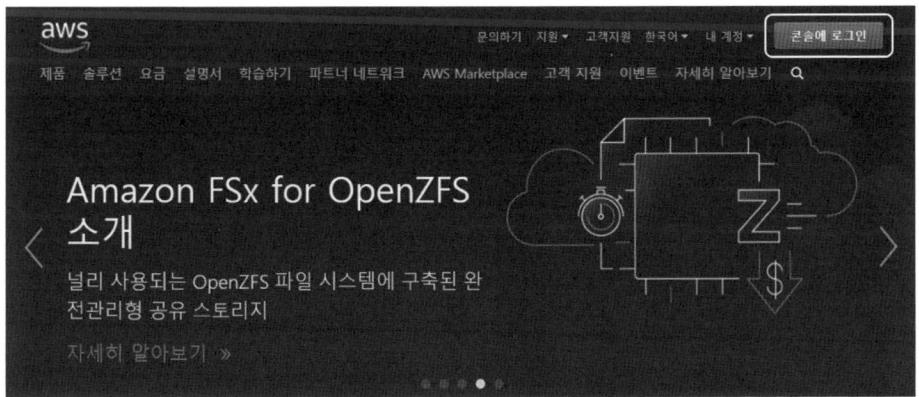

로그인 화면에서 회원가입할 때 설정했던 이메일을 입력하고 〈다음〉 버튼을 클릭한다.

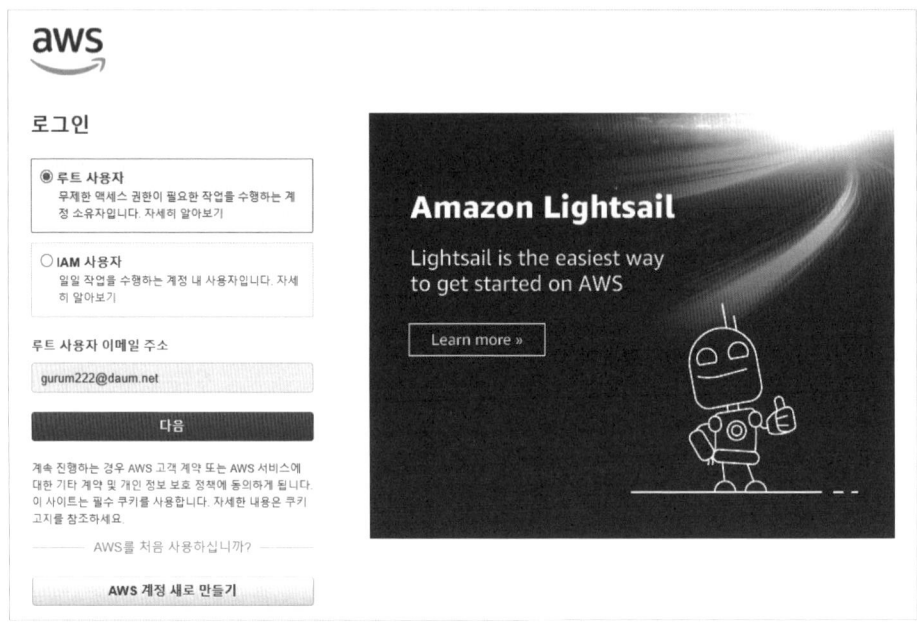

다음 화면에서 보안 검사 문자를 입력하고 〈제출〉 버튼을 클릭한다.

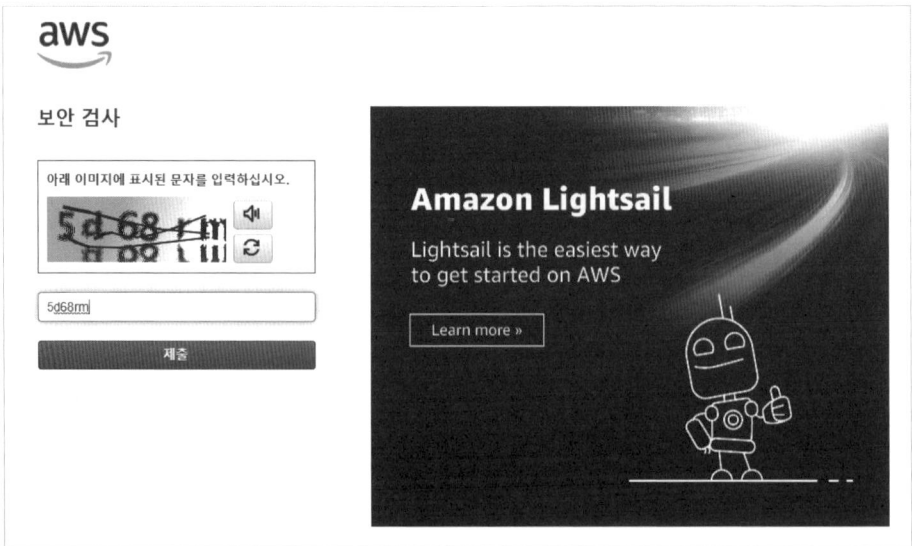

회원가입할 때 등록했던 비밀번호를 입력하고 〈로그인〉 버튼을 클릭한다.

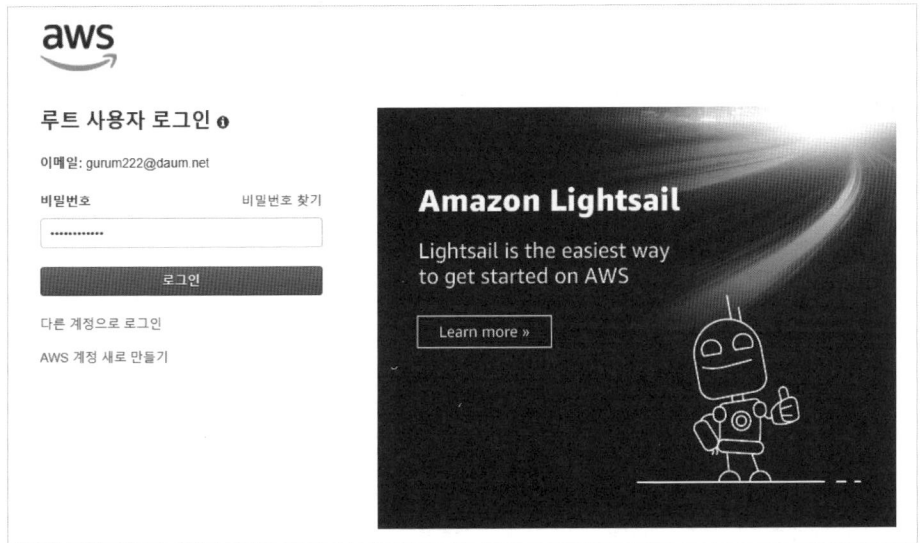

엘라스틱 빈즈토크 설정

아마존 클라우드 홈페이지에 로그인한 후, [서비스] → [컴퓨팅] → [Elastic Beanstalk] 메뉴를 클릭한다.

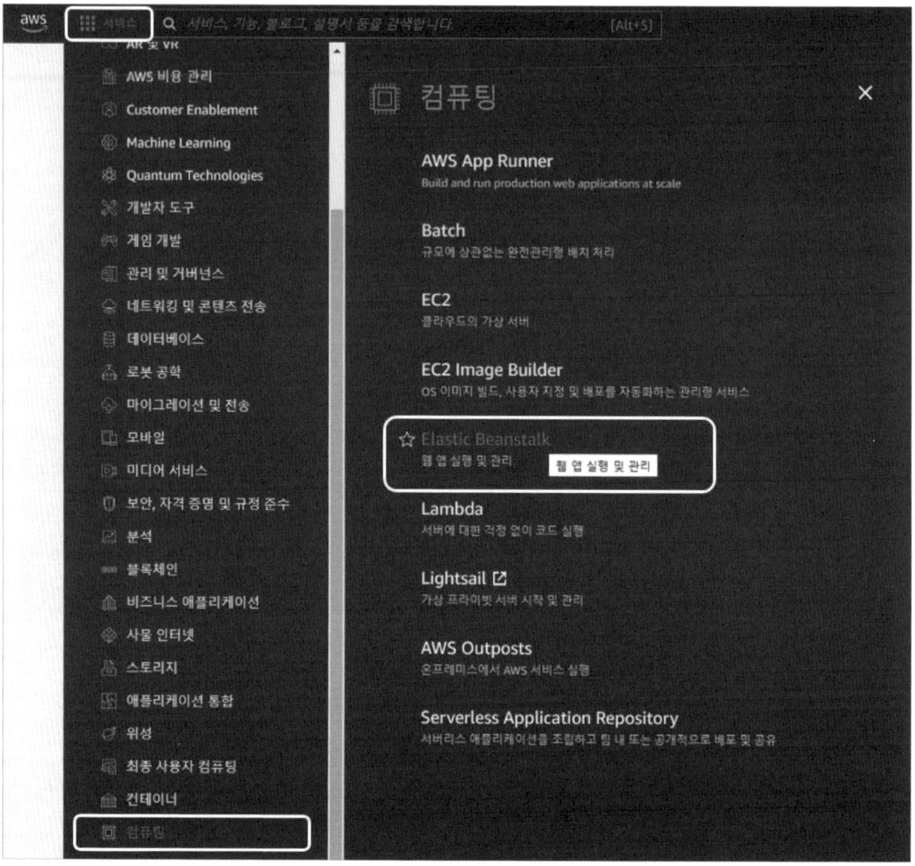

엘라스틱 빈즈토크 설정 화면으로 이동한 후에 오른쪽에 있는 〈Create Application〉 버튼을 클릭하여 애플리케이션을 등록한다.

애플리케이션 등록

먼저 '애플리케이션 정보'의 애플리케이션 이름을 등록한다. 그리고 플랫폼을 Java로 설정한다. 플랫폼을 선택하면 플랫폼 브랜치와 플랫폼 버전이 자동으로 설정된다.

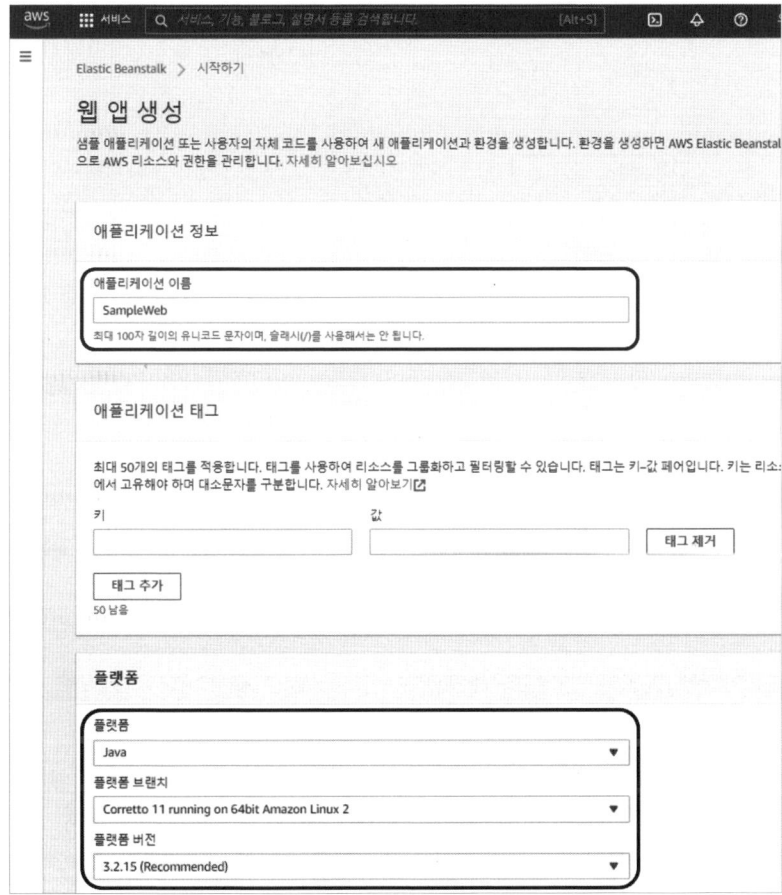

이제, 스크롤을 내려 '애플리케이션 코드'에서 [코드 업로드]를 선택한다. 그리고 '소스 코드 오리진'에서 [로컬 파일]을 선택하고, 바로 아래에 있는 〈파일 선택〉 버튼을 클릭한다. SampleWeb 프로젝트의 target 폴더에 생성한 SampleWeb.jar 파일을 찾아서 업로드한 후 〈애플리케이션 생성〉 버튼을 클릭한다.

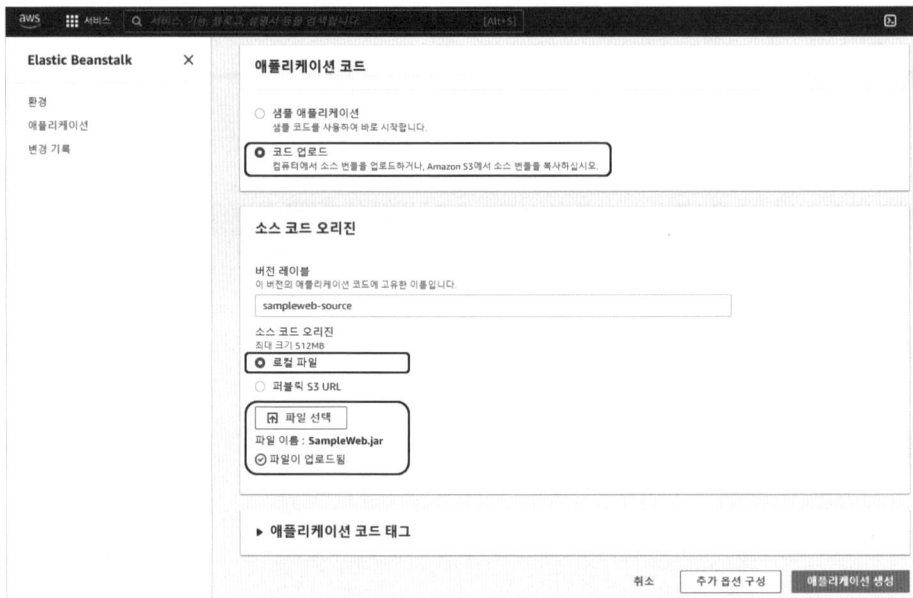

애플리케이션 테스트

엘리스틱 빈즈토크에 애플리케이션이 등록되기까지 3~5분 정도의 시간이 필요하다. 애플리케이션 등록이 성공하면 다음과 같은 화면이 출력된다.

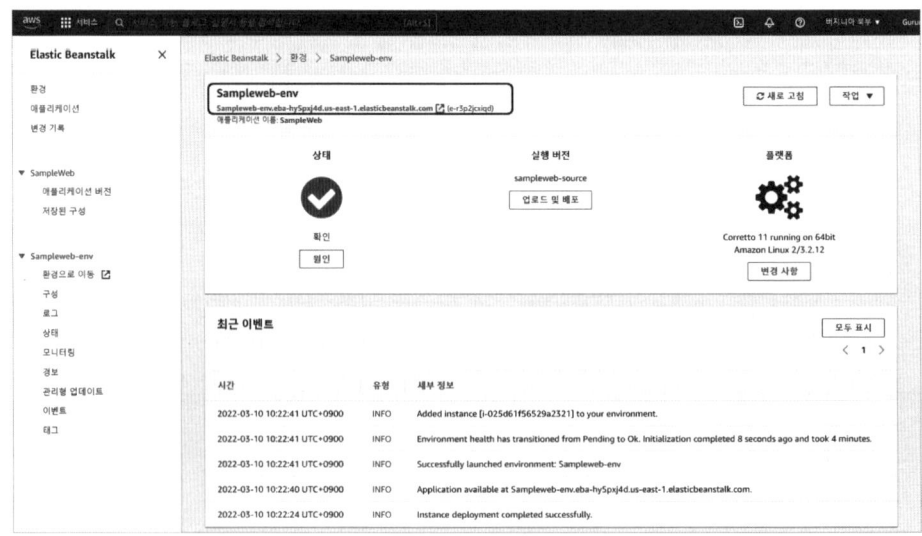

이제 'Sampleweb-env' 아래에 있는 링크를 클릭하면 새 브라우저가 실행되면서 다음과 같은 Not Found 화면이 출력된다. 서버가 지원하지 않는 URI 요청이므로 당연한 결과다.

요청 URI 뒤에 /hello?name=Gurum을 추가하여 다시 한번 시도해보면 다음과 같이 정상적인 실행 결과를 확인할 수 있다.

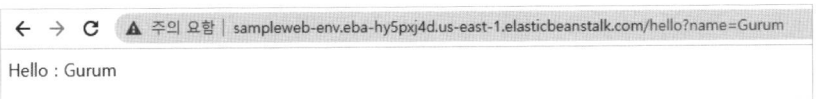

로그 확인

엘리스틱 빈즈토크에 애플리케이션이 정상적으로 등록되지 않거나 문제가 발생할 때는 로그를 분석해야 한다. 로그를 분석하기 위해 왼쪽에 있는 'Sampleweb-env'의 [로그] 메뉴를 선택한다. 그리고 〈로그 요청〉 버튼을 클릭하여 마지막 100줄의 로그나 전체 로그를 확인할 수 있다.

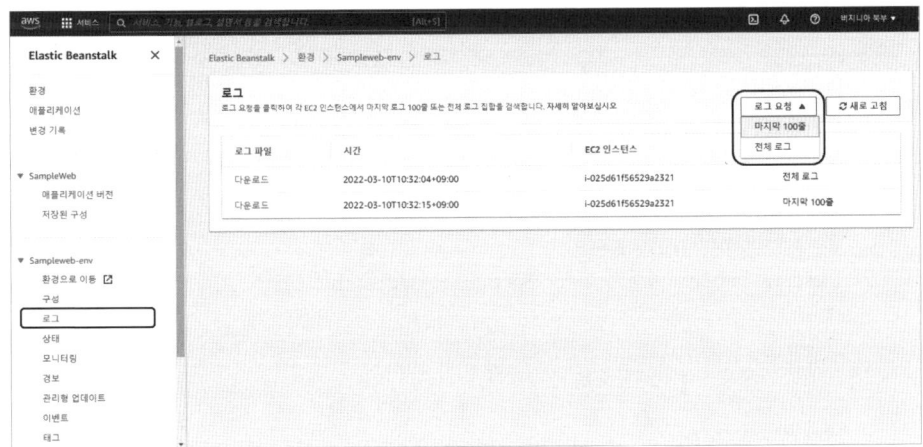

11.3 AWS에 블로그 시스템 배포하기

현재 우리가 개발한 JBlogWeb 시스템은 로컬에서만 사용할 수 있다. 이제, JBlogWeb 시스템을 AWS의 엘라스틱 빈즈토크에 배포하여 외부 사용자도 이용할 수 있도록 해보자.

11.3.1 JBlogWeb 프로젝트 수정

JBlogWeb 시스템을 글로벌하게 서비스하기 위해서는 pom.xml 파일을 비롯하여 몇 가지 파일을 수정해야 한다.

프로젝트 설정 수정

우선, JBlogWeb 프로젝트의 JRE 버전을 이전에 SampleWeb 프로젝트와 동일하게 변경한다. 그리고 application.yml 파일을 다음과 같이 수정한다.

```xml
                                                                  JBlogWeb/pom.xml
<?xml version="1.0" encoding="UTF-8"?>
<project xmlns="http://maven.apache.org/POM/4.0.0"
    xmlns:xsi="http://www.w3.org/2001/XMLSchema-instance"
    xsi:schemaLocation="http://maven.apache.org/POM/4.0.0
    https://maven.apache.org/xsd/maven-4.0.0.xsd">
    <modelVersion>4.0.0</modelVersion>

    ~ 생략 ~

    <groupId>com.ssamz</groupId>
    <artifactId>JBlogWeb</artifactId>
    <version>0.0.1-SNAPSHOT</version>
    <name>JBlogWeb</name>
    <packaging>war</packaging>
    <description>Demo project for Spring Boot</description>

    ~ 생략 ~

    <build>
```

```
<finalName>JBlogWeb</finalName>
<plugins>
    <plugin>

    ~ 생략 ~
```

JBlogWeb 프로젝트를 WAR 파일로 패키징하기 위해 〈packaging〉 태그 설정을 war로 지정했다. 그리고 패키징 결과 파일의 이름을 JBlogWeb으로 변경하기 위해 〈build〉 태그 하위에서 〈fileName〉 태그를 이용했다.

만약, pom.xml 파일을 수정한 후 프로젝트나 pom.xml 파일에 에러 표시가 보이면 다음과 같이 마우스 오른쪽을 클릭해 [Maven] → [Update Project...] 메뉴를 선택하면 된다.

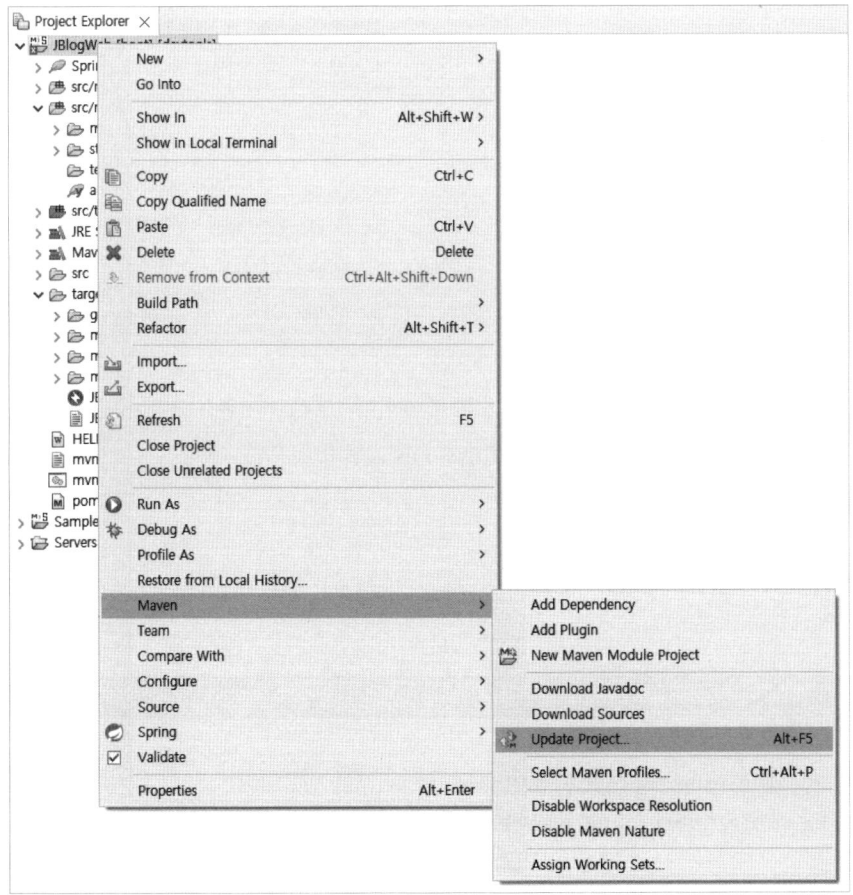

YAML 파일 수정

이제, application.yml 파일을 다음과 같이 수정한다.

```
                                            src/main/resources/application.yml
~ 생략 ~

# 서버 설정
server:
  port: 5000
  servlet:
    context-path: /
    encoding:
      charset: UTF-8

# 데이터소스 설정
  datasource:
    driver-class-name: org.h2.Driver
    url: jdbc:h2:mem:jblog
    username: sa
    password:

~ 생략 ~
```

내장 톰캣의 포트 번호를 8080에서 5000으로 수정한다. 그리고 기존 H2 데이터베이스에 대한 데이터소스 설정을 파일 시스템에서 메모리 DB로 변경한다.

메인 환경 설정 클래스 수정

메인 환경 설정 클래스는 다음과 같이 수정한다.

```
                         src/main/java/com/ssamz/jblog/JBlogWebMvcConfiguration.java
~ 생략 ~
import org.springframework.boot.builder.SpringApplicationBuilder;
import org.springframework.boot.web.servlet.support.SpringBootServletInitializer;
```

```java
@SpringBootApplication
public class JBlogWebApplication extends SpringBootServletInitializer {
    public static void main(String[] args) {
        SpringApplication.run(JBlogWebApplication.class, args);
    }

    @Override
    protected SpringApplicationBuilder configure(
    SpringApplicationBuilder application) {
        return application.sources(JBlogWebApplication.class);
    }
}
```

web.xml 파일은 웹 애플리케이션 전체의 환경을 제어하는 설정 파일이다. 서블릿 컨테이너가 web.xml 파일을 로딩하여 web.xml 파일에 등록되어 있는 DispatcherServlet을 생성하면, DispatcherServlet 객체가 스프링 컨테이너를 만든다.

하지만 스프링 부트로 프로젝트를 생성하면 할 때 WEB-INF 폴더를 기본으로 제공하지 않으며, 당연히 web.xml 파일도 제공하지 않는다. 스프링 부트에서는 이러한 web.xml 파일의 역할을 대신할 SpringBootServletInitializer를 제공한다. 메인 환경 설정 클래스에서 이를 상속하여 configure( ) 메소드를 오버라이딩하면, 서블릿 컨테이너가 구동되는 시점에 스프링 컨테이너(AnnotationConfigEmbeddedWebApplicationContext)를 생성한다.

11.3.2 웹 애플리케이션 등록

이제, 엘리스틱 빈즈토크에 JBlogWeb 애플리케이션을 등록해보자.

프로젝트 패키징

메이븐을 이용하여 이클립스의 JBlogWeb 프로젝트를 패키징한다.

프로젝트 패키징 과정은 앞에서 SampleWeb 프로젝트로 테스트했던 것과 같다.

애플리케이션 등록

AWS 콘솔에 접속하여 엘라스틱 빈즈토크 설정 화면으로 이동한다.

그리고 오른쪽에 있는 〈Create Application〉 버튼을 클릭하여 애플리케이션 등록 화면으로 이동한다. 다음 화면에서 '애플리케이션 정보'에 애플리케이션 이름을 JBlogWeb으로 등록한다.

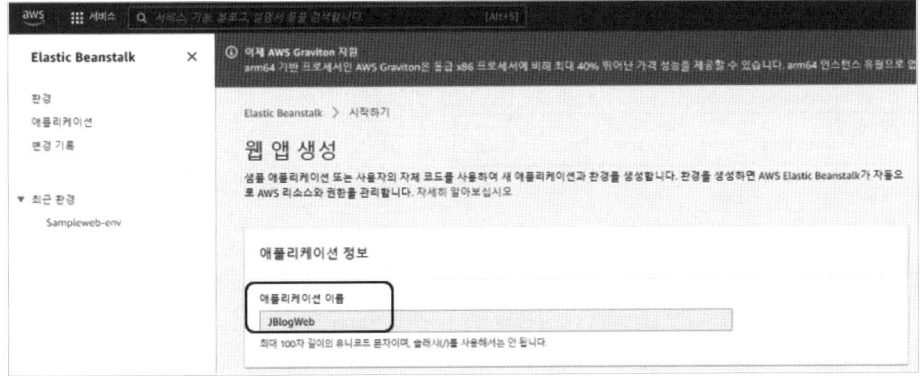

플랫폼은 Java가 아닌 Tomcat을 선택하고 나머지는 기본 설정을 유지한다.

'애플리케이션 코드'에서는 [코드 업로드]를 선택하고, 아래 '소스 코드 오리진'에서 [로컬 파일]을 선택한다. 그리고 〈파일 선택〉 버튼을 클릭하여 JBlogWeb.war 파일을 등록한다. 모든 설정을 확인한 후 맨 아래에 〈애플리케이션 생성〉 버튼을 클릭하여 애플리케이션 생성을 마무리한다.

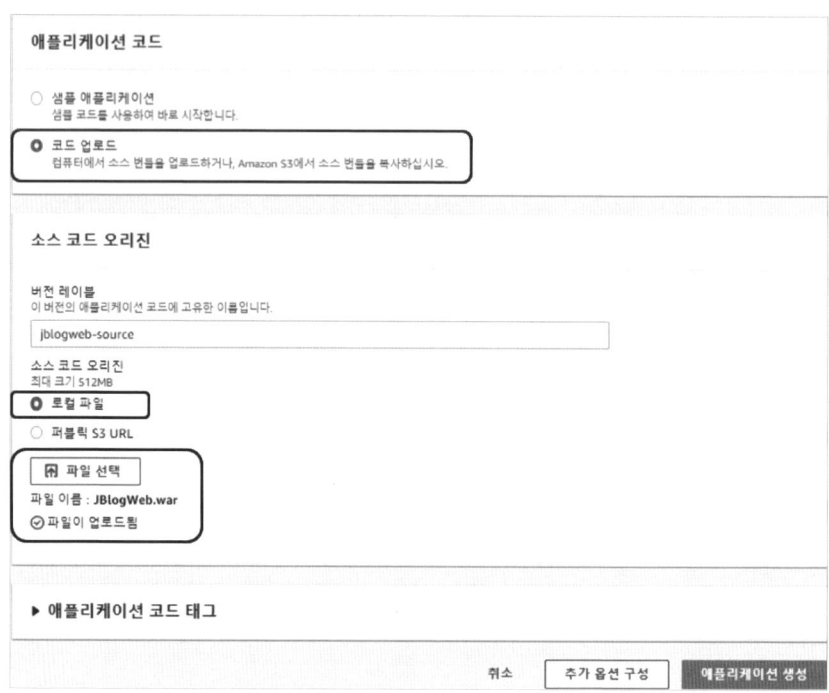

애플리케이션 생성이 정상적으로 완료되면 다음과 같은 화면이 제공된다.

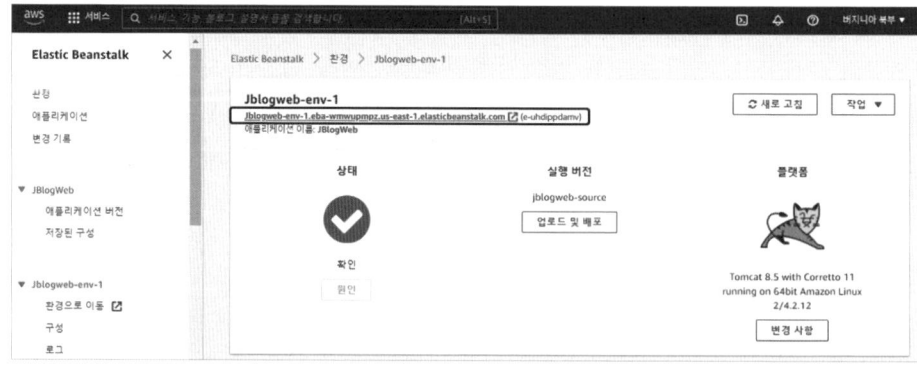

'Jblog-web-env-1' 아래에 있는 링크를 클릭하여, 등록된 JBlogWeb 애플리케이션이 정상적으로 동작하는지 확인한다.

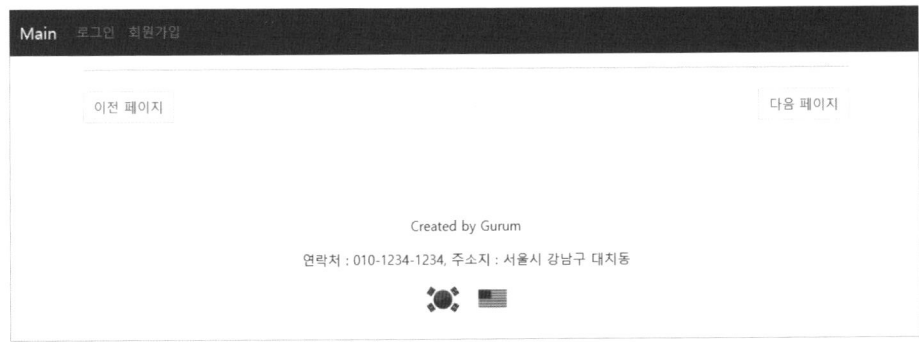

이제, 전 세계 어디에서든 JBlogWeb 시스템에 접속할 수 있는 환경이 되었다.

11.3.3 OAuth 설정 수정

엘리스틱 빈즈토크에 등록한 JBlogWeb 시스템의 기본 기능은 정상적으로 동작한다. 하지만 OAuth를 적용한 카카오 인증이나 구글 인증은 리디렉션 URI를 변경하지 않으면 동작하지 않는다.

카카오 인증

먼저 카카오 개발자 사이트에 접속한다. 그리고 상단에 [내 애플리케이션] 메뉴를 클릭한 후 JBlogWeb 애플리케이션을 선택한다.

요약 정보에서 '플랫폼'을 클릭하고 'Web' 영역을 보면 사이트 도메인이 localhost로 되어있다. 오른쪽 〈수정〉 버튼을 클릭한다.

사이트 도메인을 AWS에 등록한 JBlogWeb URL(http://jblogweb-env-1.eba-wmwupmpz.us-east-1.elasticbeanstalk.com)로 변경한다.

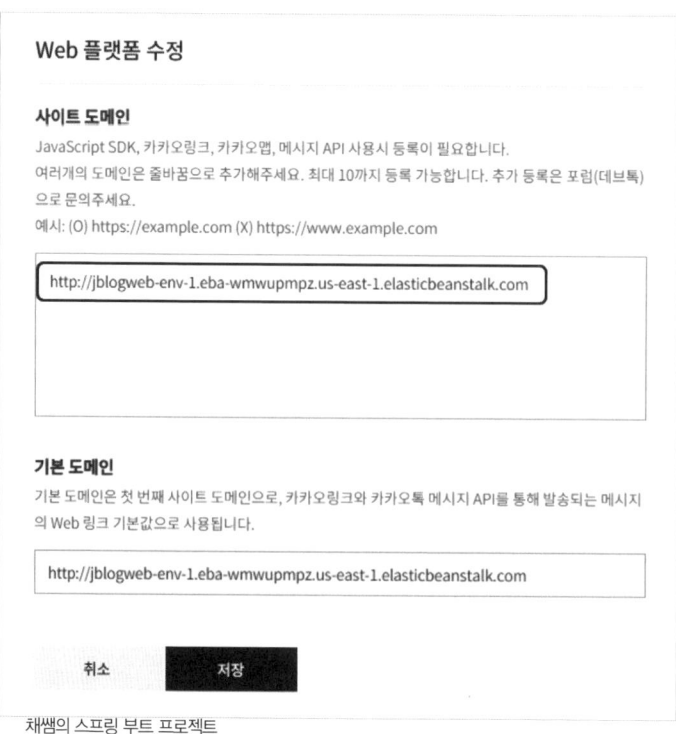

주의할 것은 등록하는 URL 맨 뒤에 슬래시(/)가 없어야 한다는 것이다. 그렇지 않으면 유효하지 않은 도메인으로 처리된다. 이제, 〈저장〉 버튼을 클릭하여 설정을 저장한다.

다음과 같이 설정을 한 번 더 확인하는 창이 뜨면 〈확인〉 버튼을 클릭한다.

이제, Redirect URI를 변경하기 위해 '등록하러 가기' 링크를 클릭한다.

그리고 카카오 로그인 설정에서 〈수정〉 버튼을 클릭한다.

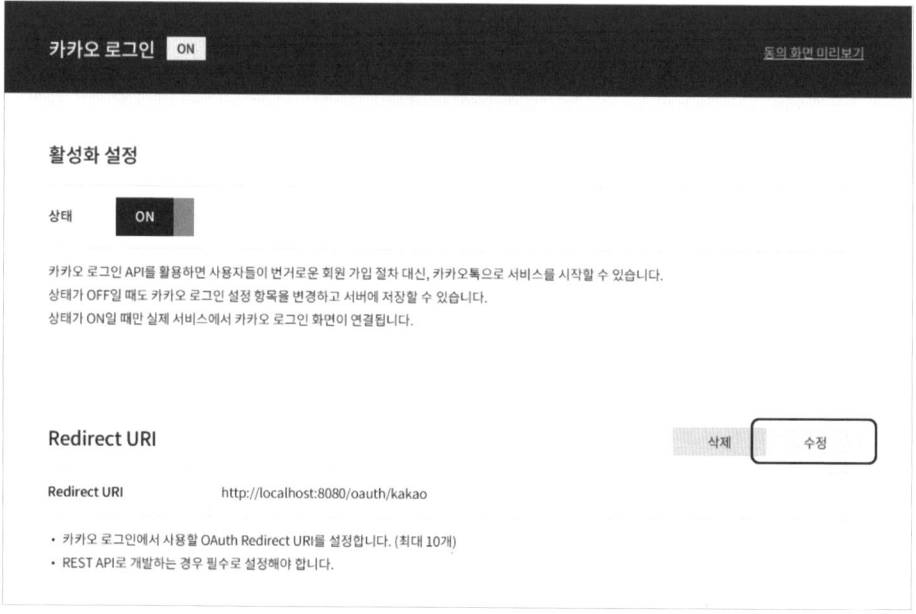

이제, Redirect URI를 다음과 같이 수정하고 〈저장〉 버튼을 클릭한다.

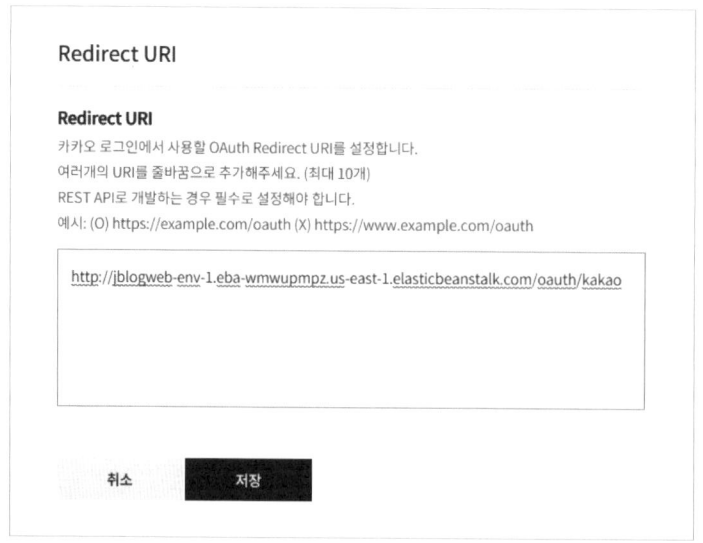

수정된 Redirect URI는 재사용하기 위해 메모장에 저장한다.

- 리디렉션 URI: http://jblogweb-env-1.eba-wmwupmpz.us-east-1.elasticbeanstalk.com/oauth/kakao

이제, Redirect URI를 사용하는 KakaoLoginService 클래스의 getAccessToken( ) 메소드를 수정한다.

```
src/main/java/com/ssamz/jblog/service/KakaoLoginService.java

~ 생략 ~

@Service
public class KakaoLoginService {

    ~ 생략 ~

    public String getAccessToken(String code) {
        // HttpHeader 생성(MIME Type)
        HttpHeaders header = new HttpHeaders();
        header.add("Content-type",
            "application/x-www-form-urlencoded;charset=utf-8");

        // HttpBody 생성(4개의 필수 파라미터 설정)
        MultiValueMap<String, String> body = new LinkedMultiValueMap<>();
        body.add("grant_type", "authorization_code");
        body.add("client_id", "8c731e6f07cad89dcbfa1108bc249a89");
        body.add("redirect_uri",
"http://jblogweb-env-1.eba-wmwupmpz.us-east-1.elasticbeanstalk.com/oauth/kakao");
        body.add("code", code);

    ~ 생략 ~
```

카카오 개발자 사이트에서 설정한 Redirect URI와 같게 변경했다. 마지막으로, 〈카카오 로그인〉 버튼을 제공하는 login.jsp 파일을 수정한다.

```
                                    src/main/webapp/WEB-INF/jblog/system/login.jsp
~ 생략 ~

<button id="btn-login" class="btn btn-secondary"><spring:message code="user.login.
form.login_btn"/></button>
<a href="https://kauth.kakao.com/oauth/authorize?client_id=8c731e6f07cad89dcbfa1108b-
c249a89&redirect_uri=http://jblogweb-env-1.eba-wmwupmpz.us-east-1.elasticbeanstalk.
com/oauth/kakao&response_type=code"><img height="38px" src="/image/kakao_login_btn.
png"></a>
<a href="../oauth2/authorization/google"><img height="38px" src="/image/google_login_
btn.png"></a>

~ 생략 ~
```

이제, JBlogWeb 프로젝트를 다시 WAR 파일로 패키징하고 AWS의 엘라스틱 빈즈토크 관리 화면으로 이동한 후에 〈업로드 및 배포〉 버튼을 클릭한다.

〈파일 선택〉 버튼을 클릭하여 새롭게 만들어진 JBlogWeb.war 파일을 업로드하고 〈배포〉 버튼을 클릭한다.

이제 JBlogWeb 애플리케이션에 접속하여 〈카카오 로그인〉 기능을 테스트한다.

구글 인증

구글 인증에 대해서는 수정할 내용도 간단하다. 가장 먼저 구글 클라우드 콘솔에 접속하여 JBogWeb-OAuth-Google 프로젝트가 선택되어 있는지 확인한다. 그리고 [API 및 서비스] → [사용자 인증 정보] 메뉴를 클릭한다.

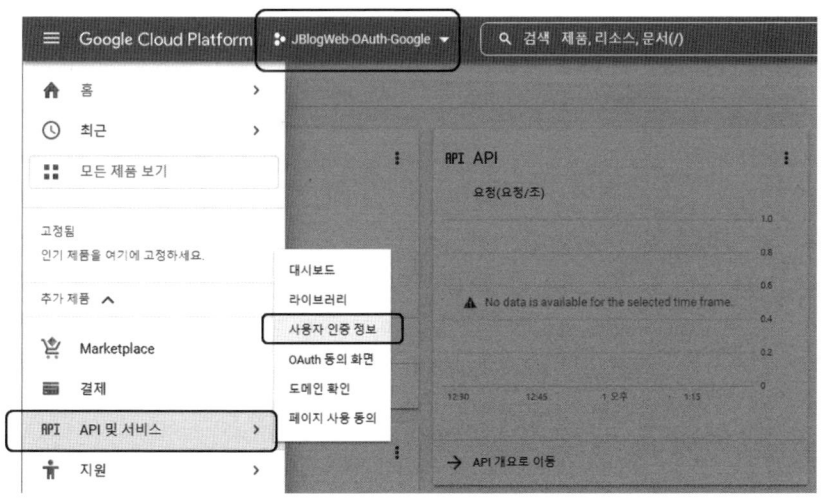

'OAuth 2.0 클라이언트 ID'에 있는 'JBlogWeb'을 클릭한다.

이제, 승인된 리디렉션 URI를 변경해야 한다.

URI 1에 설정되어 있는 http://localhost:8080/login/oauth2/code/google의 'localhost:8080' 부분을 'jblogweb-env-1.eba-wmwupmpz.us-east-1.elasticbeanstalk.com'로 변경한다. 완성된 리디렉션 URI는 다음과 같다.

- Redirect URI: http://jblogweb-env-1.eba-wmwupmpz.us-east-1.elasticbeanstalk.com/login/oauth2/code/google

리디렉션 URI를 수정했으면 〈저장〉 버튼을 클릭하고 구글 로그인 기능을 테스트해본다.

11.4 AWS RDS 이용하기

지금까지 아마존에서 제공하는 엘라스틱 빈즈토크를 이용하여 웹 애플리케이션을 글로벌 서비스로 등록했다. 이번 절에서는 지금까지 사용했던 H2 데이터베이스를 아마존에서 제공하는 아마존 관계형 데이터베이스 서비스(Amazon Relational Database Service, RDS)를 이용하여 대체하려고 한다.

11.4.1 RDS 설정

RDS는 클라우드에서 관계형 데이터베이스를 쉽고 빠르게 설치 및 운영할 수 있도록 하는 서비스다.

MySQL 설치

아마존 클라우드 홈페이지에 로그인한 상태에서 왼쪽 위에 있는 [서비스] 메뉴를 클릭한다. 그리고 [데이터베이스] → [RDS] 메뉴를 선택한다.

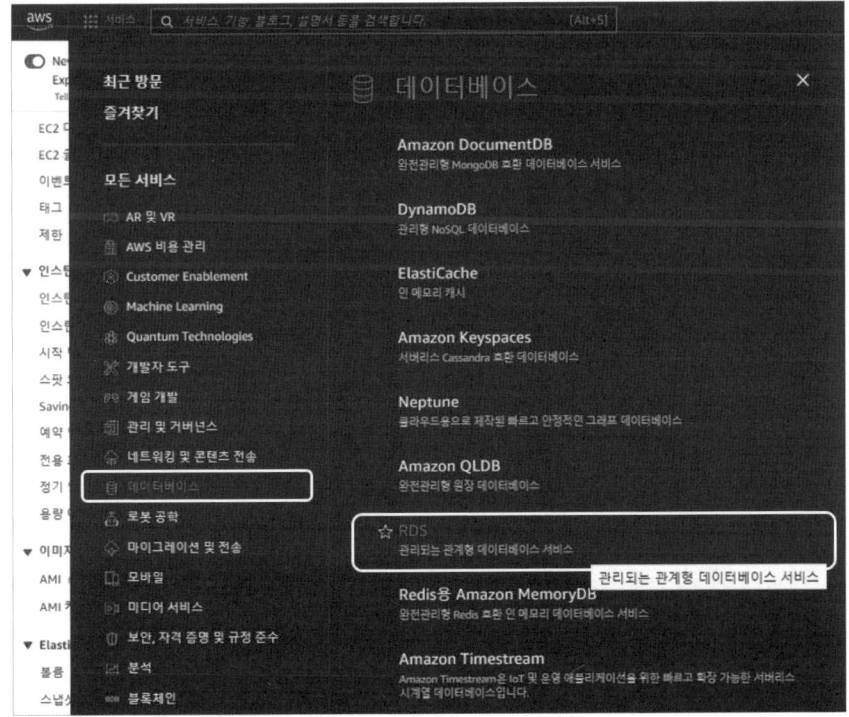

다음 화면에서 〈데이터베이스 생성〉 버튼을 클릭하여 데이터베이스 생성 화면으로 이동한다.

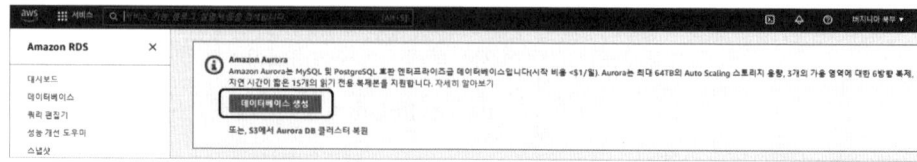

이제부터 하나씩 따라 하면서 설정을 진행하면 된다. 가장 먼저 '데이터베이스 생성 방식 선택'에서 [표준 생성]을 선택한다.

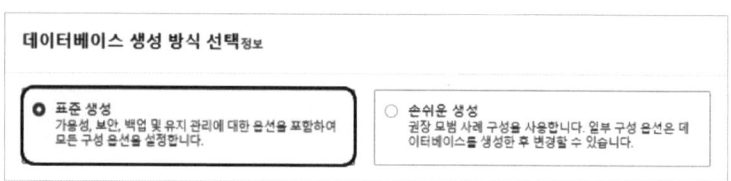

'엔진 옵션'에서는 엔진 유형을 [MySQL]로 선택하고 버전은 기본 MySQL 8.0.28로 설정한다.

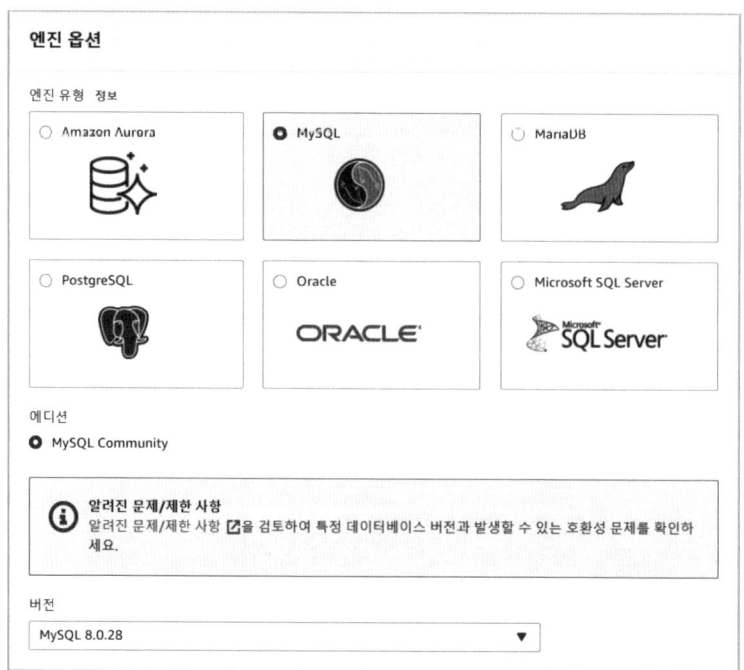

그리고 '템플릿'은 [프리 티어]를 선택한다. 프리 티어가 아닌 다른 항목을 선택하면 요금이 부과될 수 있다.

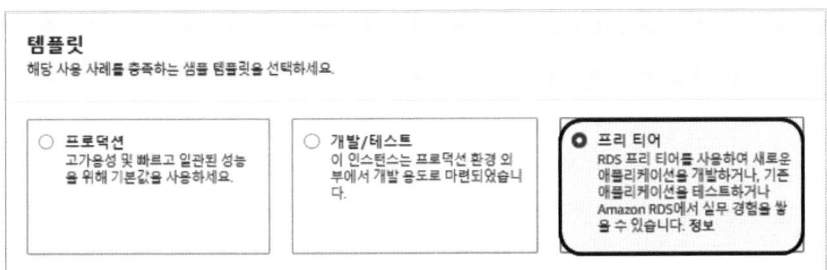

'설정'으로 이동해서 DB 인스턴스 식별자를 jblog-db로 등록한다. 그리고 '자격 증명 설정'에서 마스터 사용자 이름은 admin, 암호는 jblogadmin으로 설정한다. 이 이름과 암호는 MySQL과 연결할 때 사용할 것이므로 메모장에 남겨놓는다.

'인스턴스 구성'과 '스토리지' 부분은 그대로 두고, '연결' 설정으로 이동하여 퍼블릭 액세스를 [예]로 바꾼다. 가용 영역은 어느 나라, 어느 지역 컴퓨터에 데이터베이스를 설치할지 지정하는 것인데 원하는 것으로 선택하면 된다. 그리고 '추가 구성'을 펼쳐서 MySQL의 포트를 확인한다. 별도로 지정하지 않으면 MySQL 포트가 3306으로 설정된다.

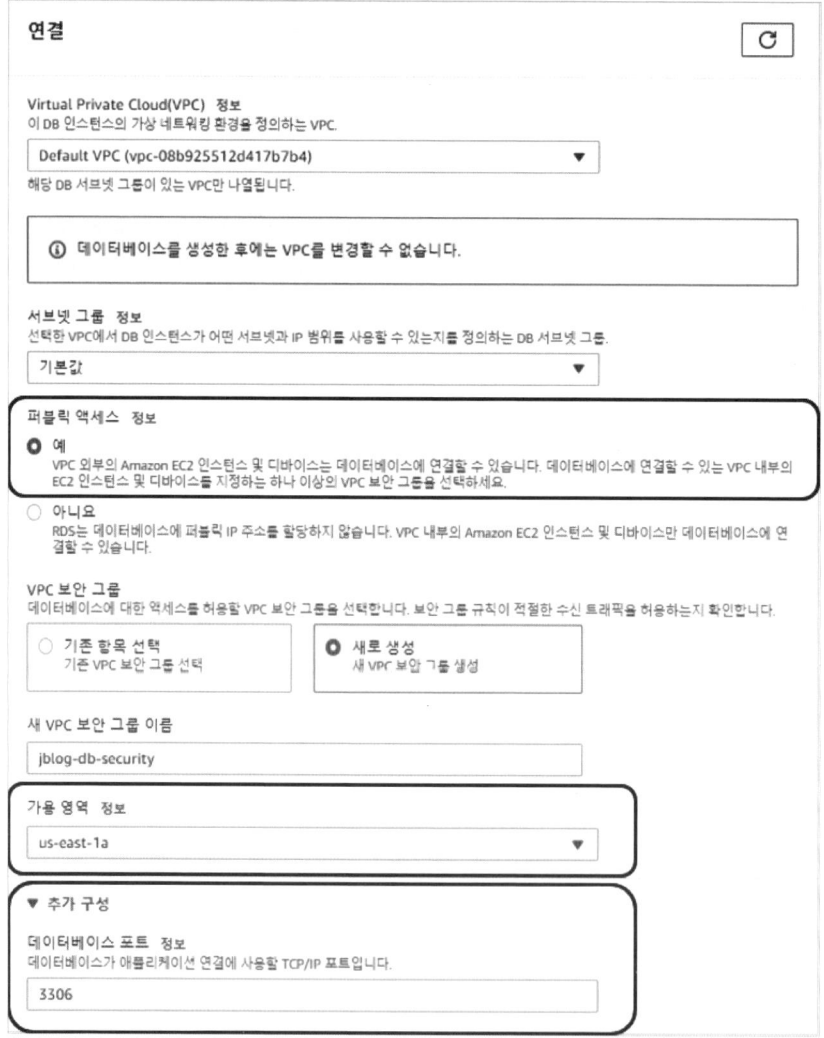

마지막으로, 가장 아래에 있는 '추가 구성'의 설정을 하기 위해 화살표를 클릭해 확장한다. 그리고 다음과 같이 초기 데이터베이스 이름을 jblog로 설정한다.

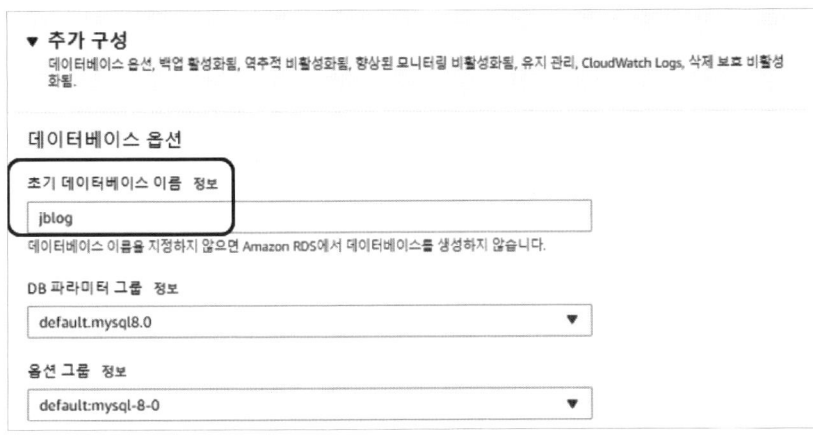

이제, 〈데이터베이스 생성〉 버튼을 클릭해 설정을 종료한다. 데이터베이스 생성이 완료되면 다음과 같이 jblog-db라는 식별자로 MySQL이 설치된 것을 확인할 수 있다.

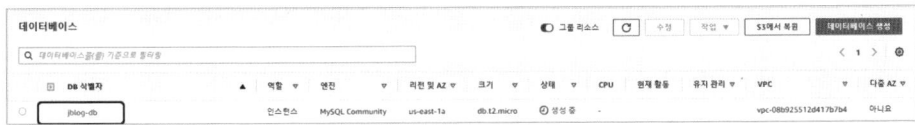

만약, 데이터베이스의 상태가 '사용 가능'이 아닌 '생성 중'인 경우에는 완료될 때까지 기다린다.

VPC 보안 그룹 설정

이제 DB 식별자 이름(jblog-db)을 클릭하여 데이터베이스 상세 화면으로 이동한다.

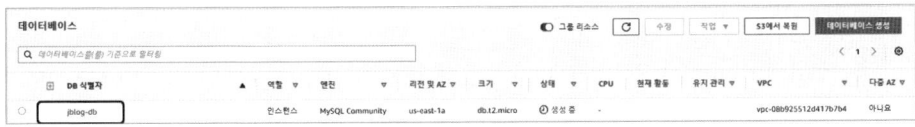

그리고 생성이 끝나면 '연결&보안' 부분에 있는 VPC 보안 그룹 링크를 클릭하여 보안 그룹 설정 화면으로 이동한다.

보안 그룹 설정 화면에서 보안 그룹 ID를 클릭한다.

그리고 다음 화면에서 오른쪽 아래에 있는 〈인바운드 규칙 편집〉 버튼을 클릭한다. 참고로, 인바운드는 외부로부터 들어오는 요청에 대한 설정이다.

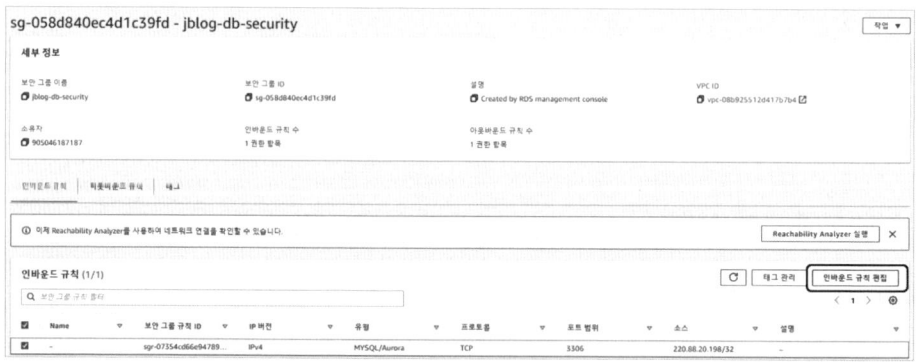

유형을 '사용자 지정 TCP'로 선택하고, 포트 범위에는 MySQL의 포트 번호인 3306을 작성한다. 소스는 'Anywhere-IPv4'로 지정한 후 〈규칙 저장〉 버튼을 클릭한다.

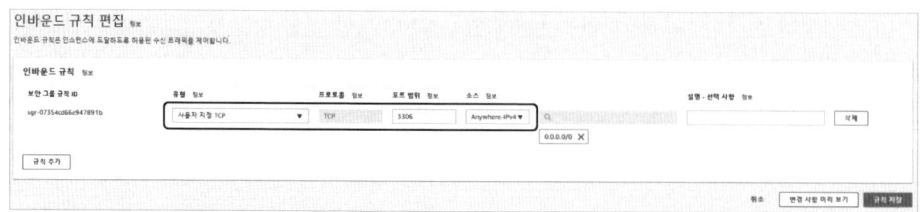

모든 설정이 성공적으로 처리되면 다음과 같은 결과 화면이 출력된다.

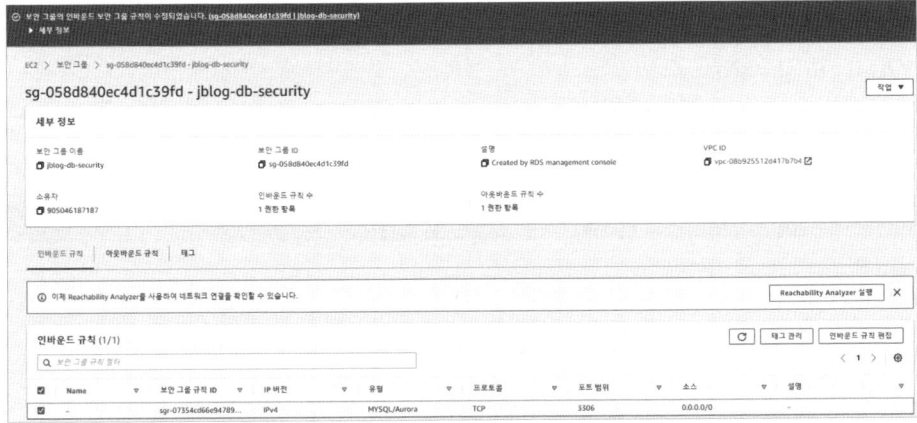

11.4.2 MySQL 연동

이제, H2 데이터베이스가 아닌 MySQL 데이터베이스가 연동되도록 JBlogWeb 프로젝트를 수정한다.

라이브러리 추가

우선, pom.yml 파일을 다음과 같이 수정한다.

```
                                                                    JBlogWeb/pom.xml

    ~ 생략 ~

    <!--MySQL Connector -->
    <dependency>
        <groupId>mysql</groupId>
        <artifactId>mysql-connector-java</artifactId>
    </dependency>

</dependencies>

~ 생략 ~
```

MySQL 데이터베이스와 연동하려면 MySQL 드라이버가 필요하다. 물론, 기존의 H2 관련 의존성은 삭제해도 된다.

YAML 파일 수정

application.yml 파일은 다음과 같이 수정한다.

```yml
# src/main/resources/application.yml
~생략~

# 데이터 소스 설정
  datasource:
    driver-class-name: com.mysql.cj.jdbc.Driver
    url: jdbc:mysql://jblog-db.czrxrwanwj53.us-east-1.rds.amazonaws.com:3306/jblog
    username: admin
    password: jblogadmin

# JPA 설정
  jpa:
    open-in-view: true
    database-platform: org.hibernate.dialect.MySQL5InnoDBDialect
    show-sql: true
    hibernate:
      naming:
        physical-strategy: org.hibernate.boot.model.naming.PhysicalNamingStrategyStandardImpl
      ddl-auto: update
      use-new-id-generator-mappings: false
    properties:
      hibernate.format_sql: true

~생략~
```

데이터소스 관련 설정은 모두 수정한다. JPA 설정에서는 H2Dialect 클래스를 MySQL5InnoDBDialect 클래스로 변경한다.

지금까지 수정한 파일을 모두 저장하고, JBlogWeb 애플리케이션을 다시 JBlogWeb.war 파일로 패키징하여 엘리스틱 빈즈토크에 업로드한다. 이제, 메모리 데이터베이스를 사용하지 않고 클라우드에서 제공하는 MySQL을 사용할 수 있게 되었다.

11.5 클라우드 서비스 삭제

클라우드에 서비스를 배포하는 실습을 진행해보았다. 이때, AWS 프리 티어를 사용하더라도 요금이 청구될 수 있다. 실습에서 사용한 서비스를 중지하거나 삭제해야 과금되지 않는다. 이 과정을 진행하지 않으면 나도 모르는 사이에 AWS로부터 예상치 못한 요금이 청구될 수 있다.

우선, 현재 어떤 서비스를 사용하고 있으며 어느 정도의 요금이 청구되는지 확인하기 위해 AWS 콘솔에 로그인한 후 오른쪽 위에 있는 아이디를 클릭하고 [결제 대시보드] 메뉴를 선택한다.

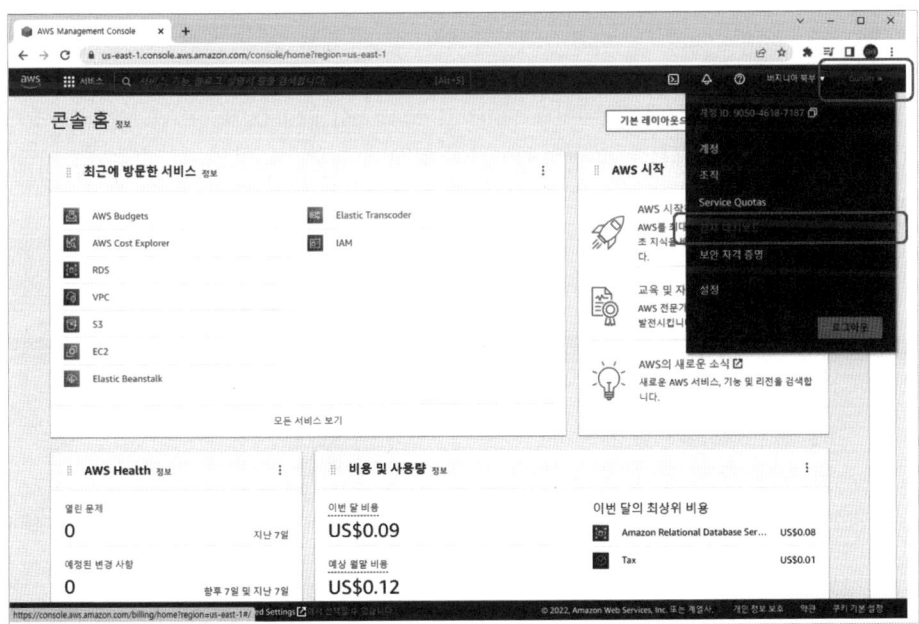

다음과 같이 전환된 화면에서 어느 정도의 요금이 청구될지 현황을 확인한다.

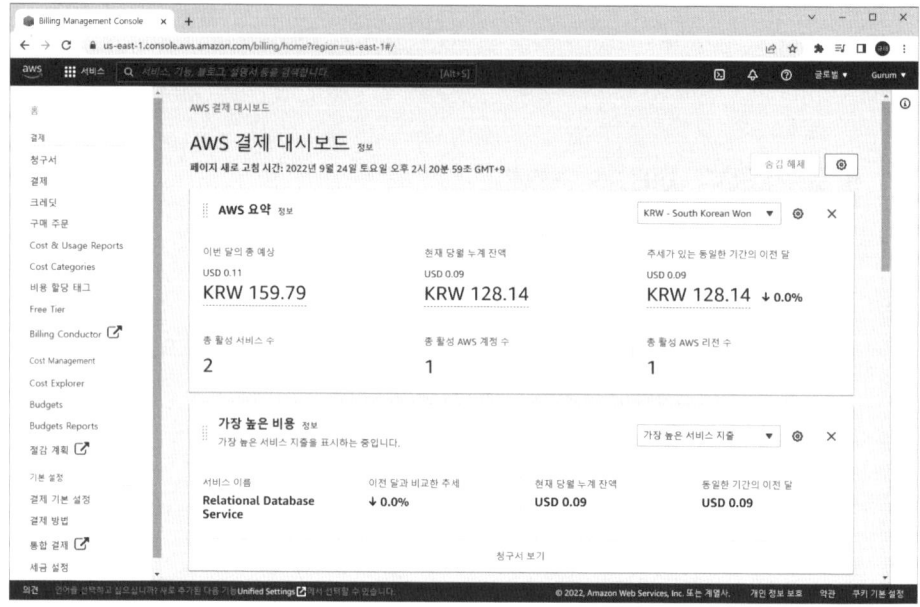

화면을 좀 더 아래로 내려보면 어떤 서비스에 대한 비용이 청구되는지도 확인할 수 있다.

다음 화면에서는 관계형 데이터베이스 서비스(Relational Database Service, RSD)에서 0.12 달러의 비용이 발생한 것이 확인된다. 사용 중인 서비스를 확인했으면, 이제 비용이 발생하는 서비스는 중단하거나 삭제해야 한다.

MySQL 관련 서비스를 중지하거나 삭제하기 위해, 서비스 목록에서 [데이터베이스] → [RDS] 메뉴를 클릭해 Amazon RDS 관리 화면으로 이동한다.

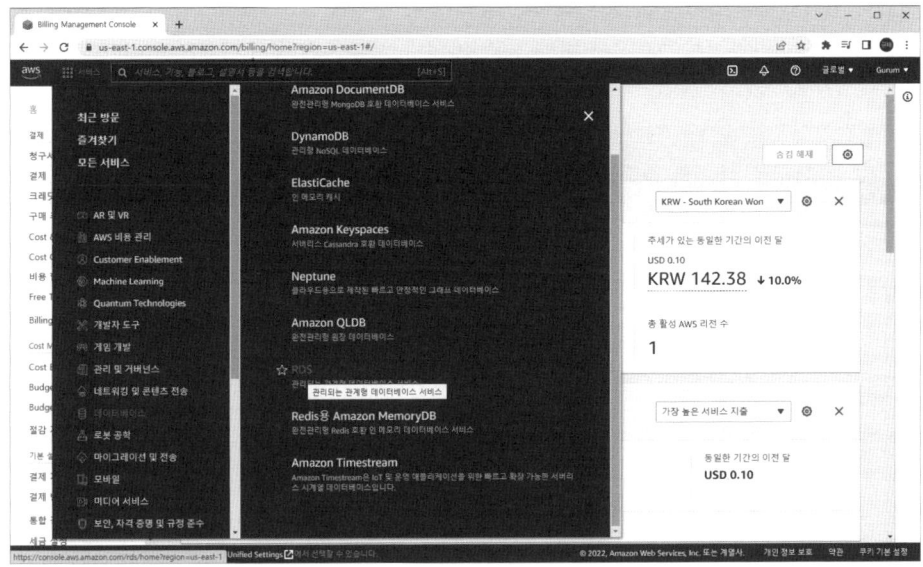

그러면 Amazon RDS 대시보드 화면이 나타나는데, 여기에서 현재 사용 중인 RDS 관련 서비스를 다시 한번 확인할 수 있다.

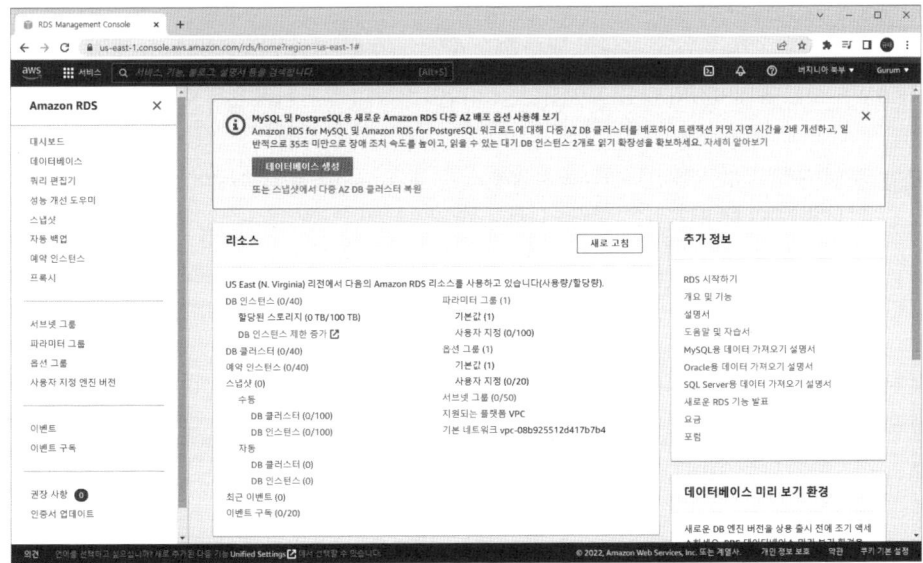

필자는 파라미터 그룹과 옵션 그룹에 등록되어 있던 데이터베이스를 삭제했다. 이외에도 사용 중인 서비스가 있다면 모두 삭제해야 한다.

다음은 파라미터 그룹의 RDS를 삭제하는 화면이다. 왼쪽에 있는 [파라미터 그룹] 메뉴를 클릭하고 삭제할 파라미터 그룹을 선택한 후 [파라미터 그룹 작업]에서 삭제를 선택한다.

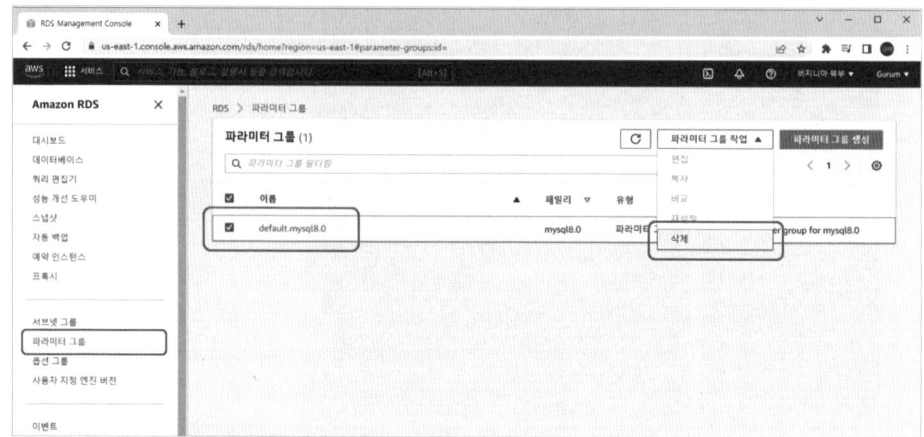

이런 식으로 사용 중인 모든 서비스를 삭제해야 요금이 청구되지 않는다.

AWS 프리 티어를 사용하더라도 하나 이상의 서비스에서 월별 프리 티어 사용량 한도를 초과했거나 프리 티어 혜택을 제공하지 않는 AWS 서비스를 사용하거나 프리 티어 기간이 만료되었을 경우 의도치 않게 요금이 발생한다. 앞서 설명한 클라우드 서비스 삭제 방법과 함께 AWS 공식 홈페이지의 다음 페이지를 참고하여 요금이 부과되지 않도록 한다.

- AWS 프리 티어를 사용하던 중에 의도치 않게 요금이 발생했습니다. 앞으로 요금이 청구되지 않도록 하려면 어떻게 해야 하나요?:

  https://aws.amazon.com/ko/premiumsupport/knowledge-center/stop-future-free-tier-charges

- AWS 프리 티어를 사용할 경우 요금이 부과되지 않도록 하려면 어떻게 해야 합니까?:

  https://aws.amazon.com/ko/premiumsupport/knowledge-center/free-tier-charges

※ 주의
11장 AWS 이용하기에서는 실습 예제 완료 후 삭제할 수 있는 테스트 계정을 사용하기를 바랍니다.
AWS 계정 생성과 클라우드 서비스 삭제 과정도 담고 있지만 의도치 않게 요금이 발생할 수도 있습니다.
따라서 실습 완료 후에는 계정까지 완전히 삭제하기를 권장합니다.
저자와 출판사 루비페이퍼는 과금에 대해 책임지지 않습니다.

마무리하며

이번 학습에서는 직접 개발한 JBlogWeb 애플리케이션을 클라우드 컴퓨팅 환경에 배포해보았다. 클라우드 컴퓨팅은 클라우드 플랫폼에서 네트워크나 서버 등 다양한 컴퓨팅 자원을 필요한 만큼 사용하고 요금만 지불하도록 제공되는 서비스로, 사용자는 이러한 컴퓨팅 자원을 직접 관리하지 않는다.

클라우드 컴퓨팅을 활용하면 자신이 개발한 애플리케이션을 더욱 쉽고 빠르게 시장에 출시할 수 있다. 따라서 클라우드 환경의 사용은 선택이 아닌 필수가 되고 있다. 이 책에서는 클라우드 벤더 중 가장 시장 점유율이 높은 AWS의 엘라스틱 빈즈토크를 사용했지만, 마이크로소프트의 애저 또는 구글의 GC를 사용할 수도 있다.

찾·아·보·기

A

Ajax	110
AOP	201
AuthenticationManager	236
AuthenticationManagerBuilder	236
AWS	323
AWS RDS	361

B – C

BCryptPasswordEncoder	237
BindingResult	195
Bootstrap	91
cascade 속성	186

D

database-platform	66
ddl-auto	70
DefaultOAuth2UserService	313

F

FetchType.EAGER	141
FetchType.LAZY	141

H – I

H2 데이터베이스	16
HttpSecurity	222
InterceptorRegistry	192

J

JDK	5
JPA 라이브러리	64
JpaRepository	71
JPQL	115
JSON	43
JSONViewer	76
JSTL	127

M – O

ModelMapper 라이브러리	190
Nginx	323
OAuth 인증	253
OAuth2 Client	306
OAuth2User	"311, 315"
OAuth2UserRequest	314
open-in-view	66

P

Page	87
Pageable	87
PageRequest	87
PasswordEncoder	238
physical-strategy	66

R – S

Redirect URI	263
ResourceBundleMessageSource	207
REST 컨트롤러	42
SessionLocaleResolver	207
SqlSessionTemplate	62
Summernote	135

U

UserDetails	231
UserDetailsService	235

W – Y

WebJar	95
WebMvcConfigurer	131
WebSecurityConfigurerAdapter	221
YAML 파일	34

찾·아·보·기

ㄱ

구글 로그인	306
구글 인증	299
구글 클라우드	323

ㄷ

다국어 설정	205
데이터소스	58
동적 콘텐츠	39

ㄹ

로케일 변경	209
롬복	49
리소스 서버	254
리소스 오너	254
리포지터리	70

ㅁ

마이바티스	57
메시지 파일	205

ㅂ

부트스트랩	91
비밀번호 암호화	236

ㅅ

사용자 정의 예외 처리	77
서머노트	135
스타터	25
스프링 부트	2
스프링 시큐리티	213
스프링 프레임워크	2
시스템 배포	346
시큐리티 커스터마이징	219

ㅇ

아마존 웹 서비스	323
액세스 토큰	256
액세스 토큰 요청	276
액세스 토큰 추출	280
양방향 매핑	176
어드바이스	201
엔진엑스	323
엘라스틱 빈즈토크	323
연관관계	176
예외 처리 핸들러	80
유효성 검사	188
응답 전용 DTO	111
이클립스	10
인증 서버	254
인증 클라이언트	254
인터셉터	129

ㅈ

자동설정 클래스	31
자바 퍼시스턴스 쿼리 언어	115
정적 콘텐츠	35

ㅋ - ㅌ

카카오 인증	260
쿼리 메소드	116
클라우드 컴퓨팅	321
테스트케이스	63

ㅍ

페이지네이션 처리	151
페이징 처리	87
포스트맨	44
프레임워크	1
프로퍼티 파일	33

찾·아·보·기

기타

@AllArgsConstructor	49
@AuthenticationPrincipal	249
@Autowired	62
@Bean	192
@Builder	49
@Configuration	131
@Data	49
@Delete	61
@DeleteMapping	43
@Email	193
@EnableWebSecurity	221
@Entity	69
@Enumberated	293
@GeneratedValue	69
@GetMapping	43
@Getter	231
@Id	69
@Insert	61
@ManyToOne	141
@Mapper	61
@NoArgsConstructor	49
@NotBlank	193
@NotNull	193
@OneToMany	177
@PageableDefault	89
@PostMapping	43
@PutMapping	43
@Repository	61, 71
@RequestBody	54
@RequestParam	55
@RestController	43
@Select	61
@Service	111
@Setter	231
@Size	193
@Table	69
@Transactional	83
@Updata	61
@Valid	195
@Value	295